Le problème de l'aliénation

La Philosophie en commun
*Collection dirigée par Stéphane Douailler,
Jacques Poulain, Patrice Vermeren*

Nourrie trop exclusivement par la vie solitaire de la pensée, l'exercice de la réflexion a souvent voué les philosophes à un individualisme forcené, renforcé par le culte de l'écriture. Les querelles engendrées par l'adulation de l'originalité y ont trop aisément supplanté tout débat politique théorique.

Notre siècle a découvert l'enracinement de la pensée dans le langage. S'invalidait et tombait du même coup en désuétude cet étrange usage du jugement où le désir de tout soumettre à la critique du vrai y soustrayait royalement ses propres résultats. Condamnées également à l'éclatement, les diverses traditions philosophiques se voyaient contraintes de franchir les frontières de langue et de culture qui les enserraient encore. La crise des fondements scientifiques, la falsification des divers régimes politiques, la neutralisation des sciences humaines et l'explosion technologique ont fait apparaître de leur côté leurs faillites, induisant à reporter leurs espoirs sur la philosophie, autorisant à attendre du partage critique de la vérité jusqu'à la satisfaction des exigences sociales de justice et de liberté. Le débat critique se reconnaissait être une forme de vie.

Ce bouleversement en profondeur de la culture a ramené les philosophes à la pratique orale de l'argumentation, faisant surgir des institutions comme l'École de Korcula (Yougoslavie), le Collège de Philosophie (Paris) ou l'Institut de Philosophie (Madrid). L'objectif de cette collection est de rendre accessibles les fruits de ce partage en commun du jugement de vérité. Il est d'affronter et de surmonter ce qui, dans la crise de civilisation que nous vivons tous, dérive de la dénégation et du refoulement de ce partage du jugement.

Dernières parutions

Flora BASTIANI, *La conversion éthique. Introduction à la philosophie d'Emmanuel Levinas*, 2012.
Maria KAKOGIANNI, *De la victimisation*, 2012.
Marisa Alejandra MUNOZ, *Macedonio Fernández, philosophe. Le sujet, l'expérience et l'amour*, 2012.
Jacques POULAIN et Irma ANGUE MEDOUX (sous la dir. de) *Richard Rorty ou l'Esprit du temps*, 2012.

Ousmane SARR

Le problème de l'aliénation

Critique des expériences dépossessives de Marx à Lukács

Préface de Stéphane Haber

© L'Harmattan, 2012
5-7, rue de l'Ecole-Polytechnique, 75005 Paris

http://www.librairieharmattan.com
diffusion.harmattan@wanadoo.fr
harmattan1@wanadoo.fr

ISBN : 978-2-336-00687-1
EAN : 9782336006871

A mes mamans : Amy et Coumba pour avoir été mères et pères à la fois et pour tout ce qu'elles représentent.

A mon père Birama : repose en paix.

A mon père Diaman Diakham pour tout ce qu'il représente.

A mes frères et sœurs, tantes et oncles pour la motivation supplémentaire qu'ils représentent.

A tous mes ami(e)s que je ne saurais citer nommément.

A tous ceux que j'aime et qui m'aiment et me comprennent sans considération de couleur, de race ou de « noblesse de sang ».

A tous ceux qui, en Afrique et ailleurs, croient à la puissance inaliénable de la pensée.

A Amadou Adj et Marthes Diouf, secrétaires du département de philosophie de l'UCAD pour toute l'attention accordée à ma modeste personne.

A tous les Simalois : on peut quitter Simal, mais Simal ne nous quitte jamais.

Remerciements

Sans la sagacité et les remarques toujours avisées de Stéphane Haber, ce travail aurait eu du mal à voir le jour. Il aurait difficilement existé sans le soutien inconditionnel et la permanente vigilance de Mamoussé Diagne qui a initié l'auteur à la pensée de Marx.

L'auteur a également contracté d'importantes dettes intellectuelles envers tous les professeurs du département de philosophie de l'Université Cheikh Anta Diop de Dakar. Qu'ils soient assurés de sa profonde gratitude.

Préface

Près d'un demi-siècle après la publication de *Pour Marx*, force est de constater que certaines thèses provocatrices d'Althusser ont décisivement contribué à structurer le débat théorique (surtout, mais pas exclusivement, le débat philosophique) dans le monde francophone et aussi ailleurs, bien que dans une moindre mesure. Ainsi, au cœur des années 1960, la critique de l'humanisme impliquée par la condamnation fracassante du thème de l'aliénation, en exprimant un air du temps où la pensée existentielle cédait du terrain au structuralisme, où s'imposaient de nouvelles façons, non conventionnelles, d'interpréter Marx et Freud, contribua aussi décisivement à le former.

Les vertus libératrices de la rude intervention althussérienne semblent rétrospectivement éclatantes. D'abord, Marx devenait un objet d'étude, et plus seulement un fournisseur de slogans, ou encore un prétexte à des appropriations théoriques improvisées. Ensuite, arraché à l'univers d'une philosophie de l'histoire un peu tiède, Marx apparaissait comme contemporain des impulsions audacieuses qui, à cette époque, étaient en train de bouleverser les sciences humaines et la philosophie. Le décloisonnement du marxisme qui s'est produit à ce moment, et qui a donné lieu à des greffes originales sur les sciences sociales (de l'anthropologie aux sciences politiques en passant par l'économie), est redevable à cette intervention. Toutes les transformations en question ont assurément contribué à former certaines des conditions de possibilité de cette renaissance actuelle du marxisme qu'il est devenu banal de diagnostiquer, d'autant plus que l'œuvre d'Althusser s'est progressivement engagée sur des voies audacieuses (la théorie de la reproduction et de l'interpellation, le matérialisme aléatoire) qui continent à attirer heureusement l'attention et à correspondre à des attentes contemporaines légitimes.

Sur le long terme pourtant, les fragilités et les difficultés de la position althussérienne "classique" (anti-humaniste) devinrent manifestes. D'abord pris pour une force, sa proximité avec les œuvres des grands philosophes francophones de l'époque dévoilait progressivement ses inconvénients. Car, en se développant, les œuvres de Deleuze, de Derrida, de Foucault ou de Lyotard semblaient de plus en plus prouver que l'essentiel, théoriquement, ne se jouait plus dans les parages du marxisme, qu'il y a bien plus passionnant que le ressassement scolastique et raffiné de grandes thèses sur le continent Histoire ou sur la "détermination en dernière instance", quand bien même tous ces auteurs se gardaient en général de toute pose antimarxiste de circonstance. Quitte à explorer le monde de l'événement, de l'hétérogénéité, de la différence et de la pluralité (assurément le centre philosophique du post-structuralisme virant au postmodernisme) qui semblait s'ouvrir après la ruine de la pensée moniste, de son relais moderne et subjectiviste ou de sa variante dialectique, mieux valait franchement émigrer vers d'autres terres.

Bien entendu, à l'échelle internationale, la rapidité avec laquelle la "relève" de l'althussérisme a pu être assurée est encore plus nette. Là où le marxisme est resté crédible comme position théorique et vivant comme force intellectuelle, parfois comme aussi force politique, que ce soit en Europe, en Amérique du Nord, en Amérique du Sud ou en Asie, il a été loin de suivre les intentions d'Althusser, même si celle-ci, avec les idées de Lacan, ont parfois accompagné la critique, toujours indispensable, des conceptions inflationnistes du sujet (individuel ou collectif). L'on ne s'est pas gêné, par exemple, pour lever l'interdit qui pesait sur la catégorie d'aliénation, interdit de toute façon justifié par des raisons philologiques plus que discutables chez Althusser. L'intérêt soutenu pour les *Grundrisse* de 1857-1858 (le laboratoire du *Capital*, disait R. Rosdolsky), dans lesquels la terminologie et même la philosophie de l'aliénation jouent un rôle crucial, en témoigne parfaitement.

Qu'en est-il aujourd'hui de la discussion autour de la notion d'aliénation, qui constitua le point de départ du travail public d'Althusser ?

Il faut admettre que, historiquement, les usages de cette notion ont été complexes et divergents, de telle sorte que l'héritage intellectuel des discours qui en fait usage paraît difficile à gérer.

Ainsi, dans les *Manuscrits de 1844*, une affinité profonde lie la problématique de l'aliénation à l'intérêt théorique pour le travail et le monde du travail. Certes, être aliéné, pour un individu, cela veut dire *en général* être exposé, du fait d'une certaine organisation sociale, à une contraction de son expérience, à une réduction de son pouvoir d'être auprès du réel et de se réaliser dans cette proximité normale même. Cela veut dire être *dépossédé* – non de certaines choses, mais d'un pouvoir de s'enrichir auprès de choses, de gens, de contenus. Cependant, le propre du marxisme consistait, d'une façon qui a prouvé sa pertinence, à rapprocher expérience de l'aliénation et expérience du travail, à montrer qu'elles doivent toujours être appréhendées l'une par rapport à l'autre.

Mais le thème de l'aliénation a aussi été associé à d'autres significations. Il n'a pas seulement conservé, au cœur d'un marxisme qui fut souvent, dans son histoire, tenté par le dogmatisme et le scientisme, le souvenir d'un passé hégélien, encore à re-découvrir dans sa richesse et ses ambiguïtés ; il a également, d'un point de vue plus sociologique, accompagné le passage de la dénonciation de l'exploitation du travail à la critique de la société bourgeoise – un passage que les analyses du consumérisme dans les années 1960-1970 (Baudrillard, Debord, Lefebvre) exprimèrent avec vigueur. Comme le rappelle cet ouvrage, une telle orientation remonte à Simmel et Weber. En engageant une critique de la société bourgeoise et industrielle détachée de toute focalisation sur le travail, sur la classe ouvrière et ses combats, ces auteurs semblaient puiser leur inspiration chez Nietzsche plutôt que chez Marx.

L'intérêt de l'ouvrage d'Ousmane Sarr provient de ce que, en plus de plaider avec une grande éloquence en faveur de la catégorie philosophique d'aliénation, il cherche et parvient à montrer qu'il n'y a pas lieu d'arbitrer entre ces deux orientations. Repensé dans son sens initial, redéployé analytiquement, elle s'avère assez robuste pour supporter ces deux grands usages et même pour assurer leur cohérence. Ce faisant, il montre que n'avons ni à défendre un marxisme assiégé, crispé sur ses prétendus "fondamentaux" sociologiques (le travail, la classe ouvrière, l'exploitation, et rien que cela) ni, à l'inverse, à rester prisonniers des vieux schémas selon lesquels Marx aurait été "dépassé" (selon les cas, par Simmel, par Weber, ou encore par Keynes ou bien Foucault). Nous n'en sommes plus à cette façon brutale de poser les problèmes. C'est d'autant plus vrai que notre monde néocapitaliste se caractérise par des formes d'asservissement qui traversent sans cesse la frontière du travail et du hors-travail (comme le montre l'emprise globale de la culture de la performance et de l'accélération). Ces formes changent l'aliénation salariale en élément nodal d'une domination transversale qui concerne aussi la sphère de la consommation et se traduit par l'asservissement à la finance internationalisée. De toute manière, en raison de sa nature très particulière – ubiquitaire, décentralisée et diversifiée –, le néocapitalisme requiert des analyses qui ne s'embarrassent plus trop des identités théoriques fixes issues du passé. Nous ne pouvons plus, tout simplement, continuer à opposer la critique sociale de l'injustice et de l'exploitation à la critique de la culture faussée ou la civilisation inauthentique, selon ce qui semble être un avatar de l'antinomie entre matérialisme et idéalisme. Ou plutôt, nous devons dépasser ensemble les limites que présentaient ces deux traditions majeures issues du XIXe siècle européen. Dans ces conditions singulières, l'idée d'aliénation présente évidemment de nombreux atouts qu'il est à première vue plus difficile d'accorder généreusement à des catégories socio-critiques voisines – comme celles d'exploitation, d'exclusion, de réification ou même de domination –, qui paraissent plus spécialisées et moins suggestives.

En reprenant l'histoire de la thématique de l'aliénation, le livre d'Ousmane Sarr éclaire d'une lumière vive des pans entiers de la théorie sociale moderne. Toujours modeste et juste, savant et pondéré (ce qui, comme on le constatera, n'exclut pas l'engagement personnel), cet ouvrage montre aussi par l'exemple à quel point des analyses philosophiques rigoureuses, soutenues par la connaissance de l'histoire de la pensée, conservent tout leur intérêt. Elles peuvent continuer décisivement à enrichir, autant qu'à préciser, les discussions passionnées et difficiles que nous menons sur la nature de notre présent historique.

Stéphane HABER,
Professeur à l'Université Paris-Ouest-Nanterre

Introduction

Les pages qui suivent, bien que faisant souvent coexister des auteurs issus d'univers *a priori* différents, répondent à une interrogation fondamentale : celle qui porte sur l'évolution de la notion d'aliénation des *Manuscrits parisiens* au livre éclaté du *Capital I* de Marx et sur la tentative de réélaboration d'une telle notion dans la pensée lukacsienne. Elles veulent, les dites pages, montrer qu'il est de nos jours important et fondamental de se réapproprier dans le cadre d'une analyse critique du système moribond capitaliste la notion d'aliénation promue par Marx en 1844. En effet, à notre avis, il est indispensable pour la compréhension de notre modernité et des dérives du capitalisme de se réapproprier à nouveaux frais la notion d'aliénation. Dans cet ouvrage donc, revenant sur certains textes clés de Marx et de Lukács, nous essayons, au-delà du lien intime qui existe entre la critique du capitalisme et l'étude de la notion d'aliénation, de montrer le rôle que cette dernière souvent niée, réélaborée et ignorée, peut et doit encore jouer.

Nos réflexions s'inscrivent ainsi dans une certaine logique de continuité, d'approfondissement et de réponse à certaines interrogations théoriques soulevées lors de nos recherches doctorales portant sur « *La critique de l'aliénation chez Marx* ».

De telles interrogations ont fait naître une question théorique *a priori* triviale mais pourtant complexe et très féconde de sens pour la théorie sociale, pour la recherche philosophique : que peut-on attendre sur le plan de la pensée philosophique, de la désignation de la notion d'aliénation élevée par Marx dés les *Manuscrits de 1844* au rang de concept opératoire d'analyse des sociétés modernes ? Que peut-on attendre de la désignation des brouillons de 1844 comme l'œuvre-clé de la philosophie sociale contemporaine ? C'est cette question fondamentale qui sous-tend cet ouvrage. Il accentuera son propos au-delà de Marx et de Lukács sur quelques auteurs qui, à notre avis, issus d'horizons de pensée assez différents (la sociologie allemande) ont, dans certaines de leurs analyses, fait usage de la notion d'aliénation de façon latente ou manifeste. De façon plus claire et nette, selon notre propre point de vue, les nombreuses réorchestrations ou escamotages de la notion d'aliénation, montrent bien l'existence d'un certain courant de pensée de l'*Entfremdung* qui se focalise sur une critique des effets pervers du capitalisme, de la modernité, de la culture ou de la civilisation. Dans un tel courant de pensée, aliénation et dépossession sont souvent considérées comme corollaires, elles sont souvent employées en même temps, même si toute dépossession n'est pas forcément une aliénation[1].

Dans cet ouvrage, il ne s'agit nullement d'exposer toute la théorie marxienne de l'aliénation, ce qui manquerait un peu d'originalité, il s'agit plutôt de voir à partir des *Manuscrits de 1844,* que l'on considère à juste titre d'ailleurs comme l'œuvre-maîtresse de la thématique de l'aliénation, comment la pensée de la dépossession aliénante a été orchestrée par Marx, comment elle a été réorganisée dans ses œuvres de la maturité et comment elle a été repensée sur de nouvelles bases dans une certaine tradition marxiste et plus particulièrement dans la pensée lukacsienne.

Etant donné que le concept d'aliénation est beaucoup plus présent dans les *Manuscrits de 1844* que dans les autres textes ultérieurs de Marx, il est plus que nécessaire de s'interroger sur le contenu qu'un tel concept acquiert dans ledit texte. Il est aussi plus que nécessaire de s'interroger sur le contenu du dit concept dans certaines œuvres de transition comme, le texte polémique et critique à souhait, *L'Idéologie allemande* ou les *Grundrisse*, dont la glose althussérienne et récemment celle de Bensussan semblent ignorer l'importance. De tels textes montrent dans certains de leurs passages que nous mettrons en évidence, qu'aussi bien la thématique de l'aliénation que le concept d'aliénation que l'on a voulu étiqueter de prémarxistes, ne doivent pas être considérés comme des lubies de jeunesse de la part de Marx ou

---

[1] Être aliéné ou dépossédé veut dire être privé de quelque chose, cela implique l'idée de privation et de perte dues sans nul doute à l'existence de conditions historiques assez défavorables à une existence pleine et entière. Cependant, il faut souligner que l'aliénation est une dépossession mais que toute dépossession n'est pas forcément une aliénation. On peut dans bien des cas être dépossédé de quelque chose sans qu'il en résulte de facto une aliénation. Pour que la dépossession puisse être aliénante, il faut nécessairement qu'elle rende étrangères à l'humain certaines de ses possibilités et lui empêche de matérialiser une existence souvent vitale. Dans ce cas, la dépossession devient une aliénation, une perte de puissance et du droit d'agir.

comme des reflets d'une pensée qui se cherche et qui tente tant bien que mal de se débarrasser de son immaturité.

Pour ne pas tomber dans la facilité qui consiste, comme certaines interprétations le laissent supposer, à voir dans les notes de lecture de 1844, la seule analyse valable du concept d'aliénation, de la pensée de la dépossession aliénante ou à voir dans *Le Capital,* la pure et simple reprise des intuitions de 1844, on est obligé de faire une étude systématique des *Manuscrits de 1844,* de certains passages de *L'Idéologie allemande,* des *Grundrisse* et du *livre I du Capital,* pour montrer leurs points de convergence et/ou de divergence.

Une telle étude minutieuse soulève naturellement la fameuse question de la lecture et de l'interprétation des textes de Marx. En effet, certains marxistes voient dans les *Manuscrits de 1844,* le dernier texte de jeunesse de Marx, le seul texte dans lequel il fait usage du concept d'aliénation et analyse la thématique qu'un tel concept est censé porter. D'autres marxistes, et non des moindres, voient dans les œuvres dites de maturité de simples reprises à l'identique des analyses de 1844, mais du fait de la faiblesse des connaissances économiques de Marx, de telles analyses n'arrivaient pas à mettre en relief toute la richesse de la thématique de l'aliénation.

Ces nombreuses interprétations aussi diverses les unes que les autres, aussi complexes les unes que les autres, nous poussent à nous poser légitimement les questions suivantes : comment lire les *Manuscrits de 1844* ? Comment lire les *Grundrisse* ? Comment lire *Le Capital* ? De telles questions peuvent se résumer ainsi : les *Grundrisse* et *Le Capital* ne sont-ils que de simples dépassements ou de nouvelles réorchestrations de la thématique de l'aliénation de 1844 ? Comment la thématique de l'aliénation ressurgit-elle et comment est-elle traitée dans les *Grundrisse* ? Quel traitement subit-elle dans le maître-ouvrage qu'est *Le Capital* ? Les fameuses thématiques du fétichisme, de la réification sont-elles des réinvestissements fidèles de la thématique de l'aliénation de 1844 ? Aliénation, fétichisme, réification sont-ils identiques comme le laisse supposer l'interprétation lukacsienne ?

L'étude minutieuse de certains textes de Marx nous permettra de comprendre l'évolution du concept d'aliénation chez Marx, des *Manuscrits de 1844* jusqu'au texte fécond et rébarbatif du *livre I du*

Capital. Elle favorisera également une réelle prise de position théorique de notre part par rapport d'une part, à certaines interprétations qui voient dans les *Manuscrits parisiens*, texte central et fondateur, l'immaturité et le manque de fondement théorico-scientifique de la théorie de l'aliénation, et d'autre part, par rapport aux interprétations qui voient dans *Le Capital*, la pensée scientifique de Marx et dans lequel les conceptions anthroplogico-éthiques de jeunesse disparaissent. Enfin, cette étude serrée des textes, nous permettra d'apporter des réponses sur la thématique controversée de la réification lukacsienne qui malgré ses emprunts à a sociologie allemande – Simmel et Weber – pour réinvestir et élargir la thématique de l'aliénation, présente des faiblesses et limites théoriques non négligeables.

Chapitre I

Des *Manuscrits* au *Capital* : permanence d'une thématique et indigence conceptuelle

« *Cette question* [celle de la conception marxiste de l'homme]*, on le voit, est tout autre chose qu'une affaire d'étroite spécialité ; c'est un aspect essentiel, et beaucoup trop peu étudié encore à mon sens, d'un problème théorique et historique central aujourd'hui posé à tous ceux qui réfléchissent sur la signification du marxisme : le problème des rapports qui existent en son sein entre le contenu humaniste et le caractère scientifique, c'est-à-dire aussi entre les œuvres philosophico-humanistes de la jeunesse et les œuvres scientifiques de la maturité.* »[2]

La conception de l'aliénation telle qu'elle fonctionne dans les *Manuscrits parisiens* est assez originale dans la pensée marxienne. Marx utilise un dispositif conceptuel assez singulier, mettant en relief le couple sujet/objet, pour mettre en évidence la thématique de l'aliénation. Le sujet/individu qui symbolise la subjectivité s'objective dans un objet, il met toute sa richesse dans l'objet. En un mot, il enrichit l'objet à son détriment : l'objet devient objet pour autrui (capitaliste, employeur). Un tel objet s'autonomise et devient indépendant. Autrement dit, le sujet qui s'objective n'a qu'une objectivité abstraite alors que l'objet qu'il a lui-même enrichi a une objectivité concrète, objectivité effective qui fonde d'ailleurs la prééminence, la puissance et l'autonomie de cet objet par rapport à son créateur naturel. Le capitaliste s'accapare de l'objet et fonde sa richesse sur cet objet accaparé dont le travailleur est l'unique créateur.

Dans les brouillons des *Manuscrits parisiens*, Marx y expose une conception anthropologique de l'aliénation ; il fait d'ailleurs de manière manifeste référence au modèle de la critique religieuse de Feuerbach[3]

---

[2] Lucien Sève, *Marxisme et théorie de la personnalité*, Paris, Editions Sociales, 1969, p. 82.
[3] Une certaine lecture de Marx voudrait que les idées qui structurent les *Manuscrits de 1844* ne soient qu'une simple transposition des schémas de l'aliénation religieuse

pour caractériser l'aliénation. Il emprunte, à ce titre, à Feuerbach son dispositif conceptuel pour penser, avec beaucoup de différence sous certains angles, l'aliénation qui existe dans le système capitaliste. En effet, rappelons que chez Feuerbach, l'aliénation est fondée sur un appauvrissement de l'homme au profit d'un enrichissement de Dieu : l'homme s'objective dans une réalité qui finit par le dominer. Marx dit qu'il en va de même dans le travail, dans la production capitaliste. C'est à croire que l'homme met toutes ses richesses, toutes ses virtualités dans l'objet qui, en retour, conquiert une objectivité concrète au détriment du sujet ou de l'homme qui ne possède qu'une objectivité illusoire. Au demeurant, l'objectivité de l'objet supplante l'objectivité idéelle de l'homme. L'aliénation existe du fait que l'objet enrichi par l'homme lui échappe et acquiert une certaine autonomie, une certaine puissance. On voit par là que dans les *Manuscrits,* l'aliénation a une dimension anthropologique à relents souvent idéalistes du fait de la forte influence feuerbachienne que Marx peine à mettre souvent hors circuit : Marx est encore marqué sous certains angles par la conception feuerbachienne qu'il essaie tant bien que mal de remettre en cause.

On peut valablement dire que dans les *Manuscrits parisiens*, il n'est pas encore question de rapports sociaux autonomes ou étrangers. Ce qui nous pousse d'ailleurs à affirmer rigoureusement que le dispositif conceptuel utilisé dans les *Manuscrits* pour penser l'aliénation n'est pas le même que celui utilisé dans le *Chapitre de l'Argent* des *Grundrisse*. Dans un tel chapitre, l'aliénation ne tient nullement à un renversement du rapport sujet/objet, mais à l'escamotage des rapports sociaux, et, partant, à la disparition du caractère social du travail et des rapports

---

feuerbachienne sur le terrain de l'économie politique (Antoine Artous dans son *Marx, l'Etat et la politique,* Paris, Editions Syllepse, 1999, réfute une telle perspective de lecture. Solange–Mercier–Josa dans *Retour sur le jeune Marx*, condamne également une telle lecture car *«dire simplement que le jeune Marx a " traduit " Feuerbach, qu'il a pensé les mécanismes du profit par analogie avec la question de la foi, c'est bien vite dire* [c'est ne rien dire] *»*, p. 35.) Cependant, à analyser au fond le texte de Marx, l'accent mis sur la souffrance humaine, les malheurs des travailleurs, on s'aperçoit que Marx veut harmoniser l'aliénation comme scission et affliction vécues concrètement et l'aliénation comme dénuement de l'individu accompagné d'un transfert de ses qualités : la philosophie du travail et la problématique de l'aliénation apparaissent et permettent de diluer les propos d'une telle lecture. La philosophie du corps mise en relief dans les *Manuscrits* suffit pour remettre en cause une telle lecture, car elle illustre bien qu'il ne s'agit nullement d'une transposition mécanique de la conception feuerbachienne en économie.

interhumains. Rappelons que dans les *Manuscrits*, le sujet se perd dans l'objet, or tel n'est pas le cas dans ledit chapitre, car l'homme aliéné que Marx y décrit est celui qui oublie qu'il est conditionné par des rapports sociaux de production. L'homme aliéné ne prend nullement conscience de tels rapports.

Ainsi lire les *Grundrisse* dans la perspective ouverte par les *Manuscrits de 1844,* nous semble être non seulement un contresens théorique mais également un déni d'une différence d'analyse de la problématique de l'aliénation dans les deux textes. Il y a dans les *Grundrisse,* une évolution sémantique et conceptuelle qui implique une évolution de la problématique de l'aliénation, ce qui apparaissait déjà de manière fragmentaire dans *L'Idéologie allemande* où le terme *Entfremdung* est utilisé par Marx et Engels avec une précaution notoire ; les guillemets utilisés ne sont pas le fait du simple hasard. Les *Grundrisse* ne relèvent nullement de la problématique de l'essence générique de l'homme et de son aliénation comme ce fut le cas quelques années plus tôt dans les *Manuscrits*. Marx, dans les *Grundrisse*, parle de rapports sociaux, de sujet de production et de caractère social du travail. Il y a une épuration même si elle n'est pas totale des concepts feuerbachiens qui structuraient la problématique de 1844.

On peut néanmoins, concevoir dans ce sens que le jeune Marx n'est pas le Marx de 1857-1858, mais non au sens althussérien du terme. Loin de parler de coupure radicale, on peut logiquement parler d'évolution aussi bien sémantique que thématique. Une telle évolution ne cessera de se poursuivre dans la logique de la pensée de Marx jusqu'au grand *Capital* aussi complexe que multidimensionnel. Cependant, cela ne signifie nullement que la thématique de la dépossession aliénante inaugurée en 1844 disparaîtra de manière définitive, loin de là, la problématique est réinvestie et s'enrichie en s'accolant à des concepts souvent nouveaux et limités (exploitation, domination, souffrance ouvrière, fétichisme).

Une lecture assez serrée du texte éclaté du *Capital*, permet de voir que Marx n'utilise aucunement un concept unificateur pour penser les différentes pathologies sociales comme ce fut le cas dans les *Manuscrits* où toutes les pathologies étaient harmonisées par le concept d'aliénation, le concept *Entfremdung* englobait tout et permettait de rendre compte de toutes les pathologies humaines. Marx pense, dans *Le*

Capital, la pathologie humaine ou sociale sous toutes ses déclinaisons sans les unifier par un concept fédérateur (exploitation, fétichisation, extorsion de la plus value, réification). Le concept de « fétichisme » que Marx utilise ne saurait rendre compte de toutes les dépossessions humaines, il semble limité à plus d'un titre. Il ne renvoie qu'à un seul mode de dépossession. On parle de fétichisme que quand les relations interhumaines demeurent incomprises par les hommes, que quand les relations humaines deviennent des fétiches. La réalité que veut décrire le concept de « fétichisme » tend à déborder le concept. Autrement dit, à la place de la conceptualisation, Marx choisit une voie qui semble plus riche à savoir celle de l'analyse rigoureuse ; l'explication rigoureuse remplace à certains égards l'analyse conceptuelle. A notre humble avis, le concept d'aliénation était beaucoup plus approprié pour désigner toutes les formes de dépossession humaines que Marx met en évidence. Ne voulant sans doute pas retomber dans une problématique éthico-anthropologique comme ce fut le cas dans les *Manuscrits parisiens* vieux de près de vingt cinq ans, Marx choisit la voie de l'expérience concrète, de la rigueur de l'analyse scientifique des faits à la place de l'élaboration conceptuelle. Ce qui nous pousse à dire que des *Manuscrits* au *Capital*, il y a certes une épuration conceptuelle, mais une telle épuration, loin de donner naissance à un concept unificateur des pathologies humaines, donne naissance à l'analyse de la réalité dans sa nudité. Plus précisément, au lieu d'utiliser le concept d'aliénation ou un autre concept pour rendre compte d'une réalité sous toutes ses déclinaisons, Marx choisit consciemment ou inconsciemment la voie la plus riche sans aucun doute, celle de l'expérience (les souffrances exagérées sont éloquentes dans *Le Capital*).

Il y a, à la lumière des textes de Marx, une dissymétrie entre les concepts utilisés aussi bien dans les *Manuscrits* que dans le *Capital* et les réalités que de tels concepts sont censés décrire. Il suffit pour s'en convaincre de signaler que dans les *Manuscrits*, le concept d'aliénation déborde la réalité qu'il est pourtant censé décrire : il y est question du renversement sujet/objet, du travail aliéné, du rapport de l'homme à l'homme. A contrario, dans *Le Capital*, le concept de « fétichisme » est faible par rapport à la réalité qu'il est censé rendre compte : ici la réalité déborde largement le concept utilisé. Ajoutons que des notes de lecture fragmentées des *Manuscrits* au texte du *Capital*, loin de se concentrer, de se limiter à la pure description des effets de l'aliénation, Marx en explique plutôt les causes, et, bien entendu, il gagne aussi bien en précision qu'en rigueur. Marx, dans *Le Capital*, explique que le rapport marchand est un rapport d'exploitation; certaines notions comme force de travail, valeur, etc., permettent de comprendre davantage les origines aussi bien de l'exploitation que les conséquences qui en découlent. Cependant, il ne faudrait pas croire que dans *Le Capital*, il y a un affaiblissement conceptuel au profit d'une analyse de la réalité. Car s'il est vrai que le fétichisme est très limité par rapport à la réalité analysée ; de nouvelles notions telles que force de travail ou puissance de travail, valeur d'échange, exploitation, plus value, rapports de classes apparaissent.

Cependant, avant de dégager les grandes idées qui structurent les brouillons de 1844, il convient de souligner que les rapports qui peuvent exister entre de tels brouillons et les textes de la maturité de Marx, particulièrement *Le Capital* font l'objet d'interprétations diverses qu'on ne saurait mettre toutes en évidence ou étudier. Ce qui fait que nous ne pouvons que dégager brièvement les interprétations les plus fondamentales concernant de tels rapports. Et, il nous semble qu'une interprétation ou une approche comme celle althussérienne est incontournable non seulement dans l'analyse des rapports ambigus entre les *Manuscrits de 1844* et *Le Capital* mais dans la lecture même des textes de Marx. Elle aura, une telle approche, pour mérite de nous permettre de rappeler en passant certaines interprétations non moins essentielles dans la compréhension des rapports heurtés qui existent entre les *Manuscrits de 1844* et *Le Capital*. En quoi consiste réellement la lecture althussérienne des rapports entre les *Manuscrits parisiens* et *Le Capital* ? Répondre à une telle question nécessite de rappeler brièvement les moments forts de l'argumentation althussérienne.

Althusser affirme qu'à partir de 1845 et concrètement dans *L'Idéologie allemande*, Marx rompt avec la problématique de l'aliénation[4]. Dans *L'Idéologie allemande*, Marx élabore des concepts théoriques nouveaux et fondamentaux qui n'existaient pas dans les *Manuscrits de 1844*, de tels concepts montrent la rupture radicale de Marx avec les concepts prémarxistes et préscientifiques qui reposaient sur la triade suivante : essence humaine/aliénation/travail aliéné. Dans

---

[4] Louis Althusser affirme de manière crue : « *A partir de 1845, Marx rompt avec toute théorie qui fonde l'histoire et la politique sur une essence de l'homme* [avec la philosophie de l'aliénation, avec l'humanisme philosophique]. » *Pour Marx*, Paris, Editions La Découverte, 1986, 1996, 2005, p. 233.

L'Idéologie allemande, la triade qui va apparaître est la suivante : mode de production/ rapports de production/ forces productives, une telle triade permet à Marx de rompre, à en croire Althusser, définitivement avec sa conception antérieure : « *Alors apparaît une toute autre forme de critique de l'Economie politique, sans aucun rapport avec la " critique feuerbachienne" des* Manuscrits, *une critique fondée non plus sur les "grandes découvertes de Feuerbach", mais sur la réalité du procès contradictoire du mode de production capitaliste, et de la lutte des classes antagoniste, dont il est le lieu, c'est-à-dire la cause et l'effet.* »[5]

Pour Althusser, l'auteur de la grande œuvre du *Capital* aurait remplacé le langage purement humaniste et éthique des *Manuscrits parisiens*, par un autre langage qui n'a pour base que l'explication économico-scientifique et effective de la réalité. Le discours scientifique aurait remplacé celui sur les hommes, le discours humaniste. Cependant, la lecture althussérienne qui veut remettre vaille que vaille en cause la problématique de l'*Entfremdung* est bien étonnante et très discutable. En effet, *L'Idéologie allemande* que Louis Althusser prend comme moment fondant la rupture radicale avec la thématique de l'aliénation, essaie dans certaines de ses parties de mettre en évidence une certaine idée de la dépossession humaine[6].

---

[5] Louis Althusser, *Eléments d'autocritique*, op.cit., p. 22. (note de bas page, note1)
[6] Karl Marx et Friedrich Engels n'affirment-ils pas ce qui suit dans *L'Idéologie allemande* considéré par Althusser comme le texte de la rupture : « *Cette fixation de l'activité sociale, cette pétrification de notre produit en une puissance objective qui nous domine, échappant à notre contrôle, contrecarrant nos attentes, réduisant à néant nos calculs, est un des moments capitaux du développement historique jusqu'à nos jours. La puissance sociale, c'est-à-dire la force productive décuplée qui naît de la coopération des divers individus conditionnée par la division du travail, n'apparaît pas à ces individus comme leur puissance conjuguée, parce que cette coopération elle-même n'est pas volontaire, mais naturelle ; elle leur apparaît au contraire comme une puissance étrangère, située en dehors d'eux, dont ils ne savent ni d'où elle vient ni où elle va, qu'ils ne peuvent donc plus dominer et qui, à l'inverse, parcourt maintenant une série particulière de phases et de stades de développement, si indépendante de la volonté et de la marche de l'humanité qu'elle dirige en vérité cette volonté et cette marche de l'humanité* », *L'Idéologie allemande, op.cit*, p. 63 et dans la note suivante : « *" Cette aliénation", – pour que notre exposé reste intelligible aux philosophes –, ne peut être naturellement abolie qu'à deux conditions.* » On voit dans les passages ci-dessus que Louis Althusser, dans sa volonté de rayer la thématique de l'aliénation, de manière volontaire ou involontaire, passe sous silence aussi bien le concept d'aliénation que la

L'Idéologie allemande explique une certaine idée de la dépossession dans l'histoire due au fait que les forces productives s'autonomisent et deviennent de plus en plus étrangères aux hommes qui ne rationalisent pas la production collective : l'irrationalité de la production conduit à une dépossession ; ce qu'Althusser ne souligne pas et qui existe en termes clairs dans *L'Idéologie allemande*[7]. En substance, pour Althusser le fait qu'on accentue l'interprétation marxienne sur la notion d'aliénation a pour corollaire une incompréhension de Marx.

Cependant, il faut souligner que malgré la virulence et la radicalité de la position althussérienne, elle a permis de rompre avec une certaine lecture de Marx : l'humanisme qui accompagnait la problématique de l'aliénation avec le concept de « l'homme total »[8]. Ce qui revient à dire

---

problématique qu'un tel concept est censé mettre en valeur. Ce qui signifie que la rupture radicale que ledit texte (*L'Idéologie allemande*) est censé opérer n'existe pas.

[7] Dans un autre texte, quelques années plus tard, Althusser raffermira définitivement sa position en voyant dans les textes de la jeunesse, particulièrement dans les *Manuscrits parisiens,* non pas une pensée qui fait partie intégrale de la pensée marxienne, mais une pensée purement idéologique. Ainsi, tout ce qui est antérieur à *L'Idéologie allemande,* est non marxiste et fait partie de la préhistoire de Marx. La rupture de 1845 permet d'établir une discontinuité entre ce qui est marxiste et ce qui ne l'est pas. Tout ce qui vient après 1845 fait partie du marxisme alors que tout ce qui vient avant cette date ne l'est pas. La science dés qu'elle surgit déclare tout ce qui la précède comme faux et erroné et rompt du coup avec sa préhistoire. Les *Manuscrits* ne sont que la manifestation ou l'expression d'une pensée qui tâtonne, d'une pensée trop versatile et légère : « *La crise des* Manuscrits *se résume dans la contradiction insoutenable entre la position politique et la position philosophique qui s'affrontent dans la réflexion sur l'objet : Economie politique. Politiquement, Marx écrit les* Manuscrits *en communiste, tentant l'impossible gageure théorique de mettre au service de ses convictions les notions, analyses et contradictions des économistes bourgeois, partant au premier plan ce qu'il ne peut alors penser comme l'exploitation capitaliste : ce qu'il appelle le " travail aliéné". Théoriquement il les écrit sur des positions philosophiques petites bourgeoises, tentant l'impossible gageure politique d'introduire Hegel dans Feuerbach, pour pouvoir parler du travail dans l'aliénation, et l'Histoire dans l'Homme. Les* Manuscrits *sont* [ainsi] *le protocole émouvant mais implacable d'une crise insoutenable : celle qui confronte à un objet enfermé dans ses limites idéologiques des positions politiques et des positions de classe incompatibles.* » *Eléments d'autocritique, op.cit*, pp. 121-122.

[8] Cette lecture de Marx conçoit le marxisme comme un humanisme c'est-à-dire comme une philosophie de la réalisation graduelle de « l'homme total » à travers le processus historique. Une telle interprétation tend à voir dans les conceptions marxiennes de la maturité une simple restauration ou réactualisation des thèmes philosophico-humanistes de la jeunesse. Elle néglige du coup les nombreuses

que la thèse althussérienne a conduit à une floraison d'interprétation et d'appropriation de la pensée de Marx : Althusser a débloqué la pensée de Marx. Toutefois comme on n'a pas manqué de le faire remarquer à Althusser, sa thèse risquait d'enfermer la pensée de Marx dans un carcan de pensée et de réduire la pensée de Marx à une unique possibilité de lecture alors que la pensée de Marx peut faire et doit faire l'objet d'approches multidimensionnelles[9].

---

améliorations ou modifications qui interviennent au cours de l'évolution intellectuelle de Marx. On peut ranger dans cette lignée d'interprétation, des auteurs comme Roger Garaudy (*Karl Marx*, Paris, Editions Seghers, 1964), Jean Yves Calvez (*La pensée de Karl Marx*, Editions du Seuil, 1956 et 1970), Pierre Naville (*De l'aliénation à la jouissance*, Paris, Editions Anthropos, 1970) avec leur conception « d'homme total », ils ne voient l'originalité de la pensée de Marx que dans ses œuvres de jeunesse notamment dans les *Manuscrits 1844*. Lukács dans une certaine mesure peut être rangé dans ce courant d'interprétation, mais il faut souligner que même s'il a une lecture continuiste de Marx (nous allons y revenir) la catégorie « d'homme total » n'est pas le noyau dur de sa pensée. Pour une telle interprétation, la conception marxienne de l'homme développée en 1844 qui s'articule autour des thèmes philosophico-humanistes, autour du thème de l'aliénation, sera la clé de toute compréhension du marxisme. La théorie marxienne de la paupérisation dans *Le Capital* et celle du fétichisme sont ainsi considérées comme la poursuite des thèmes de la pauvreté et de l'aliénation de 1844. Cette interprétation relit fièrement les textes de la maturité à la lumière de ceux de la jeunesse, elle relit par exemple *Le Capital* à partir des *Manuscrits de 1844*. Cependant, force est de constater qu'une telle interprétation, même si elle n'est pas entièrement fausse, ne saurait néanmoins être acceptée car sous-estimant royalement les modifications qui interviennent dans la pensée marxienne. La théorie de l'aliénation dans les *Manuscrits* tente d'expliquer l'exploitation, mais le fait de manière abstraite. Les œuvres de la maturité, loin de faire de la théorie de l'aliénation la théorie qui explique l'exploitation capitaliste, montrent que l'exploitation capitaliste est à l'origine des différentes formes d'aliénation. Ce qui veut dire pour résumer que les œuvres de la maturité loin d'être la continuation linéaire de l'aliénation de 1844 en sont la modification et l'amélioration constantes.

[9] Certains marxistes et certains économistes se sont insurgés contre la théorie althussérienne de la coupure radicale dans la pensée marxienne. On ne saurait évidemment les citer tous et mettre en valeur les points forts de leurs diverses argumentations, mais un constat demeure et partagé par tous : on ne saurait parler de coupure définitive dans la pensée marxienne et établir une démarcation entre une pensée non marxienne et une pensée marxienne à l'intérieur de la même pensée, à l'intérieur de la pensée de Marx. On peut citer entre autres D. Avenas et *alii, Contre Althusser. Pour Marx*, Paris, Les Editions de la Passion, 1999, Jean Marie Brohm affirme ce qui suit : « *L'aliénation est donc une notion cardinale dans le marxisme, dans la mesure où elle indique les tâches concrètes d'un socialisme authentique : l'abolition des rapports sociaux aliénés que produit et reproduit l'oppression du travail exploité. Cette problématique de l'aliénation traîne non seulement tout au*

Ainsi, s'il est évident qu'après 1845, Marx fait surgir des concepts nouveaux dans sa pensée, c'est incontestable, affirmer qu'il s'agit d'une rupture radicale, relève d'un certain manque de rigueur théorique plutôt

---

long du Capital *et des* Grundrisse, *mais aussi dans toute l'œuvre d'Engels, notamment l'Anti-Dühring.* [...]. *Les* Grundrisse, *ces textes préparatoires, au* Capital *qu'Althusser rejette dans l'enfer prémarxiste ou hégélien, sont traversés de part en part par la problématique de l'aliénation. L'aliénation du travail est à la fois le résultat de la soumission de la force de travail à des puissances objectives, extérieures et indépendantes, et le résultat de l'étrangeté du travail lui-même pour l'ouvrier* », Jean Marie Brohm « *Louis Althusser et la dialectique matérialiste* » in Denise Avenas et *alii*, Contre Althusser, Pour Marx, *op.cit*, pp. 46-.47. Ernest Mandel qui, après une brève présentation des trois tentatives d'interprétation des rapports existants entre les *Manuscrits* et *Le Capital* et après les avoir qualifiées de fausses, affirme comme pour s'élever contre la position althussérienne : « *Les passages relatifs à l'aliénation abondent dans les Grundrisse,* [...]. *Non seulement le concept d'aliénation n'est-il pas "pré marxiste", mais il fait partie de l'instrumentarium du Marx arrivé à pleine maturité. En lisant* Le Capital, *on l'y retrouve d'ailleurs également, fut-ce quelques fois sous une forme légèrement modifiée* », *La formation de la pensée économique de Karl Marx (de 1843 à la formation du « Capital »),* Paris, François Maspero, 1967, p. 175. Lucien Sève, s'insurgeant contre la lecture limitée et restrictive de Louis Althusser, parle plutôt de « *rupture-continuité* », dans *Marxisme et théorie de la personnalité, op.cit*, p. 93, pour montrer que le terme de coupure radicale est inapproprié. Solange Mercier Josa réfute également la lecture althussérienne, *Retour sur le jeune Marx*, Paris, Méridiens-Klincksieck, 1986. Pour résumer, on peut affirmer que d'une part, la structure du *Capital* ne saurait être comprise si on ne prend pas en compte la problématique de l'aliénation telle qu'elle fut développée en 1844. Ce que Marx fait dans *Le Capital,* c'est-à-dire l'explication des racines de l'aliénation, il avait fait le constat en 1844. Ce qui fait qu'on ne saurait nullement parler de rupture radicale entre *Le Capital* et les *Manuscrits de 1844*, il y a souvent rupture, mais elle n'est pas fondamentale. D'autre part, il ne s'agit pas d'affirmer avec véhémence que l'aliénation ne disparaît pas dans *Le Capital*, mais d'analyser plutôt le statut que Marx lui confère dans les œuvres de la maturité. L'aliénation n'est pas la catégorie centrale du *Capital*. Il faut noter que même Jacques Rancière, autrefois influencé par le scientisme ambiant d'Althusser, (*Cf.* son article dans l'ouvrage collectif *Lire Le Capital, op.cit*) avait fini par rejeter la conception althussérienne d'une « coupure épistémologique » dans la pensée de Marx en mettant en relief « l'insoutenable légèreté » d'une telle conception : « *Quand l'althussérisme était science de la science, il donnait un certain statut à la coupure épistémologique chez Marx : celle-ci fournissait la démonstration exemplaire du passage de l'idéologie à la science. Avant 1845, le jeune Marx idéologique, après 1845 le Marx scientifique. Quand réapparaissaient dans les textes de la maturité des expressions trop semblables à celles du jeune Marx, on disait que la similitude était seulement dans les mots, que les concepts étaient différents, mais que Marx malheureusement employait encore les mots d'avant la coupure, parce que lui-même n'aurait pas pensé adéquatement le concept de la coupure* », *La leçon d'Althusser*, Gallimard, Paris, 1974, p. 149.

que d'une interprétation fondée[10]. Il est quasiment impossible d'affirmer que parler d'aliénation après 1844 est une aberration : la

---

[10] Dans son fameux *Pour Marx*, Althusser, après quelques analyses, arrive à la conclusion selon laquelle il y'aurait une rupture définitive entre les œuvres de jeunesse et celles de maturité ; il relègue du coup l'humanisme dans le sillage de l'idéologie. Le marxisme de la maturité s'occuperait d'autres choses et serait fondé sur d'autres points et d'autres concepts. Il faut souligner que le travail de Louis Althusser a eu pour mérite de souligner qu'il y a effectivement, aux alentours des années 1844-1845, une révolution théorique dans la pensée marxienne qui remet en cause l'humanisme philosophique, la conception de l'homme. Althusser rejette les problèmes philosophiques, car pour lui il n'est plus question de l'homme dans la pensée marxienne de la maturité ; ce sont les rapports de production qui déterminent les situations socio-historiques et imposent des rôles aux hommes. Certes, cette conception reflète un aspect de la pensée marxienne, mais ne doit nullement faire oublier l'autre aspect qui stipule que les rapports de production ne sont rien d'autres que des rapports entre humains qui sont créés à partir des conditions historiques. L'influence de l'interprétation althussérienne, pour être comprise, doit être référée au contexte idéologique de l'époque. En effet, le structuralisme commençait à devenir dominant, beaucoup d'intellectuels embarqués dans la déstalinisation adoptèrent le structuralisme. Althusser, identifiant le marxisme et le structuralisme, divise par la même occasion la pensée marxienne. Ainsi, il critique l'humanisme de Marx en présentant la pensée de Marx comme anti-humaniste : il remet en cause le concept d'aliénation. Jacques Rancière, influencé à l'époque par Althusser, adopte la position althussérienne en affirmant que *« l'amphibologie […] ne sera levée que lorsque Marx, dans* Le Capital, *définira le capital comme un rapport de production, opérant ainsi la mutation radicale qui fera passer le discours économique du champ de l'anthropologie dans celui de la science »*, Jacques Rancière, « Le concept de critique et la critique de l'économie politique des *" Manuscrits de 1844 "* au "*Capital* " » in : Louis Althusser et *alii* : *Lire Le Capital*, Paris, PUF, 1996, p. 100. Cependant, en voulant conduire la rupture marxienne à un anti-humanisme théorique, Althusser force un peu la pensée de Marx et lui fait dire des choses difficilement acceptables. La thèse althussérienne se heurte aux faits incontestables : dans *L'Idéologie allemande,* la catégorie d'homme est bien présente de même que dans les *Grundrisse* (l'homme est un zoon politikon dit Marx pour reprendre Aristote) et dans *Le Capital* (l'homme qu'Althusser rejette en croyant qu'il s'agit de l'individu sujet ne l'est pas). Ceci montre que la conception althussérienne est erronée sous certains angles, car la conception de l'homme ou la catégorie d'homme n'est pas seulement une survivance transitoire qui apparaît de manière fragmentaire dans les œuvres dites de la coupure, elle est plutôt une catégorie du marxisme abouti. Ce que Marx critique c'est l'humanisme philosophique abstrait (celui de Feuerbach par exemple) il ne remet pas en cause toute anthropologie. L'essence humaine peut avoir une base bien réelle (*Cf.* la VIe Thèse sur Feuerbach). Le marxisme ne peut être l'adversaire de l'humanisme, mais l'adversaire de l'humanisme abstrait purement spéculatif comme l'attestent les *Thèses sur Feuerbach*.

notion refait surface aussi bien chez Marx que dans d'autres domaines de recherches[11].

---

[11] On ne saurait montrer toutes les tentatives de récupération ou de réactualisation du concept d'aliénation, mais on peut vigoureusement souligner que la parution des textes de jeunesse de Marx a eu des répercussions dans l'interprétation de Marx, mais aussi dans d'autres domaines de recherche. Un auteur comme Marcuse par exemple dans certains de ses ouvrages (*L'homme unidimensionnel,* Paris, Editions de Minuit, 1968, *Eros et Civilisation,* Les Editions de Minuit, 1963, *Philosophie et révolution,* Paris, Editions Denoël, 1969), au-delà de sa lecture continuiste de Marx, emprunte les points forts de son argumentation à la thématique marxienne de la dépossession aliénante pour dénoncer la société industrielle, le développement technologique qui, au-delà de la production à une échelle démesurée, conduit à une perte d'autonomie de l'homme. Dans *Raison et révolution. Hegel et la naissance de la théorie sociale*, Paris, Les Editions de Minuit, 1968, Marcuse considère toute l'œuvre de Marx comme un simple prolongement de la thématique de 1844, il emprunte la plupart du temps son langage au jeune Marx : « *Les premiers écrits de Marx présentent le premier exposé explicite du processus de réification, selon lequel la société capitaliste transforme toutes les relations personnelles entre hommes en rapports objectifs entre choses.* Le Capital *va dénommer ce processus le " "fétichisme de la marchandise" : au sein du système capitaliste, ce sont les marchandises échangées qui déterminent les relations entre hommes, et c'est la valeur d'échange de leurs marchandises qui détermine le statut social des individus, leur niveau de vie, la satisfaction de leurs besoins, leur liberté et le pouvoir qu'ils détiennent* », p. 325. Dans la période d'après guerre, les effets du développement technologique aidant, la notion d'aliénation connut un succès sans commune mesure. Elle fut refonte en une critique des sociétés modernes considérées comme des progrès aliénants, comme des sociétés non émancipatrices. De telles sociétés semblaient être gouvernées par des réalités autonomes qui asservissent les humains. En un mot, la problématique de l'aliénation dévalorisée par Althusser n'a nullement été dépassée. Au contraire, la problématique de la dépossession aliénante demeure vive : l'homme moderne semble se perdre dans ses objectivations et la société dans laquelle il vit demeure de plus en plus non transparente, non maîtrisable (le succès de Steve Jobs qui rend indispensable ce qui souvent est futile en est une explication et une rigoureuse illustration, les humains semblent être dominés par la mouvance technologique ou par *La société de consommation,* Paris, Denoël, 1970, pour parler comme Baudrillard, l'humain est dépossédé de tout ; il est même dépossédé de sa capacité de penser par une certaine « police de la pensée » pour parler comme Georges Orwell, *1984*, Paris Gallimard, 1960, tout est contrôlé et échappe à l'humain, sa pensée semble être téléguidée (*Cf.* Matrix)). L'abondance économique conduit à une perte de l'humain, les rationalisations de la société sont irrationnelles (Jürgen Habermas, *La technique et la science comme « idéologie »*, Gallimard, 1973,) : on pense ainsi autrement l'aliénation, car la consommation de masse est bien structurée, l'idéologie acceptée sans arrière pensée, les canaux médiatiques faisant passer une domination acceptée docilement, l'abondance économique crée un bien matériel qui conduit à un mal-être humain comme le soulignent Hessel et Morin : « *Là où il est advenu, le bien-être matériel n'a pas apporté le bien-être*

mental, ce dont témoignent les consommations effrénées de drogues, anxiolytiques, antidépresseurs, somnifères des personnes aisées », Stéphane Hessel et Edgar Morin, *Le chemin de l'espérance*, Paris, Fayard, 2011, pp. 19-20. Comme on le voit, la problématique de l'aliénation fut sans cesse réactualisée. Debord, dans *La société du spectacle*, Paris, Gallimard, 1992, rénove la problématique de la réification et de l'aliénation. Pour lui, le développement des forces productives a modifié les conditions d'existence des hommes et a conduit à une nette abondance où la question de la survie peut être totalement résolue. Un tel développement peut libérer les hommes du besoin, mais il devient paradoxalement ce qui aliène les hommes. Certes, un tel développement règle les questions des besoins naturels pour la survie mais, il crée une autonomisation de la marchandise, il fait de l'homme, l'éternel serviteur de l'économie : *« L'économie transforme le monde, mais le transforme seulement en monde de l'économie »*, p. 38. L'aliénation devient le revers de la société de croissance, du progrès : l'enrichissement des sociétés a pour corollaire la dépossession humaine, le devenir étranger des choses objectivées : l'aliénation, c'est le revers des sociétés hyperindustrialisées. Ainsi, pour résumer, on peut affirmer que pendant un certain temps, en Occident, le concept d'aliénation a été utilisé par beaucoup de théoriciens qui désiraient remettre en cause les dangers de la société industrielle. Les phénomènes décrits par de tels théoriciens le seront quasiment sous le modèle de l'aliénation. Le concept d'aliénation permettait ainsi de penser plusieurs choses à la fois (critique du capitalisme, critique de la modernité). Le doute althussérien des bases théoriques de l'aliénation n'est pas alors fondé. Aujourd'hui, quand on parle des effets souvent négatifs de la mondialisation, on voit surgir la thématique de l'aliénation et même dans le monde du cinéma, on trouve souvent des thèmes qui peuvent faire penser au sentiment d'une dépossession car quand les humains sont contrôlés par des machines ou obéissent aux caprices des ordinateurs, leur autonomie est totalement remise en cause, l'existence humaine se trouve instrumentalisée. Aldous Huxley, dans *Le meilleur des mondes,* (clonage, modification des génomes) met en évidence en termes clairs cette perte d'autonomie de l'humain, cette destinée de l'homme choisie à l'avance qui exclut toute action libre de l'homme ; l'homme agit, mais agit en fonction de lois prédéterminées. De manière plus actuelle, les suicides récurrents dans le travail (France Télécoms, Renault) remettent sur la sellette la thématique de l'aliénation (les suicides dans beaucoup de secteurs de travail où les humains semblent perdre leur autonomie sont parlants). Tous ces phénomènes peuvent permettre de jeter un regard beaucoup plus réfléchi sur ce que suggère la conception althussérienne : les aliénations demeurent et sont plus qu'actuelles. Le néo-libéralisme, avec sa tendance croissante, à universaliser l'idée que le marché est la loi inhérente à l'économie, atteste davantage cela. Il fait accepter aux humains la règle du marché comme une loi naturelle, c'est-à-dire comme une loi rationnelle, il fait accepter la loi du marché comme la maxime de toutes les actions. C'est ce que tentent de faire des organismes comme l'OMC et l'accord général sur le commerce des services (AGCS). On accepte d'être protégé par une loi tout en nous aliénant totalement, c'est-à-dire en perdant notre liberté d'action. Le néo-libéralisme favorise ainsi la soumission totale et universelle à un ordre marchand tout en désintégrant les particularités nationales. L'humain œuvre à favoriser un système dont il crie paradoxalement contre les dérives : le néo-libéralisme sublime le capitalisme et lui fait échapper à toutes les réprimandes

Dans cette partie réservée aux nombreuses continuités et discontinuités entre les *Manuscrits* et *Le Capital*, nous n'allons nullement nous lancer dans une analyse entièrement comparative[12] entre les *Manuscrits de 1844* et le livre I du *Capital* notamment, ce qui est quasiment impossible du fait de la complexité et de l'inépuisable richesse des deux textes. Nous allons plutôt essayer de dégager les grandes idées qui structurent la problématique du travail aliéné de 1844 et voir par la suite dans certaines œuvres qui peuvent être considérées comme transitoires (*L'Idéologie allemande, Les Grundrisse*) comment la problématique de l'aliénation refait irruption et quel est le contenu qu'une telle problématique acquiert dans ces dites œuvres, comment elle réinvestie. Par la suite, c'est-à-dire après avoir dégagé les grandes

---

venant de la communauté humaine. Les institutions économiques et financières dominent celles politiques qui perdent leur puissance et leur autonomie. L'aliénation à l'ordre marchand capitaliste est davantage favorisée par la séduction publicitaire et la production accrue de désirs factices. La crise grecque, au-delà de révéler les failles d'une union monétaire, révèle la domination des marchés financiers et la perte de contrôle de l'humain face à des réalités qu'il a pourtant créées. Les indignés de Wall Street, d'Espagne, les émeutiers de Londres, les protestataires Israéliens, en plus de dénoncer la puissance et l'autonomie des marchés financiers, permettent de mettre en relief la dépossession humaine due à une intoxication monétaire, au développement des inégalités et à une corruption d'un système moribond. L'aliénation qui s'établit « derrière le dos » des humains est plus qu'actuelle, l'humain a perdu sa puissance d'agir, il n'y a plus de délibération concertée et « la vie est absente » pour parler comme Rimbaud. Les marchés financiers assujettissent les humains : *« Les marchés financiers, surtout internationaux, sont perçus comme une force obscure qui gouverne le monde. Ils dictent les nouvelles règles du jeu économique et social au-delà de tout contrôle, comme s'imposent au monde les conditions météorologiques »*, Jacques Bidet et Gérard Duménil, *Altermarxisme. Un autre marxisme pour un autre monde*, Paris, PUF 2007, p. 35.

[12] On sait par exemple que le concept de critique est pratiquement présent dans toute l'œuvre de Marx. Il l'a utilisé au cours de l'évolution de sa pensée pour désigner son activité. Toutefois si un tel concept est présent dans toute l'œuvre de Marx, il faut néanmoins reconnaître qu'il a été thématisé et a été le concept fondamental de sa pensée à partir de 1844. En effet, la volonté de critiquer l'économie politique a été thématisée par Marx en 1844 et c'est une telle volonté qui commandera toute sa production scientifique jusqu'au *Capital*. Ainsi, on peut logiquement nous poser la question suivante : quelle est la relation qui existe entre la volonté émise en 1844 et *Le Capital* ? On ne saurait nullement faire l'histoire ou l'évolution de la volonté de critique de l'économie politique dans la pensée marxienne, on se contentera naturellement d'essayer d'analyser deux textes majeurs, les *Manuscrits* et *Le Capital*. On essaiera dans un premier temps de dégager et d'analyser les concepts fondamentaux des *Manuscrits*, dans un second temps, on essayera d'analyser quelques problématiques du *Capital* qui peuvent faire penser à celles de 1844 en montrant leur évolution et leur passage à une élaboration sans doute plus rigoureuse.

idées, les moments forts qui structurent la conception marxienne du travail aliéné de 1844 et son réinvestissement dans certaines œuvres ultérieures, on étudiera de manière rigoureuse les grandes idées du *Capital*, notamment celles du livre I, pour voir comment la problématique de l'aliénation a souvent tendance à apparaître et disparaître dans ledit livre. Il est vrai, objection valable, peut nous être faite dans cette volonté de limiter notre analyse qu'au livre I du *Capital*. Par anticipation à une telle objection qui ne serait nullement sans fondement, nous pouvons dire que notre volonté est motivée par le fait que les rapports entre les *Manuscrits* et *Le Capital* se concentrent davantage dans les analyses que Marx fait souvent de certaines problématiques existant au livre I. C'est sans nul doute le livre qui soulève le plus de commentaires quand il s'agit d'analyser l'évolution du concept d'aliénation dans la pensée marxienne.

1) Aliénation et naturalisme dans les Manuscrits[13]

Les *Manuscrits de 1844*, série de notes de brouillon éparpillées, furent publiés près d'un siècle après leur rédaction. Les quelques passages dans lesquels Marx utilise le concept d'aliénation se concentrent davantage dans le « premier manuscrit » et dans le « troisième manuscrit ». Dans le « premier manuscrit » Marx tente

---

[13] Notre choix d'une explication détaillée des grandes idées qui structurent les *Manuscrits de 1844*, s'explique par le fait que dans un tel texte Marx, fait de l'aliénation un concept opératoire de théorie sociale, la théorie sociale devenant une pure théorie de l'aliénation. Dans un tel texte, Marx essaie d'unifier la théorie de la société moderne autour du terme d'aliénation : « *Marx n'y* [dans les Manuscrits parisiens] *définit pas seulement pour la première fois l'*Entfremdung *comme un concept opératoire de théorie sociale ; il y pense aussi la théorie sociale critique toute entière de l'aliénation. Implicitement, il propose ainsi de systématiser la théorie sociale de la société moderne autour du concept de dépossession qui est sous-jacent à celui d'aliénation* », Stéphane Haber, *L'aliénation. Vie sociale et expérience de la dépossession*, PUF, Paris, 2007, p. 58. Avec le concept de dépossession entièrement subordonné à celui d'aliénation, Marx essaie de rendre compte des pathologies modernes : la critique de la société moderne tourne autour de l'aliénation. Ce choix s'explique aussi par le fait que c'est le texte autour duquel tournent toutes les diverses et différentes interprétations de la problématique de l'aliénation dans la pensée marxienne. Tous ces paramètres pris en compte légitiment notre choix d'analyser en détails les grandes idées des *Manuscrits parisiens* et de les confronter avec celles du *Capital*.

tant bien que mal d'harmoniser sa critique de l'économie politique tandis que dans le « troisième manuscrit », il se lance dans une remise en cause de Hegel. L'aliénation apparaît ainsi comme un concept incontournable pour remettre en cause aussi bien le faux et illusoire discours de l'économie politique[14] que la philosophie allemande représentée par l'idéalisme objectif de Hegel, qui tous deux empêchent de saisir l'essence de la réalité historique : Marx utilise le concept d'aliénation pour se lancer dans une analyse descriptive de l'expérience ouvrière et des pathologies sociales du travailleur. Cependant, dans le texte marxien, apparaissent des usages assez ambigus qui peuvent faire croire que Marx exige plus qu'il n'en faut du dit concept. En effet, Marx valse entre des usages assez distincts du concept d'*Entfremdung* : d'une part, il utilise souvent ledit concept afin de pouvoir saisir une certaine forme sociale, d'autre part, il l'utilise pour essayer de rendre compte du processus économique. En termes précis, Marx promeut la notion d'aliénation, dans les *Manuscrits parisiens*, pour remettre en cause certaines dérives du capitalisme naissant. Avec une telle notion, il semble étudier dans ses brouillons fondateurs, la misère humaine. Il étudie de près la misère humaine afin de dénoncer le noyau du système capitaliste avant de s'engager près de vingt cinq ans plus tard, dans son grand ouvrage *Le Capital,* dans une analyse stricte du fonctionnement des lois aveugles du marché. En un mot, le fait d'insister dans ses notes de lecture,

---

[14] Marx essaie de s'élever au-dessus du niveau de l'économie politique qui ne comprend pas les lois qui expriment le mouvement de la propriété privée. La critique marxienne essaie d'expliciter un tel mouvement. En partant de la paupérisation grandissante (un fait économique), Marx essaie d'expliquer les lois qui expriment le mouvement de la propriété privée. Une telle étude l'amène à une étude de l'essence, car le phénomène exprime une essence : l'aliénation. Autrement dit, son discours critique rend compte de la nature de la contradiction afin de redécouvrir l'unité du sujet et de l'essence. On se rappelle d'ailleurs que l'unité du sujet et de l'essence est chez Feuerbach le moment où apparaît le discours vrai opposé au discours abstrait. L'abstraction dans la démarche anthropologique désigne aussi bien la séparation de l'homme et de son essence que le discours spéculatif qui part de la séparation de l'homme et de son essence. Dans un tel type de discours, le prédicat est séparé du sujet. Une telle séparation favorise la réalisation d'une unité au profit de l'être étranger, aliénation de l'essence du vrai sujet, l'homme. Un tel discours pose le prédicat comme le sujet et vice versa. C'est ce qui fait que la théologie fait de Dieu le vrai sujet, de même que la philosophie hégélienne partant de la pensée séparée du sujet en fait la vraie réalité. L'abstraction est ainsi critiquée, car toute pensée qui procède par des abstractions atteste la séparation du sujet et de l'objet.

communément appelées *Manuscrits de 1844,* sur la misère, permet à Marx d'axer sa réflexion sur les expériences négatives des ouvriers[15].

Pour cerner les situations tragico-dramatiques, Marx met en relief des concepts clés. Il analyse en des termes naturalistes pour donner beaucoup plus de rigueur au thème de l'injustice sociale, de la privation de l'homme de la satisfaction de ses besoins primaires. Autrement dit, il y a une misère parce que les besoins humains, du corps demeurent insatisfaits. Cependant, cette façon de concevoir la misère sociale s'élargit. En effet, la privation des besoins du corps n'est pas remise en cause dans la suite du texte de Marx. Une telle privation est liée à des privations plus importantes qui touchent l'humain. Marx élargit sa pensée : elle débouche sur une pensée de la perte humaine. La misère n'est plus une simple réalité que subit l'humain de manière physique ; elle est aussi la façon dont l'activité humaine se perd. Plus précisément, la non maîtrise du processus de travail et l'autonomisation des forces productives sont reliées au fait de subir physiquement des privations. L'autonomisation des forces productives et la privation des besoins reflètent la même chose : la misère. La conceptualisation de l'aliénation essaie de montrer que dans la misère aussi bien physique que morale, l'humain est privé de certaines potentialités fondamentales dont l'effectivité est

---

[15] Le fait que Marx, dans les *Manuscrits parisiens,* raisonne souvent à partir de la misère ouvrière, s'appuie sur le côté négatif du système capitaliste, peut être considéré comme théoriquement démodé du fait de l'amélioration des conditions ouvrières actuelles dans le système capitaliste : un tel fait peut apparaître comme très limité du point de vue d'une étude scientifique des conditions ouvrières. Cependant, pour mieux cerner les idées qui structurent les *Manuscrits de 1844,* faudrait-il considérer les analyses marxiennes comme une manière d'aller au-delà de la simple misère ouvrière, les considérer comme une manière de concevoir la perte humaine et comme une pensée de la perte humaine, laquelle pensée demeure toujours vivace. Autrement dit, il est évident que le concept d'aliénation peut être utilisé pour remettre en cause non pas des expériences tragiques, mais pour dénoncer la société de consommation (le succès de Steve Jobs est un exemple éloquent), l'idéologie (on peut être aliéné idéologiquement ; l'exemple des grands régimes totalitaires l'atteste), la domination culturelle. Mais, un tel usage n'est en rien une remise en cause de l'usage tragico-dramatique du concept dans les *Manuscrits parisiens.* Il peut même tirer ses accointances avec le premier usage dans les *Manuscrits de 1844.* Autrement dit, les aliénations modernes (culturelle, idéologique, consumériste) gardent des liens forts avec l'usage de l'aliénation dans les *Manuscrits de 1844.* C'est pour dire que les analyses de 1844 ont une portée transhistorique. Le point de départ de Marx en 1844 ne conduit pas à un dépassement des choses que l'on peut penser sous le terme d'aliénation.

incontournable pour une existence humaine véritable. La misère empêcherait la réalisation pleine et entière de l'humain, c'est ce qui fait d'ailleurs qu'elle implique une aliénation : la misère rend l'humain étranger au monde. L'individu aliéné perdrait ainsi le rapport réel, le rapport au monde. Les possibilités qui permettent la réalisation de l'homme lui deviennent étrangères : ce que l'homme devrait être lui devient étranger.

Il est évident qu'une étude ou une explication de texte des *Manuscrits de 1844,* demeure certes une alternative envisageable pour dégager les idées qui structurent la thématique de l'aliénation, mais une telle étude resterait sans grande originalité. Pour mieux cerner la problématique de l'aliénation dans un tel texte, il est beaucoup plus authentique de voir dans quelles parties sont concentrées l'essentiel des idées marxiennes qui gravitent autour d'une telle thématique. Il semble de ce fait que toutes les idées qui touchent à la thématique de l'aliénation se concentrent dans le « premier manuscrit » et dans le « troisième manuscrit ». Dans de tels manuscrits, la thématique de l'aliénation est inévitablement associée à celle du naturalisme. Les deux thématiques demeurent liées et se complètent de façon originale. Pour comprendre en quoi consiste l'aliénation on ne saurait passer sous silence le naturalisme qui l'éclaire et vice versa.

Parler du naturalisme dans les *Manuscrits parisiens*[16] de Marx peut ne pas faire l'unanimité du fait de la quasi-rareté du terme dans un tel texte. Il n'apparaît qu'à des moments forts de l'argumentation marxienne, ce qui logiquement nous incite à croire qu'il exprime la position philosophique de l'époque. Marx propose, dés les *Manuscrits de 1844,* une théorie basée sur l'idée d'une nature perdue à retrouver. Ainsi, il est naturaliste car demeurant convaincu que quelque chose

---

[16] Marx arrive à Paris en octobre 1843 où il commence à étudier l'économie politique. Les commentaires de Marx sur ses lectures économiques sont trois manuscrits inachevés et écrits entre avril et août 1844, ce sont de tels manuscrits inachevés qu'on nomme souvent *Manuscrits parisiens* (car étant rédigés à Paris). Certains commentateurs et traducteurs adoptent le titre de *Manuscrits de 1844* (c'est le cas de Emile Bottigelli, Editions Sociales, Paris, 1969 et J. Gougeon, GF Flammarion, Paris, 1996 avec une présentation de Jean Salem) tandis qu'un autre commentateur/traducteur très au fait de la pensée marxienne comme Franck Fischbach adopte le titre de *Manuscrits économico-philosophiques de 1844*, Vrin, Paris, 2007, titre qui était d'ailleurs adopté pour la première fois dans le tome3 de la MEGA (Marx- Engels-Gesamtausage) édité par l'institut Marx-Engels de Moscou.

préexiste à l'ordre social et dont pourtant un tel ordre dépend. Le terme « naturalisme »[17] est utilisé pour désigner une position théorique forte et différente du matérialisme, une forme de vie souhaitable, le « communisme », dans laquelle la perte de la nature disparaîtrait.

Dans les *Manuscrits parisiens*, la problématique de l'aliénation[18] rend possible la pensée de la nature : l'aliénation et la nature sont les deux idées fondamentales de ce texte, Marx veut fonder la critique de l'aliénation sur un naturalisme conséquent. La possibilité de penser la nature s'articule autour d'une pensée axée sur la souffrance, sur la douleur de l'humain. En effet, les conditions d'existence inhumaines, les besoins inassouvis font référence à une existence totalement niée, à une perte de l'homme dans sa propre production. L'inhumanité de ces conditions permet de penser à une nature préexistante dépréciée : la

---

[17] Il nous semble que l'élévation à une dimension philosophique du terme « naturalisme » est due à Marx. Certes, bien avant lui, le terme apparaît chez Feuerbach, mais ce dernier n'en fait pas une analyse bien rigoureuse (*Cf. L'Essence du christianisme,* trad. Jean Pierre Osier, Maspero, Paris, 1973.)

[18] L'élévation philosophique du concept d'aliénation, à notre avis, est due en grande partie à Marx. Chez Hegel où l'aliénation (au sens d'*Entfremdung*) est entendue au sens du devenir étranger à soi ou à la nature extérieure (le monde, l'histoire ou la nature) et chez Feuerbach où l'aliénation (au sens d'*Entäusserung*) peut être comprise comme dépossession de certaines qualités ou attributs, même si on peut les considérer comme les créateurs du concept d'aliénation, le concept d'aliénation ne joue pas un rôle déterminant. Les deux notions *Entfremdung* de Hegel et *Entäusserung* de Feuerbach sont présentes chez Marx et s'entremêlent la plupart du temps, mais une lecture attentive de Marx peut nous permettre de les distinguer. Ce sont les *Manuscrits de 1844* qui jouent ainsi le rôle primordial dans l'élévation du concept d'aliénation à une dimension philosophique, ce qui ne signifie nullement qu'avant 1844 le concept n'existait pas chez Marx : « *On peut considérer que ce sont les* Manuscrits de 1844 *qui construisent la conception de l'aliénation classiquement attribuée à Marx, de même qu'ils fixent la plupart des significations qui sont restées attachées à ce terme.* » Emmanuel Renault, « Travail aliéné et philosophie de la pratique », in G. Duménil, M. Löwy, E. Renault, *Lire Marx*, PUF, Paris, 2009, p. 132. Soulignons aussi que certains commentateurs et traducteurs des *Manuscrits de 1844* ne mettent pas en évidence la différence qui existe entre *Entfremdung* qui désigne en français aliénation et *Entäusserung* qui désigne dans le texte de Marx perte de l'expression, c'est-à-dire une forme d'aliénation, de tels commentateurs et c'est le cas de Bottigelli, rendent *Entfremdung* et *Entäusserung* par aliénation, ce qui est faux. Il y a une nuance entre les deux termes, ils ne sont pas synonymes. (En allemand le préfixe Ent est un privatif, il signifie perte ; *Äusserung* signifie expression ce qui veut dire qu'*Entäusserung* signifie la perte de l'expression et implique l'idée de dépossession alors qu'*Entfremdung* signifie aliénation tout court. *Entfremdung* englobe *Entäusserung*)

souffrance renvoie alors à l'action exercée sur les conditions antérieures qui seules pourtant peuvent favoriser une existence désaliénée. Ainsi Marx, en analysant les conditions de la souffrance, de la douleur, acquiert la possibilité d'étudier le concept de nature.

Cependant, des commentateurs très au fait de la pensée marxienne, des hommes de sérail, passent sous silence ce point de vue de Marx sur la nature. Il en est ainsi de Schmidt qui, dans son ouvrage, *Le concept de nature chez Marx*[19], ignore royalement la nature en l'homme, la pensée de la nature axée sur la souffrance (la philosophie du corps de Marx). Il considère le naturalisme de 1844 comme assez faible et ne reflétant pas la pensée originale de Marx sur la nature. Ceci le pousse à croire que les idées que Marx développera dans *L'Idéologie allemande* qui mettent en relief la relation dialectique entre la nature et l'activité humaine, remettent en cause le naturalisme faible des *Manuscrits de 1844*. Pour lui, la pensée effective et indiscutable de Marx sur le naturalisme est celle qui met en évidence l'idée selon laquelle la nature est une donnée qui existe et qui doit être inévitablement changée par le travail de l'homme. En un mot, le travail humain ne serait qu'une manière de rendre effective une réalité inhérente à la chose naturelle. Ce qui revient à dire que le bois d'ébène dans la forêt de Simal attendrait docilement de devenir table, car les moyens qu'utilise le menuisier permettent simplement au bois de se réaliser.

---

[19] Alfred Schmidt, dans un tel ouvrage, malgré les considérations écologiques qu'il prend en compte, aboutit à une vision simplifiée du naturalisme. Pour lui, le naturalisme de 1844 ne reflète pas la pensée authentique de Marx sur la nature, la médiation entre la nature et l'histoire par le travail n'est pas rigoureusement soulignée (Schmidt oublie ainsi l'analyse du naturalisme axée sur le corps, sur la souffrance). Schmidt, voulant remettre en cause la tendance stalinienne propagée au XXe, « le matérialisme dialectique », finit par aboutir à une vision simplifiée du naturalisme de 1844 et par accorder au naturalisme de Feuerbach une moindre importance : « *Chez Marx, l'immédiateté de la nature, dans la mesure où à l'encontre de Feuerbach il la dégage comme marquée socialement, n'est pas une apparence évanescente, elle demeure au contraire sa priorité génétique face aux hommes et à leur conscience.* » *Le concept de nature chez Marx*, PUF, Paris, 1994, pp. 46-47. Cependant, force est de constater que Schmidt ne prend pas en compte deux choses assez différentes : il ne comprend pas que dans les *Manuscrit de 1844*, c'est un paradigme naturaliste qui fonctionne alors que dans *L'Idéologie allemande*, c'est un paradigme purement historique qui est mis en évidence.

A analyser de près les *Manuscrits de 1844*, on se rend compte que la vision d'une nature naturante ne sous-tend nullement un tel texte. Marx, dans ce texte, pense la nature à partir de la souffrance humaine, la nature n'est nullement ce qui doit être travaillé, elle ne renvoie pas au milieu environnant, *« c'est* [plutôt] *une nature qui, dans l'aliénation, me renvoie, […] en creux, aux conditions réelles de ma puissance d'agir et à sa vulnérabilité, mais aussi à mes appartenances, à mes apparentements et à mes dépendances positives. »*[20]

Ainsi, l'idée d'une nature qui ne serait là que pour être modifiée par l'activité humaine ne peut nous permettre d'assumer rigoureusement tout ce que l'on veut montrer en considérant d'une part, la nature comme quelque chose de premier, quelque chose qui préexiste à tout et, d'autre part, en considérant la même nature comme un élément fondamental de l'activité humaine. C'est pourquoi, il nous semble logique d'affirmer que le Marx de 1844 poursuivant en cela une perspective ouverte par Feuerbach (perspective du naturalisme comme sensibilité) commence par s'intéresser au concept de nature à partir des affects du corps, de la souffrance du corps, en un mot à partir d'une philosophie du corps. Ainsi, par opposition à certains textes de la maturité de Marx qui lient le naturalisme à une philosophie du travail productif, dans les *Manuscrits de 1844*, le naturalisme est lié avant tout à une philosophie du corps. En termes clairs, pour le Marx de 1844, le concept de nature ne peut être détaché de l'expérience de la souffrance, de la philosophie du corps, de l'aliénation.

a) Aliénation et naturalisme dans le « premier manuscrit »

Durant son séjour parisien, Marx, plongé dans la lecture des économistes et n'ayant visiblement pas encore acquis des connaissances économiques assez rigoureuses, essaie de montrer que l'industrialisme moderne naissant conduit à la négation de la nature humaine et de la nature en général. Il met ainsi en place un dispositif

---

[20] Stéphane Haber, « " Le naturalisme accompli de l'homme " : travail aliéné et nature », in Emmanuel Renault (dir.), *Lire les Manuscrits de 1844*, PUF, Paris, 2008, p. 131.

conceptuel assez critique pour ne pas sortir de la thématique naturaliste fondée sur l'idée de la souffrance, de la douleur de l'homme. Il développe à partir d'une telle thématique la problématique de l'aliénation considérée comme cause principale de la perte de la nature. Le concept d'aliénation est alors systématisé en divers moments qui reflètent plusieurs influences : les influences feuerbachienne, bauerienne et hessienne. De l'analyse feuerbachienne de l'aliénation, Marx en tire l'idée de l'aliénation comme perte de l'essence générique de l'homme, de celle de Bauer, il en tire la conception de l'aliénation comme domination ou oppression de l'homme par Dieu et enfin de celle de Hess, il en hérite la conception de l'aliénation comme inversion du rapport du sujet et de la fin : « *C'est en ces sens de la perte de soi et du devenir étranger à soi, de la domination par le produit de son activité, et de l'inversion des moyens et des fins qu'il sera question de travail aliéné.* »[21]

Dans le premier moment, l'aliénation consiste dans la perte de l'expression (ce qui est rendu en allemand par *Entäusserung* et non par *Entfremdung*), dans le fait que le produit du travailleur est accaparé par autrui qui, du fait qu'il dispose des moyens de production, s'approprie naturellement le produit du travail. L'ouvrier ne disposant pas des moyens de production, de travail, ils lui sont extérieurs, s'objective certes dans un objet mais une telle objectivation est en même temps désobjectivation, le produit lui échappe et lui devient étranger, « *l'objet que le travail produit, son produit vient lui faire face comme un être étranger, comme une puissance indépendante du producteur. Le produit du travail est le travail qui s'est fixé dans un objet, qui s'est fait chose ; ce produit est l'objectivation du travail. La réalisation du travail est son objectivation. Cette réalisation du travail apparaît, dans la situation de l'économie nationale, comme déréalisation du travailleur, l'objectivation* [apparaît] *comme perte de l'objet et asservissement à l'objet, l'appropriation* [apparaît] *comme aliénation* (Entäusserung, c'est nous qui traduisons), *comme perte de l'expression.* »[22] L'accent est mis sur l'idée de perte, de dessaisissement et non sur les conditions de production, de travail. L'homme est tout simplement aliéné parce qu'il est privé de son produit, de son objet enrichi.

---

[21] Emmanuel Renault, « Travail aliéné et philosophie de la pratique » in G. Duménil, M. Löwy et E. Renault, *Lire Marx, op.cit.*, p. 132.
[22] M44 : M1 XXII ; ES57 ; Vrin 118 ; MEW 512 ; MEGA² 365.

Le produit du travail devenant ainsi étranger au travailleur ne peut l'enrichir comme ce serait le cas s'il lui revenait : c'est le versant objectif de l'aliénation, le moment où les produits s'autonomisent et deviennent étrangers à leur producteur : « *L'objectivation apparaît à un point tel comme perte de l'objet que le travailleur est dépouillé non seulement des objets les plus nécessaires à la vie, mais aussi des objets du travail. Oui : le travail lui-même devient un objet dont* [le travailleur] *ne parvient à s'emparer qu'au prix des efforts les plus grands et en connaissant les interruptions les plus irrégulières. L'appropriation de l'objet apparaît à ce point comme aliénation* (nous traduisons par Entäusserung) *que plus le travailleur produit d'objets, moins il peut posséder et plus il tombe sous la domination de son produit, le capital.* »[23]

Marx souligne deux idées fondamentales qui rendent possible cette première forme d'aliénation. Il faut, d'une part, pour que cette première manifestation de l'aliénation soit possible, que les moyens de production, les moyens qui rendent l'activité de l'ouvrier possible, ne puissent pas appartenir à ce dernier. Ils doivent nécessairement venir du dehors. En un mot, il faut qu'il y ait une séparation de l'ouvrier avec les moyens de l'activité (idée qui sera davantage développée dans *Das Kapital*). D'autre part, il faut aussi que les produits du travail soient appropriés par le détenteur des moyens de production à savoir le capitaliste qui, par le seul fait de posséder les moyens de production, devient l'individu à qui reviennent les produits du travail. Ces deux conditions, à savoir la séparation de l'ouvrier avec les moyens de production et la dépossession de l'objet, ont pour ultime conséquence l'autonomie de l'objet par rapport au travailleur. Les conditions qui pouvaient permettre à l'ouvrier de reconnaître l'objet comme sien étant absentes, l'objet devient non seulement l'objet d'un autre, mais il lui devient même étranger : « *La perte de l'expression du travailleur dans son produit a la signification, non pas seulement que son travail devient un objet, une existence extérieure, mais que son travail existe en dehors de lui, indépendant de lui et étranger à lui, et qu'il devient une puissance autonome lui faisant face - que la vie qu'il a prêtée à l'objet vient lui faire face de façon hostile et étrangère.* »[24]

---

[23] *Id.*
[24] M44 : M1 XXIII ; ES 56 ; Vrin118. MEW 512; MEGA^2 365.

Dans le deuxième moment, Marx effectue un léger déplacement en situant maintenant l'aliénation dans l'acte même de production. L'aliénation n'est plus considérée comme une fausse objectivation, condition de l'autonomisation du produit, elle est expliquée à partir du travail. Pour Marx, si l'ouvrier s'aliène dans le produit, c'est parce que son activité elle-même est aliénante ou aliénée. Ce qui signifie que la première forme d'aliénation est elle-même dérivée de la seconde. En effet, si le travail[25] n'était pas une activité aliénée, les produits ne

---

[25] Il est courant que certains commentateurs fassent du Marx de 1844 un Marx qui considère le travail comme l'essence de l'homme. Lukács dans ses *Prolégomènes à l'ontologie de l'être social*, Paris, Delga, 2009, donne une certaine importance à ce paradigme. Son analyse essaie d'écarter l'idée d'une histoire orientée vers une fin, car pour lui, seul le travail humain peut se présenter comme une activité orientée vers une fin. En mobilisant des moyens en vue de fins prédéfinies, le travail humain échappe du même coup à la nécessité. En effet pour Lukács, on ne crée pas seulement des produits, on crée aussi des valeurs humaines, le travail est une activité pénétrée par certaines valeurs. C'est une manière de réfuter une conception « instrumentale de la technique » et de promouvoir par voie de fait une « philosophie praxis ». Cependant, cette conception du travail qui considère le travail comme la manifestation de l'essence humaine est très limitée pour comprendre le travail au sens propre en tant que mode d'activité différent d'autres modes d'activité. Nous opposant à une telle conception, nous considérons davantage les *Manuscrits de 1844* comme une tentative marxienne de critiquer le travail et les propos suivants de Marx suffisent pour illustrer cela : « *L'accroissement de la classe des hommes qui ne font que travailler augmente d'autant la concurrence entre les travailleurs, et donc diminue leur prix* » (M44 : M1 IV ; ES 58 ; Vrin 80 ; MEW 474 ; MEGA^2 329). Pour Marx, celui de 1844 évidemment, toute l'activité de l'homme ne saurait se réduire uniquement au travail, même si celui-ci est une activité essentiellement humaine. En un mot, si l'on réduit toute l'activité humaine à une unique dimension à savoir le travail, le travail devient aliéné alors que pour Marx l'homme doit certes être productif, mais il doit l'être de « façon omnilatérale ». La vie humaine ne peut se réduire entièrement au travail, car demeurer dans l'unique sphère du travail pour se nourrir, se loger et pour vivre conduit à l'animalité. L'homme doit s'exprimer dans d'autres activités (ce que *L'Idéologie allemande* confirmera quelques mois plus tard en montrant que l'homme peut s'adonner à différentes activités : la chasse, la pêche, la critique. L'homme a « *la possibilité de faire aujourd'hui telle chose, demain telle autre, de chasser le matin, de pêcher l'après-midi, de pratiquer l'élevage le soir, de faire de la critique après le repas, selon* [son] *bon plaisir, sans jamais devenir chasseur, pêcheur ou critique* », Paris, Editions Sociales, 1968, p 63) pour se faire plaisir. Par exemples à travers les œuvres artistiques, l'homme crée en vue d'une finalité qui n'est pas extérieure à la beauté, à travers l'activité philosophique ; il cogite et met en place des pensées pour le simple plaisir de penser. La diversité des activités humaines fait de la vie de l'homme une vie vraiment humaine et le travail devient une activité parmi tant d'autres. Pour être convaincu du fait de l' « omnilatéralité » de l'homme. Il faut se référer à la différence que fait

pourraient nullement dominer le travailleur, l'objectivation de l'homme ne serait pas une absence d'objet pour l'homme, une objectivation désobjectivée. Marx centre ainsi sa réflexion sur les souffrances du travailleur, la pensée axée sur la souffrance ou la douleur supplante celle axée sur l'autonomisation du produit. Marx semble davantage s'intéresser aux douleurs physico-morales du travailleur : « *Si donc le produit du travail est la perte de l'expression, alors il faut que la production elle-même soit la perte active de l'expression, la perte d'expression de l'activité, l'activité de perdre l'expression. Dans l'aliénation de l'objet du travail se résume seulement l'aliénation, la perte de l'expression dans l'activité du travail elle-même.* »[26] Marx critique les conditions du processus de l'activité humaine. Dans cette seconde forme d'aliénation, ce qui est privilégié c'est davantage les conditions de travail que les effets externes, c'est-à-dire l'autonomisation des produits. Pourtant dans son analyse de la première forme d'aliénation, si Marx semblait tirer des enseignements sur la situation du travailleur à partir de l'objectivation manquée, dorénavant, il met en relief la situation du travailleur caractérisée par la souffrance aussi bien physique que morale. Le vocabulaire des considérations morales et physiques[27] semble l'emporter sur toute autre considération : « *Le travail est extérieur au travailleur, c'est-à-dire n'appartient pas à son être, […] le travailleur ne s'affirme donc pas dans son travail, mais s'y nie, […] il ne s'y sent pas bien, mais malheureux, […] il n'y déploie pas une énergie*

Marx entre travail abstrait et travail concret dans les *Manuscrits de 1844*, le travail abstrait est le travail en tant qu'activité unilatérale qui ne s'intéresse qu'à l'avoir, qu'à l'accumulation de la richesse, un tel travail n'exprime pas totalement l'homme. On acquiert des richesses pour perpétuer le travail : c'est le régime de l'avoir (*des habens* en allemand). L'autre travail, celui qui n'est pas abstrait, permet d'exprimer l'être.

[26] M44 : M1 XXII ; ES 60 ; Vrin 120 ; MEW 514; MEGA² 367.

[27] Marx donne beaucoup plus de tonus à l'aliénation comme situation liée aux conditions de travail. Il y accentue sa réflexion car demeurant dans l'influence Jeune-hégélienne et ce malgré la fascination de la dimension objective de l'aliénation. Il met en relief les supplices que subissent les ouvriers dans le travail et non sur une quelconque autonomisation du produit du travail. Les nombreuses allusions aux conditions de travail désastreuses qui martyrisent les travailleurs sont éloquentes. L'aliénation devient un système dans lequel les travailleurs subissent sans relâche les répercussions de leur activité. Les économistes avec leurs discours grandiloquents mettaient l'accent sur le côté humain de leur système, Marx rompt avec une telle vision en mettant l'accent sur les effets du système de travail sur ceux qui exercent le travail : les ouvriers.

physique et spirituelle libre, mais mortifie son physique et y ruine son esprit. […] Son travail n'est donc pas librement voulu, mais contraint, c'est du travail forcé. »[28] La conséquence que l'on peut tirer de cette seconde forme d'aliénation est la suivante : certains besoins humains deviennent abstraits, ils sont séparés du reste de l'activité humaine. De tels besoins, à savoir manger, boire et procréer, deviennent alors des fonctions purement animales : « *Nous arrivons ainsi au résultat que l'homme (le travailleur) ne se sente plus comme librement actif que dans ses fonctions animales (manger, boire et procréer, tout au plus encore dans l'habitation, la parure etc.,), et qu'il ne se sente plus qu'animal dans ses fonctions humaines. L'animal devient l'humain et l'humain devient l'animal. Manger, boire et procréer, etc., sont certes également des fonctions véritablement humaines. Mais, dans l'abstraction qui les sépare du reste du cercle de l'activité humaine et qui en fait les derniers et ultimes buts finaux, elles sont animales.* »[29]

Dans le troisième et dernier moment, Marx semble radicaliser ce qu'il pensait de la dimension de l'aliénation axée sur les souffrances des ouvriers[30]. Cependant, il ne s'appuie plus, comme ce fut le cas dans la seconde forme d'aliénation, sur la souffrance physico-morale, mais sur la perte d'une nature humaine liée aux mauvaises conditions

---

[28] M44 : M1 XXIII ; ES 60 ; Vrin 120 ; MEW 514 ; MEGA^2 367.
[29] M44 : M1 XXII ; ES 60-61, Vrin 121 ; MEW 515 ; MEGA^2 368.
[30] La volonté marxienne consiste à ce moment crucial de son argumentation à parvenir à une certaine dimension historique et fondamentale de l'aliénation. Ainsi, il se fonde sur une relation biaisée entre l'humain et la nature pour donner plus de relief à son argumentation. A partir de ce moment, il trouve les moyens pour expliquer la déchéance et la souffrance ouvrières : la notion de genre empruntée à Feuerbach lui permet de rendre compte de la situation de l'homme, de la perte d'une relation interpersonnelle fondamentale. L'aliénation consiste ainsi pour l'homme en une perte d'un rapport fondamental à l'existence humaine ; l'homme devient étranger à autrui : le rapport normal de la vie est faussé. L'autre qui devait être mon alter ego m'est étrange et vice versa. Les humains perdent ainsi les bases d'une vraie communauté forte et originale dont les relations humaines ne souffrent d'aucun manque de transparence et de convivialité. Cependant, comme il apparaît dans ses argumentations, Marx, au lieu de continuer dans sa lancée afin de donner beaucoup plus de force à son argumentation sur les relations interpersonnelles biaisées, se refugie subrepticement dans une analyse de la Nature. Il met en relief l'idée d'une coexistence de la nature interne et externe. Ainsi, l'homme ne peut s'exprimer que s'il exprime la nature humaine et considère du coup l'autre humain, son semblable, que comme une partie non moins importante de la nature. Prenant en compte toutes ces considérations, Marx parvient à l'idée selon laquelle l'aliénation est la cause fondamentale de la séparation de l'homme avec la nature et avec son semblable.

de travail. En effet, pour Marx, voulant sans doute donner plus de force au naturalisme, le noyau de l'aliénation n'est pas simplement l'autonomisation du produit, ni la simple souffrance de l'ouvrier, c'est plutôt la tendance à l'effacement ou à la disparition d'un rapport incontournable : un tel rapport consiste dans la capacité de l'homme à pouvoir subvenir à ses besoins primaires qui ne sont nullement détachables de la vie sociale. A ce niveau de la pensée de Marx, ce qu'il y a de plus profond dans l'aliénation devient logiquement la séparation de l'homme avec la nature, ce qui incite à penser la dépossession comme une perte de la nature interne (celle de l'homme) et externe, le rapport à la nature en général : « *La nature est le corps propre non organique de l'homme - où il faut entendre la nature dans la mesure où elle n'est pas elle-même le corps humain. L'homme vit de la nature signifie : la nature est son propre corps, avec lequel il faut qu'il demeure dans un processus continuel pour ne pas mourir. Le fait que la vie physique et spirituelle de l'homme soit dépendante de la nature, n'a pas d'autre sens que celui-ci : la nature est dépendante d'elle-même car l'homme est une partie de la nature.* »[31]

Pour Marx, il ne faut pas considérer radicalement la nature comme un élément extérieur à l'homme, il ne faut pas opérer une séparation entre la nature et l'homme, car la nature c'est l'homme, c'est même atteste Marx, le « corps propre de l'homme ». Ce qui signifie que l'homme est à la fois nature et culture, sa nature précède son être social. Les activités de l'homme, spirituelles et matérielles, dépendent de la nature, ce qui veut dire de manière simplifiée que l'homme est un élément de la nature, un aspect de la nature. Le travail qui considère alors la nature comme un simple moyen de subsistance, aliène l'homme de la nature, le sépare de la nature en faisant de cette dernière une chose extérieure à l'humain et qui ne serait là que pour être transformée par ce dernier. Une telle aliénation de l'homme de la nature conduit à une aliénation de l'homme en tant qu'être générique « *En ce que le travail aliéné aliène l'homme de la nature, de lui-même, de sa propre fonction active, de son activité vitale, il aliène l'homme du genre ; il fait que la vie générique devient pour l'homme un moyen de la vie individuelle. Il aliène, premièrement, l'une de l'autre la vie générique et la vie individuelle et,*

---

[31] M44 : M1XXIV ; ES 62 ; Vrin 122 ; MEW 516 ; MEGA^2 369.

deuxièmement, il fait de la seconde, prise dans son abstraction, le but de la première, prise elle-même dans sa forme abstraite et aliénée. »[32]

Ainsi, fort de ses hypothèses naturalistes, Marx tend à mettre en avant l'idée selon laquelle, dans la suite du « premier manuscrit », la violence exercée sur le corps conduit à biaiser la relation que l'homme entretient avec la nature extérieure. En termes clairs, l'humain, poussé par des mobiles purement économiques (usage à tout va des matières naturelles), finit par établir des relations faussées avec la nature, d'où la perte de la nature. Marx, au lieu de tirer toutes les conséquences d'un tel constat, retombe inévitablement sur une analyse des relations interpersonnelles. Une étude des conditions de réalisation de la nature humaine se met subitement en place. En effet, pour Marx, la déchéance du travailleur conduit à une relation interpersonnelle faussée : l'ouvrier au lieu de voir en l'autre, son alter égo, y voit le concurrent susceptible de lui faire perdre sa place ou son travail. Voulant ainsi saisir le cœur de l'aliénation et croyant que la problématique d'une non-expression de la nature humaine prend en charge celle d'une relation biaisée avec la nature interne et externe, Marx ne permet pas de saisir la trame de son argumentation, son usage du terme de nature étant par moment abusif.

b) Le « troisième manuscrit » ou l'effectivité du naturalisme

Le « troisième manuscrit » essaie d'asseoir rigoureusement la pensée de l'aliénation développée dans le « premier manuscrit ». Au-delà des simples analyses et réfutations des conceptions hégéliennes, les textes fragmentés du « troisième manuscrit » veulent effectuer la jonction entre la critique de l'aliénation et le naturalisme du jeune Marx. Ils veulent montrer que l'aliénation et le naturalisme sont inséparables et se complètent mutuellement. Ainsi, mieux que le « premier manuscrit » où Marx semblait mélanger tout, passer d'un point à un autre sans une explication plausible, le « troisième manuscrit » définit son objectif et s'y attelle : la fondation de la pensée de l'aliénation sous le signe du naturalisme. Un tel objectif, Marx y parvient en quelques moments forts de son argumentation que nous tenterons de dégager dans les pages qui suivent.

---

[32] M44 : M1 XXIV ; ES62 ; Vrin 122; MEW 516; MEGA² 369.

b.1) L'équivalence du communisme et du naturalisme

Marx, dés le début de ses considérations sur le communisme, commence par montrer que le communisme est l'avènement de la suppression de la propriété privée[33], cause principale de l'aliénation,

---

[33] « *Le communisme, comme suppression positive de la propriété privée en tant qu'auto-aliénation humaine, et, par suite, comme appropriation réelle de l'essence humaine par et pour l'homme ; par suite comme retour complet, conscient de l'homme pour soi en tant qu'homme social, c'est-à-dire en tant qu'homme humain - comme retour accompli à l'intérieur du tout de la richesse du développement ayant eu lieu jusqu'ici. Ce communisme, en tant que naturalisme accompli, est = à l'humanisme, en tant qu'humanisme accompli, il est = au naturalisme, il est la véritable résolution du conflit de l'homme avec la nature et avec l'homme, la vraie résolution du litige entre l'existence et l'essence, entre l'objectivation et la confirmation de soi, entre la liberté et la nécessité, entre l'individu et le genre. Il est l'énigme résolue de l'histoire et il se sait comme cette résolution* », M 44 : M 3 IV ; ES 87 ; Vrin 145-146 ; MEW 536 ; MEGA^2 389. En effet chez Marx, l'aliénation objective (influence feuerbachienne) consiste en la perte de l'individu dans l'objet, en l'autonomisation de l'objet. Celle subjective est considérée comme souffrance (physique et morale) et comme perte de la Nature (dans les deux sens évidemment). La perte de l'humain dans l'objet et celle de la Nature sont les deux dimensions de l'aliénation dans l'analyse marxienne. Mais dans son texte des *Manuscrits de 1844*, Marx glisse son analyse vers la propriété privée qui semble, par moment, représenter les deux versants de l'aliénation. Pour Marx, l'aliénation du produit ne signifie rien d'autre que l'accaparement de ce dernier par le capitaliste qui, en s'accaparant le produit du travail, augmente sa puissance et sa domination. Cependant, Marx n'ayant pas en 1844 les outils nécessaires pour analyser la nature du capital, aboutit par des formules assez suggestives à l'idée selon laquelle la propriété est une conséquence de l'aliénation du produit du travail. Il ne donne nullement une explication rigoureuse et scientifique des rapports de domination capitalistes (détention des moyens de production par exemple). Il essaie de montrer, de manière vague, que par le travail aliéné, le travailleur enrichit davantage le capitaliste, accentue sa domination. Autrement dit, le rapport de l'ouvrier à l'égard du travail détermine son propre rapport à l'égard du capitaliste, ce qui fait que Marx déduit naturellement la propriété privée du travail aliéné. Avec de telles analyses assez mal fondées, Marx croit pouvoir mettre en place une critique du salariat. Pour lui, du seul fait que la propriété privée est fondée sur des valeurs inhumaines, on peut logiquement en déduire une critique du salariat moderne. En travaillant pour autrui, on l'enrichit davantage et on en fait naturellement le vrai propriétaire des richesses qui ne sont pas pourtant siennes. L'aliénation objective serait ainsi le fondement de la propriété privée, le noyau dur du concept d'aliénation. Marx après avoir considéré la propriété privée comme ce qui représente véritablement l'aliénation, généralise l'aliénation. Elle toucherait alors toute la société dans son ensemble, elle serait un univers dans lequel tout le monde se meut. La division du travail et l'argent attestent une telle situation d'aliénation générale, l'argent aliénerait tout le monde, aussi bien

le communisme en tant que tel supprime l'aliénation. Cependant, Marx ne voulant certainement pas s'attarder sur toutes les conséquences (il les analysera dans la *Critique du programme de Gotha et d'Erfurt*) qu'une telle suppression peut engendrer, met l'accent sur le progrès moral qu'on peut déduire de cette suppression. Le communisme en supprimant la propriété privée, supprime l'assujettissement de la femme et permet ainsi de considérer la différence sexuelle comme quelque chose de positif. Les différences sexuelles ne sont pas un handicap, elles permettent plutôt aux humains de rendre effective une richesse non moins positive. De la reconnaissance positive des différences sexuelles naîtra un rapport positif à la nature, le naturalisme de Marx prend en considération le corps de l'homme : « *Le " naturel " est le genre d'être que j'atteins lorsque je prête généreusement, sympathiquement, à beaucoup d'autres êtres que moi tout ce que m'apprend le fait que je suis porté par des besoins, par des tendances et par des possibilités qui ne doivent pas tant que cela à l'ingéniosité humaine, à la culture.* »[34]

Le naturel devient ainsi ce que l'homme atteint lorsqu'il s'investit et prête à autrui. L'appartenance de l'humain à la nature ne résulte pas d'une quelconque contrainte, car le dépassement du patriarcat montre que l'homme ne peut s'épanouir que dans une nature humaine socialisée. Le rapport homme/femme devient dans un naturalisme accompli un rapport générique, un rapport humain/humain, un rapport humain/nature. Dans un tel rapport, le naturel et l'humain (au sens social) coïncident, deviennent identiques. Cette identité montre une fois de plus que l'homme est un aspect de la nature, il est même nature. Le rapport homme/femme est par conséquent le rapport naturel de l'être humain avec lui-même, il montre le caractère humain du naturel et le caractère naturel de l'humain : « *Dans ce rapport se montre aussi la mesure selon laquelle le besoin de l'être humain est*

---

le capitaliste, qui ne vit que pour les pièces trébuchantes et qu'il soumet à ses différents caprices, que l'ouvrier dont le désir effréné de richesses du capitaliste fait un goujat (l'image de la prostitution que Marx utilise est fort éloquente). Marx n'analyse plus de manière isolée et fragmentée des phénomènes, il analyse le monde aliéné dans sa globalité. C'est dans une telle perspective qu'il faut comprendre sa critique du travail : le travail est une manifestation d'une dimension de l'aliénation de l'activité humaine. En un mot, pour résumer, Marx veut montrer en quoi consiste l'aliénation du non-travailleur.

[34] Stéphane Haber, « "Le naturalisme accompli de l'homme": travail aliéné et nature », in *Lire les Manuscrits de 1844* (dir.), Emmanuel Renault, *op. cit.*, p. 136.

devenu besoin humain, donc la mesure selon laquelle l'autre être humain en tant qu'être humain est devenu pour lui un besoin, la mesure selon laquelle il est, son existence la plus individuelle. »[35]

Le naturalisme de Marx s'oppose ainsi à la conception hégélienne de la nature considérée comme moyen d'extériorisation ou de développement de l'Esprit. Pour Marx la nature, est d'un côté, ce qui préexiste aux réalités matérielles ou historiques, c'est ce qui est premier. D'un autre côté, elle n'est rien d'autre qu'une synthèse des forces ou dispositions que les hommes valorisent dans les processus historiques : la nature humaine n'est qu'un prolongement de la nature tout court.

b.2) Le naturalisme réfute-t-il l'activité économique ?

Marx s'étant sans doute rendu compte de la difficulté qu'il y a à affirmer d'une part que l'aliénation est une perte de l'homme dans la chose (comme ce fut le cas dans le « premier manuscrit ») et en même temps à vouloir considérer la suppression de l'aliénation comme l'effectivité du naturalisme et non comme la maîtrise du monde par l'humain, essaie tant bien que mal de montrer en quoi le dépassement de l'aliénation du travail, caractéristique de l'industrialisme naissant, consisterait en une libre expression de la nature. Il examine ainsi les bases qui peuvent valider l'idée selon laquelle l'aliénation, qui a pour principes les conditions dégradées du travail, doit être considérée comme la distorsion du rapport que l'homme entretient avec son semblable, comme la perte de la nature en général.

On sait que toutes ces idées étaient présentes mais non systématisées dans le « premier manuscrit ». Dans le « troisième manuscrit », Marx montre par contre que pour sortir de la perte de la nature humaine, qui est un aspect de la nature en général, il faut nécessairement supprimer la différence qui semble être établie entre l'individu et le social en considérant l'individu comme un être social, car toutes les conditions que celui-ci met en œuvre dans ses différentes activités sont des produits de l'activité sociale. De telles considérations poussent Marx à affirmer en filigrane que l'histoire est

---

[35] M 44 : M 3 IV ; ES 86-87. Vrin 145 ; MEW 535 ; MEGA² 388.

un processus durant lequel les humains, en accumulant des richesses, finissent par perdre leur objectivité et par être dominés par des réalités dotées d'une autonomie fantomatique : « *De même que la propriété privée n'est que l'expression sensible de ce que l'homme devient à la fois objectif pour soi et, plus encore, devient pour soi un objet étranger et inhumain, de ce que son expression vitale est perte d'expression vitale, sa réalisation, sa déréalisation, une réalité étrangère, de même la suppression positive de la propriété privée, c'est-à-dire l'appropriation sensible de l'essence et de la vie humaines, de l'homme objectif, de l'œuvre humaine pour et par l'homme - ne doit pas être comprise seulement au sens de la jouissance immédiate et unilatérale, au sens de la possession, au sens de l'avoir. L'homme s'approprie son être omnilatéral d'une manière omnilatérale, et donc comme un homme total.* »[36]

Marx, demeurant dans une pensée fortement dominée par des idées naturalistes, tente d'identifier le naturel au social. Pour Marx, la mise en évidence de la seconde nature, du fait culturel, ne signifie nullement que l'on doit mettre l'accent sur un artificialisme et rejeter par voie de conséquence les conditions naturelles de l'existence humaine. Il s'agit plutôt de faire correspondre le naturel au social. Le social n'est rien d'autre que la manifestation d'une nature interne qui se matérialise historiquement ; la nature ne devient en retour effective que par l'intermédiaire de l'activité socio-humaine. On ne saurait ainsi penser l'histoire dans la perspective d'une séparation de l'homme avec les conditions qui lui préexistent : les conditions naturelles. Ceci permet de comprendre pourquoi Marx n'est pas séduit par l'idée d'une nature naturante, d'une nature qui serait d'une part, la condition de réalisation de l'activité humaine et, d'autre part, une chose qui attendrait l'activité humaine pour s'accomplir : « *L'homme*, nous dit Marx, *est immédiatement un être naturel. En tant qu'être naturel et en tant qu'être naturel vivant, il est pour une part équipé de forces naturelles, de forces vitales, il est un être actif ; ces forces existent en lui comme des dispositions et des aptitudes, comme des pulsions ; pour une autre part, en tant qu'être naturel en tant qu'être de chair, être sensible et être objectif, il est un être souffrant, un être conditionné et borné, […] c'est-à-dire que les objets de ses pulsions existent en dehors de lui, comme des objets indépendants de lui, mais*

---

[36] M 44 : M 3 VI ; ES 90-91 ; Vrin 149; MEW 439; MEGA² 392.

ces objets sont les objets de son besoin, des besoins essentiels et indispensables à l'activation et à la confirmation de ses forces naturelles. »[37]

L'exemple des sens permet à Marx d'étayer sa volonté de faire correspondre le naturel au social. En effet, à en croire Marx, on peut affirmer que l'ouïe, qui est une disposition naturelle, peut se perfectionner si le développement historique et les progrès techniques lui offrent les matériaux nécessaires de son raffinement. En un mot, même si son histoire naturelle est antérieure à celle historique, l'ouïe peut se perfectionner si le développement historique lui offre les matériaux nécessaires. Ce qui montre une fois de plus que le social n'est que le développement d'une nature interne : « *C'est seulement par la richesse, objectivement déployée, de l'être de l'homme que pour une part, sont formés et, pour une autre part, sont engendrés la richesse de la sensibilité humaine subjective, une oreille musicale, un œil pour la beauté de la forme, bref des sens capables de jouissances humaines, des sens qui se confirment en tant que forces essentielles humaines. Car ce ne sont pas seulement les 5 sens, mais aussi les sens que l'on appelle spirituels, les sens pratiques (la volonté, l'amour, etc.), en un mot : c'est le sens humain (l'humanité des sens) qui n'est engendré que par l'existence de son objet, par la nature humanisée. La formation des 5 sens est un travail de l'ensemble de l'histoire mondiale antérieure. »*[38]

Marx, sans tirer toutes les conséquences de l'identité du naturel et du social, s'engouffre dans une analyse de l'industrialisme afin de faire la jonction ou le lien entre ses analyses économiques et son naturalisme. Ainsi, se référant sans doute au progrès accompli par la jonction, la fusion entre les sciences de la nature et l'histoire de l'industrie, il déplace son analyse vers un industrialisme considéré comme vecteur de progrès. Il s'inscrit ainsi dans la logique des Lumières et accorde une vertu émancipatrice aux progrès du savoir aiguillonnés par le développement de l'industrialisme.

Le développement de l'industrialisme conduit apparemment semble dire Marx de manière inconsciente à l'expression objective ou à l'auto-expression de l'homme, l'industrie manifeste ainsi la force créatrice qui est en l'homme et doit alors être considérée comme moyen d'identifier

---

[37] M44 : M 3 XXVI ; ES 136 ; Vrin 166; MEW 578; MEGA² 408.
[38] M 44 ; M 3 VIII, ES 93-94 ; Vrin 151; MEW 542 ; MEGA² 39.

le naturel au social : « *On voit comment l'histoire de l'industrie et l'existence devenue objective de l'industrie sont le livre ouvert des forces essentielles humaines, la psychologie humaine se présentant de façon sensible – une psychologie qui n'a pas été saisie jusqu'ici dans sa connexion avec l'être de l'homme, mais toujours seulement selon une relation extérieure d'utilité, parce que – se mouvant à l'intérieur de l'aliénation – on comprenait seulement l'existence universelle de l'homme, la religion ou bien l'histoire en son être abstrait universel (en tant que politique, art, littérature, etc.), comme constituant la réalité des forces essentielles humaines et comme acte générique humain.* »[39]

L'importance que Marx confère aux sciences de la nature n'est pas pour autant une manière de rabaisser l'industrialisme, c'est au contraire une manière de faire de la nature un objet du savoir, une manière de faire de la nature ce sans quoi le savoir serait impossible : « *L'histoire elle-même est une partie réelle de l'histoire de la nature, du devenir-homme de la nature. La science de la nature subsumera plus tard sous elle la science de l'homme, tout autant que la science de l'homme subsumera sous elle la science de la nature : il y aura une seule science.* »[40] Les moments d'hésitation, entre le naturalisme et l'industrialisme qui apparaissent dans la suite du texte de Marx, vont être levés par l'usage que Marx fait subitement de la notion de travail considérée comme la médiation entre la nature et l'histoire. Un tel usage est rendu possible par une tentative de remise en cause et de réappropriation de Hegel.

b.3) Le naturalisme anti-idéaliste

La dernière partie du « troisième manuscrit » met en relief une position naturaliste fondée sur la remise en cause de Hegel : le

---

[39] M 44 ; M 3 VIII ; ES 94-95 ; Vrin 152; MEW 542 ; MEGA^2 395.
[40] M 44. M 3 IX ; ES 96 ; Vrin153; MEW 544 ; MEGA^2 396. Cette identité entre la science de la nature et la science de l'histoire semble être confirmée par Marx quelques mois plus tard dans *L'Idéologie allemande* en ces termes : « *Nous ne connaissons qu'une seule science, celle de l'histoire. L'histoire peut être examinée sous deux aspects. On peut la scinder en histoire de la nature et histoire des hommes. Les deux aspects cependant ne sont pas séparables ; aussi longtemps qu'existent des hommes, leur histoire et celle de la nature se conditionnent réciproquement.* », p .45. (note 1).

naturalisme considéré comme moyen garantissant la sortie de l'idéalisme hégélien, permet également de critiquer l'aliénation. En effet pour Marx, les jeunes hégéliens (Bauer et Stirner) qui tentent de critiquer les présupposés théologiques de la conception hégélienne, effectuent leur propre critique sur des bases purement abstraites. En élevant la "conscience de soi" au rang de moyen incontournable de la critique, ils confèrent à une telle conscience une fausse autonomie. Et, en ce sens, seul Feuerbach qui fait sa critique sur des bases naturalistes, a effectué un réel progrès : *« Feuerbach est le seul qui entretienne un rapport sérieux et critique avec la dialectique hégélienne et qui ait fait de véritables découvertes dans ce domaine : il est, comme tel, celui qui a véritablement surmonté l'ancienne philosophie. La hauteur de la performance et la simplicité discrète avec laquelle il la transmet au monde, constituent un contraste étonnant avec le rapport inverse* [celui de Bauer]. *»*[41] Pour Feuerbach, ce qu'il faut entendre par nature n'est rien d'autre que la nature sensible[42]. Cette conception feuerbachienne est une remise en cause de

---

[41] M 44 : M 3 XII ; ES 126 ; Vrin158, MEW 569 ; MEGA^2 400.
[42] Certaines analyses de Marx qui mettent en valeur les rapports que l'humain entretient avec la nature ressemblent fort bien à certaines analyses très connues de Feuerbach. Cependant, les analyses de Marx et de Feuerbach sont radicalement différentes car ne mobilisant pas les mêmes problématiques. Dans sa critique de la religion, Feuerbach montre que l'homme est la vérité de la religion ; sans l'homme, Dieu n'est absolument rien. Marx, en empruntant l'idée feuerbachienne selon laquelle l'humain est un être objectif, se situe dans une perspective totalement différente et authentique, il ne s'intéresse ni à Dieu ni à une religion quelconque, mais aux hommes concrets et à leur existence effective. Pour Marx, les hommes sont des êtres de la nature et des êtres objectifs veut simplement dire que ces derniers sont inséparables de la nature, ils sont indissociables de la nature, ils sont des êtres naturels. Autrement dit, les hommes sont en relation totale avec la nature, avec les objets extérieurs et naturels et du coup indispensables à l'objectivation humaine. Loin d'affirmer de façon basique que l'homme est un simple être qui appartient à la nature, Marx montre en réalité que l'être objectif est un être naturel, c'est-à-dire un être qui comprend la nature comme une réalité extérieure et dont il dépend. Les hommes entretiennent une relation de dépendance avec les objets extérieurs, naturels et dont ils dépendent en retour, sans de tels objets, l'existence humaine serait quasiment impossible : l'homme est un être de la nature parmi d'autres êtres. Les hommes sont ainsi des êtres naturels et objectifs qui ont une activité vitale spécifique et à travers laquelle ils expriment leur objectivité tout en étant conscients de ce qu'ils font. Les humains ne sauraient échapper à leur nature d'êtres objectifs, ils prennent même conscience de leur caractère d'êtres objectifs. Dit en d'autres termes, l'homme exprime de manière consciente son activité vitale. Ce qui montre que malgré les ressemblances qui peuvent exister entre les analyses marxiennes et celles feuerbachiennes, elles demeurent différentes.

celle de Hegel qui affirme que la nature est le concept séparé de son extériorisation : la nature ne peut être comprise selon Hegel qu'à partir de l'extériorisation. Feuerbach, partant du corps, atteste l'existence de l'homme dans la nature. Ceci permet de comprendre le statut que Marx lui confère. Feuerbach par son naturalisme a renversé la dialectique de Hegel, il a montré que la nature sensible est le positif qui existe par soi alors que chez Hegel, la nature est le moment de la négation. Le naturalisme de cette dernière partie du « troisième manuscrit » se fonde ainsi sur une critique de Hegel et acquiert le statut de critique de l'aliénation. En un mot, s'inspirant de Feuerbach,

---

Feuerbach montre que les hommes objectivent dans un certain objet leur essence. Marx ne parle pas d'une essence établie à l'avance et qu'il faudrait réaliser, il s'agit plutôt pour lui de montrer la relation intime que l'homme entretient avec les objets naturels et extérieurs. De tels objets sont nécessaires à l'existence de l'homme, l'homme ne saurait s'en passer au péril de son existence : chez Feuerbach, l'homme se prend comme objet en vue d'une fin, alors que chez Marx ce qui importe c'est de montrer que l'homme est un être de la nature. Affirmer pour Marx que l'homme est un être de la nature, revient à mettre en valeur une des spécificités de l'homme : la conscience qui fait de l'humain un être de la nature, un être objectif. Elle permet à l'homme d'accomplir son activité vitale tout en prenant conscience d'une telle activité ; la conscience permet de faire de l'activité humaine, une activité réfléchie et de pouvoir la maîtriser, la conscience ne saurait être un moyen de rompre avec la nature, car l'homme ne saurait se passer de la nature. L'homme réalise consciemment son activité vitale, il est un être naturel/objectif. Ainsi, se comprenant et se sachant être un être de la nature, l'homme acquiert la possibilité d'agir sur la nature en fonction de ses propres besoins. Par conséquent, il est important d'affirmer que même si souvent Feuerbach et Marx utilisent les mêmes termes pour attester le caractère d'être naturel et objectif de l'homme, il n'en demeure pas moins que leurs conceptions sont différentes. Pour Feuerbach, un être objectif, est un être qui considère son essence comme objet alors que pour Marx, un être objectif est un être qui comprend qu'il est avant tout un être naturel, c'est-à-dire un être qui comprend qu'il est un être de la nature ou plutôt un élément de la nature, qui comprend sa stricte dépendance par rapport à tous les êtres de la nature, un être qui est en relation de dépendance à l'égard des autres composantes de la nature, des choses qui lui sont extérieures. L'homme est un élément de la nature et dépend d'elle : « *L'homme est immédiatement un être naturel. En tant qu'être naturel et en tant qu'être naturel vivant, il est pour une part équipé de forces naturelles, de forces vitales, il est un être naturel actif ; ces forces existent en lui comme des dispositions et des aptitudes, comme des pulsions ; pour une autre part, en tant qu'être naturel, en tant qu'être de chair, être sensible et être objectif, il est un être souffrant, un être conditionné et borné, tout comme le sont aussi l'animal et la plante ; c'est-à-dire que les objets de ses pulsions existent en dehors de lui, comme des objets indépendants de lui, mais ces objets sont les objets de son besoin, des objets essentiels et indispensables à l'activation et à la confirmation des ses forces essentielles* » M44 : M3 XXVI ; ES156 ; Vrin 166.

Marx montre que le défaut de l'idéalisme hégélien réside dans le fait de ne pas attribuer à la nature un statut positif.

Cependant, malgré les honneurs qu'il a rendus Feuerbach, Marx le remet en cause. Après avoir considéré Feuerbach comme le critique effectif de Hegel, Marx, cela peut sembler contradictoire, se sert de Hegel pour critiquer Feuerbach. Il trouve dans la philosophie de Hegel une conceptualisation du travail très importante, laquelle conceptualisation est malheureusement absente chez Feuerbach. Hegel permet ainsi à Marx de montrer les limites de Feuerbach[43], de dialectiser l'homme isolé et abstrait de Feuerbach. Hegel, même si c'est à l'intérieur de l'aliénation, a compris le rôle créateur du travail (Hegel se situe nous dit Marx au niveau des économistes qui ne voient que le côté positif du travail). Marx, par la découverte de la notion de travail qui permet de réaliser l'unité du genre, humanise la nature et naturalise l'homme. Cet humanisme marxien comme on peut le constater est une philosophie de l'activité qui est totalement différente du matérialisme fixe et immobile de Feuerbach. Il s'oppose, en tant que philosophie de l'activité naturelle, à l'idéalisme hégélien qui même s'il est une philosophie de l'activité, attribue toute l'activité à l'esprit. Marx met en place une philosophie de l'activité historico-matérielle : « *Nous voyons ici de quelle manière le naturalisme mené à son terme ou l'humanisme se distingue aussi bien de l'idéalisme que du matérialisme et est en même temps la vérité les réunissant l'un et l'autre.* »[44]

Par l'industrie, l'homme se rapporte à une réalité qu'il a produite. Le travail engendre une réalité humanisée, humaniser la chose

---

[43] On sait que l'humanisme naturaliste de Feuerbach a influencé le Marx de 1844. Cependant, en considérant le naturel de l'homme comme un naturel industriel ou actif, Marx se situe dans une position philosophique différente de celle de Feuerbach. Le naturalisme et l'athéisme de Feuerbach sont certes importants à ses yeux, mais s'appuyant sur eux, il met en place un naturalisme qui porte sa propre empreinte. Ainsi, par la synthèse de la philosophie de l'activité humaine hessienne et du naturalisme feuerbachien, Marx met en place une unité de l'histoire et de la nature qui lui est propre (Il emprunte, pour simplifier, à Feuerbach son naturalisme et à Hess sa philosophie de l'activité mise en évidence dans son ouvrage *Philosophie de l'action* (la traduction française du livre de Hess se trouve en annexe de l'ouvrage de G. Bensussan, *Moses Hess. La philosophie, le socialisme (1836-1845)*, Hildesheim, Zurich et New York, collection « Europaea Memoria », 2004) pour mettre en place une unité originale de l'histoire et de la nature).
[44] M 44 ; M 3 XXVI ; ES 136 ; Vrin 166 ; MEW 577 ; MEGA^2 408.

naturelle, c'est en même temps naturaliser l'homme. On sait que la praxis feuerbachienne se réalise sur un objet qui existe indépendamment de l'homme (la pêche, l'agriculture etc., si je me rapporte à la pêche c'est parce que je suis pêcheur, mais le poisson est indépendant de ma propre main et existe en dehors de moi). Marx met en place quant à lui une activité productive qui mobilise des choses qui existent en l'homme d'où l'importance de la notion d'activation utilisée dans les *Manuscrits de 1844* pour concevoir la réalisation de l'essence humaine. En un mot, l'activation des forces de l'homme transite par l'objectivation de son essence par le travail : *« L'histoire apparaît comme un processus conjoint d'humanisation de la nature et de naturalisation de l'homme, qui découle de ce que l'homme est un être de besoin. »*[45]

Marx au fur et à mesure qu'il avance dans son texte, sans faire appel à Feuerbach, se sépare de Hegel. En effet, pour Marx, le travail ne doit plus être considéré comme un prolongement des choses inhérentes aux objets, il doit plutôt être considéré comme un moyen qui permet à l'homme d'exprimer sa nature et d'admettre la primauté de la nature objective. Cette considération permet à Marx de mettre en relief l'idée selon laquelle la nature objective n'est pas une chose extérieure à l'homme, mais son alter ego. A l'en croire, il y a une interdépendance entre l'être naturel, l'agent humain, et la nature objective. L'existence de l'agent humain nécessite l'existence d'une nature objective et l'existence de cette dernière découle de l'expérience de l'agent naturel (de l'expérience du corps en activité) qui met en valeur ses dispositions naturelles. C'est pourquoi, comprendre le travail en tant qu'activité, suppose le considérer comme activité répondant à la nature et accepter la prévalence de la nature : le travail loin d'être un arrachement radical de l'homme à la nature, est plutôt ce qui atteste la nature en l'homme (ses dispositions physico-intellectuelles). Par ailleurs, le fait que l'homme ne puisse reconnaître qu'une nature qui existe par rapport à lui, ne saurait être un handicap pour comprendre que l'existence de sa nature et celle de la nature objective sont des faits.

Dans les dernières pages de son texte, Marx supplante la catégorie de travail par celle de l'histoire qui semble être beaucoup plus riche,

---

[45]Jean Christophe Angaut, « Un Marx feuerbachien ? » in Emmanuel Renault (dir.), *Lire les Manuscrits de 1844*, *op.cit.*, p. 68.

l'histoire devient ainsi le moyen de réalisation de la nature : « *La nature n'est ni objectivement, ni subjectivement présente de façon immédiatement adéquate à l'être humain. Et de même que tout ce qui est naturel doit être engendré, de même l'homme possède son acte d'engendrement, l'histoire, qui cependant, pour lui, est un acte d'engendrement conscient, et donc, en tant qu'acte d'engendrement effectué avec conscience, un acte d'engendrement qui se supprime lui-même. L'histoire est la véritable histoire naturelle de l'homme.* »[46] Pour simplifier, on peut logiquement dire que le naturalisme dans la dernière partie du « troisième manuscrit », en plus de remettre en cause l'idéalisme hégélien, atteste la prééminence de la nature. L'activité humaine relève de la nature. Cependant, il serait également légitime de se demander si la philosophie du travail que Marx met en relief n'a pas tendance à reléguer au second plan le naturalisme du texte ? La réponse que Marx permet d'apporter à cette interrogation logique et légitime, est négative, car bien que la philosophie du travail soit prise en compte, elle reste attachée ou soumise au naturalisme.

De manière simpliste, on peut dire que l'aliénation du travailleur est contre nature, car la nature de l'homme consiste dans le fait de se produire en créant en même temps un monde extérieur socialisé. Autrement dit, en travaillant, le travail entendu bien sûr comme vraie expression de l'homme, l'humain crée une seconde nature : Marx s'inscrit dans une certaine lignée d'une ontologie de l'activité[47]. Le

---

[46] M 44 ; M 3 XXVII ; ES 138 ; Vrin 167 ; MEW 579 ; MEGA^2 409.

[47] Il faut souligner qu'au-delà de sa *Philosophie de l'action* qui fut d'une grande importance dans le cheminement intellectuel de Marx (Marx montre dans les *Manuscrits* une certaine inversion de la vie humaine et de la vie naturelle héritée de la conception héssienne de l'argent qui symbolise l'inversion des rapports humains, des individus à leur vie générique), l'ontologie de l'activité que Marx met en relief dans les *Manuscrits* doit quelque chose à Hess. Il faut souligner que les points de départ des deux auteurs sont différents. Hess développe en effet une certaine philosophie du Moi, de l'esprit individuel qui agit et s'autodétermine en franchissant toujours les déterminations qui ne sont en réalité que des aspects de son automouvement : « *La liberté consiste à surmonter les limites extérieures par l'auto-limitation, c'est la conscience de soi de l'esprit en tant qu'il est actif, le dépassement de la déterminité de nature dans l'auto-détermination* », Moses Hess, « Philosophie de l'action » in Gérard Bensussan, *Moses Hess. La philosophie, le socialisme (1836-1845)*, *op.cit.*, p. 193-194. Le Moi hessien renonce à toute activité à partir du moment où il se loge matériellement dans une forme. Il abolit, en se logeant dans une forme déterminée, sa liberté et sa nature qui est d'être actif. Ce qui veut dire que le Moi ne doit être que mouvement, la fin de l'action signifie la mort.

monde ainsi créé par le travail de l'homme lui permet de s'y reconnaître comme Hegel le remarque brillamment dans sa conception (Marx reconnaît d'ailleurs la grandeur de Hegel). Il remettra en cause, quelques lignes plus loi, Hegel, car ce dernier n'a pas compris que l'extériorisation n'est pas seulement positive ; elle peut être aliénante comme l'atteste le régime du travail salarié. Ainsi, à en croire Marx, Hegel en valorisant l'extériorisation positive empêche non seulement de comprendre l'extériorisation négative, mais surtout de la remettre en cause. Un tel défaut hégélien caractérise l'idéalisme. L'idéalisme consiste dans le fait de ne pas prendre en considération la perte du produit du travail, de ne pas prendre en compte l'extériorisation aliénante.

Comme on peut le remarquer, Marx fait référence au modèle feuerbachien de l'objectivation manquée, il recourt la plupart du temps au premier modèle d'aliénation même si, sans aucun doute, un tel modèle ne le satisfait nullement. En effet, Marx au cours de son analyse avait tenté de faire usage d'autres modèles d'aliénation (le modèle de l'aliénation subjective, la généralisation de l'aliénation). Dans le texte marxien, le modèle de l'aliénation objective est le noyau dur du concept d'aliénation comme l'atteste ces propos de Haber : « *Dès lors, le cœur philosophique des idées de 1844 semble pouvoir se ramener à une explication du phénomène de l'aliénation transcendante objective (celle qui est directement liée à la constitution des puissances sociales systémiques), qui s'effectue dans le cadre d'une philosophie subjectiviste (avec ses catégories caractéristiques de possession et de maîtrise de l'objet, ici étayées sur une ontologie du travail). Cette orientation représente une double façon de manquer*

Il y a une ontologie de l'activité chez Hess, une telle activité ne se fige nullement chez lui ; car le point de départ est le « je sais que je pense » et non le « je sais que je suis », car savoir que l'on pense ne veut rien dire d'autre que savoir que l'on est actif ; l'être c'est-à-dire le « je suis » n'est pas la fin de l'action : l'identité entre le « je sais que je pense » n'est pas celle de l'être en tant que tel mais celle qui existe dans l'esprit : « *De la philosophie cartésienne, seul le premier terme est vrai ; Descartes ne pouvait pas dire cogito ergo sum mais seulement cogito. La première chose (et la dernière) que je connais c'est justement l'action de mon esprit, ma connaissance* », *Ibid.*, p. 173. On voit que Hess fait de la conscience un acte et non un être, d'où sa différence avec Marx qui fait de l'activité le propre de l'être naturel doté de dispositions naturelles. Marx et Hess ont en commun le point de vue de l'activité, mais Marx conçoit à la différence de Hess l'activité comme celle d'un être, l'activité est la productivité d'un être naturel concret.

l'expérience de l'aliénation subjective qui a été pourtant longuement discutée par Marx et qui motive son propos : d'un côté le sujet est perçu, plutôt qu'à partir des expériences négatives dont il est capable, comme un principe d'activité passionnément voué à faire dominer l'objet ; de l'autre, il n'apparaît que comme une fonction à l'intérieur des machineries sociales hypostasiées typiques de la modernité. »[48]

En définitive, la conception de Schmidt mise en relief au tout début de notre analyse du naturalisme et de l'aliénation dans les *Manuscrits parisiens*, conception qui voyait dans le travail productif le moyen qui permet à la chose inhérente à la matière de s'accomplir, l'authenticité de la pensée de Marx sur le naturalisme, ne reflète en fin de compte qu'un aspect du rapport non altéré à la nature. En analysant de près les *Manuscrits parisiens*, on s'aperçoit inévitablement que le travail n'est qu'une forme parmi tant d'autres de l'activité humaine : on ne saurait réduire toute l'activité humaine au travail.

Pour résumer de manière globale, on peut dire que dans les *Manuscrits de 1844*, Marx organise de deux façons sa critique de l'aliénation. Dans un premier moment de sa pensée, Marx s'appuie sur le discours de la misère. Pour lui, il s'agit de mettre en relief l'expérience de la misère et toutes ses conséquences (pénibilité du travail). La misère conduit à une diminution des possibilités humaines. Pour Marx, la relation humaine est totalement détériorée. Le monde humain qui est aussi composé que riche (monde intersubjectif c'est-à-dire le monde social humain, le monde de Soi c'est-à-dire le monde composé des possibilités et des potentialités de l'homme, le monde extérieur ou objectif à savoir la Nature) n'est plus celui que l'humain peut s'approprier. Il entretient avec le monde, les différents mondes, un rapport totalement faussé. Ainsi, l'humain en ne s'ouvrant pas à autrui, en considérant son prochain comme un concurrent direct, se prive de la richesse humaine qui lui donnerait pourtant l'ample possibilité d'accéder à toutes les créations humaines (Culture). L'humain se diminue lui-même car n'étant pas affecté par le monde et n'y agissant pas de façon appropriée : « *L'appauvrissement de l'expérience qui se produit dans des conditions de misère et de souffrance, Marx, de manière au moins tendancielle, le conçoit donc comme solidaire d'une inaptitude de l'individu à s'approprier des*

---

[48] Stéphane Haber, *L'aliénation. Vie sociale et expérience de la dépossession*, PUF, Paris, 2007, p. 74.

mondes conformément à ce que ces mondes demandent et à ce dont, en même temps, l'agent individuel est capable quand il n'est pas diminué. »[49]

L'humain se trouve incapable de s'approprier adéquatement les différents mondes et ne saurait exprimer toutes ses possibilités (Marx organise la critique de l'aliénation autour des objectivations manquées). Marx développe une conception assez subjectivante de l'aliénation à la manière de Hegel qui fait de la possession de l'objet la condition incontournable de la possession de soi. Cependant, le modèle de Marx ne repose pas sur une pensée subjectiviste d'une substance incapable de s'approprier l'objet et de s'auto-posséder par la même occasion. Plus précisément, le rapport aux différents mondes (Soi, intersubjectif, objectif) demeure certes, mais demeure de façon inauthentique. Ainsi pour Marx, les pathologies sociales sont les résultantes des diverses aliénations.

L'aliénation de soi (*Selbstentfremdung*), la diminution de l'humain ou le rétrécissement des possibilités de l'humain, s'explique par l'existence de rapports distordus aux objets ou aux différents mondes. Dans un second temps, Marx montre que la dépossession humaine a des causes évidemment sociales et n'est pas le fait du pur et simple hasard. Cependant, Marx se trouve confronté à un problème théorique non négligeable. Comment l'aliénation subjective peut-elle fournir les concepts opératoires pour comprendre l'aliénation objective ? Problème théorique insurmontable à première vue. Mais, Marx, convaincu de la situation de l'ouvrier qui frise le tragique, ne s'attarde pas sur une telle interrogation, car à l'en croire, il demeure évident que les causes sociales de l'aliénation sont faciles à appréhender. Dans les *Manuscrits de 1844*, l'aliénation qui se manifeste dans la condition ouvrière s'explique facilement, elle s'explique par un système social autonome et aveugle (Marx à cette étape de sa pensée ne considère pas un tel système comme « capital »). Pour Marx, l'individu a une part non négligeable dans la création du système autonome qui le domine (l'influence de la critique de la religion de Feuerbach est manifeste dans une telle conception), il contribue même à la perpétuation du système autonome qui l'écrase. Autrement dit, l'ouvrier est victime de ce dont il est pourtant l'agent. L'aliénation de soi ou l'aliénation

---

[49] Stéphane Haber, *L'homme dépossédé. Une tradition critique, de Marx à Honneth*, Paris, CNRS EDITIONS, 2009, p. 12.

subjective est ainsi liée à l'aliénation objective. L'aliénation objective est la clef d'explication de l'aliénation subjective.

Plus précisément, la suprématie d'une puissance aveugle et autonome explique le rétrécissement et la diminution constants des possibilités de l'individu. Ainsi, on peut légitimement affirmer qu'en ne prenant pas le soin de séparer les deux problématiques (celle de l'aliénation subjective et celle de l'aliénation objective) pour analyser la condition ouvrière, Marx ne se rend pas compte que ce n'est pas le fait du hasard d'utiliser le même terme « aliénation » pour désigner aussi bien la perte de soi que la subjectivité des ouvriers qui contribuent à forger un pouvoir social écrasant. Il ne théorise pas, pour parler de manière simpliste, pour montrer comment des faits sociaux assez différents peuvent conditionner l'aliénation.

Cependant, cette absence de théorisation peut être considérée comme une manière pour Marx de montrer que seule l'aliénation objective permet de comprendre celle subjective. Néanmoins, même si l'aliénation objective expliquerait celle subjective, cette dernière est privilégiée dans l'analyse marxienne du fait sans doute que c'est à partir du moment où notre capacité d'agir est totalement limitée qu'on se rend compte qu'on est dominé par des pouvoirs autonomes. Ce qui fait que des interprétations comme celle de Lukács, du Lukács de *Histoire et conscience de classe*, et celle qui se trouve dans *L'Idéologie allemande* qui accentuent leur réflexion sur la puissance des systèmes autonomes demeurent insatisfaisantes, car ne reflétant pas totalement le fond des brouillons parisiens, elles le mutilent plutôt. De telles interprétations ne mettent en relief qu'une partie de la problématique de l'aliénation en négligeant terriblement la dimension subjective de l'aliénation, autour de laquelle s'organise pourtant la pensée de l'aliénation dans les *Manuscrits parisiens*.

Il faut noter que malgré sa volonté affichée de dénoncer sans ambages le capitalisme naissant, Marx rencontre quelques difficultés dans l'usage du concept d'aliénation dans les *Manuscrits de 1844*. En étudiant de près les brouillons parisiens, on se rend compte que Marx utilise le même concept pour désigner la perte de soi et la domination d'un système autonome qui accentue cette perte de soi, deux choses pourtant assez différentes et distinctes. Marx ne souligne pas les raisons qui le poussent à articuler ces deux choses, leur articulation semble couler de source à ses yeux. Il semble que pour Marx, il y a une articulation ou un rapport intime entre l'aliénation comme perte de soi (*Selbstentfremdung*) et l'aliénation en tant que soumission à des mécanismes abstraits. Pour lui, la perte de la maîtrise de l'objet dans le travail est en elle-même une situation tragique, elle est également le point d'ancrage de la théorie de l'aliénation. Ainsi, sans cette précision qui apparaît dans le texte de Marx, l'articulation des deux phénomènes d'aliénation, relèverait d'une pure fantaisie théorique. Comme on peut en douter, Marx demeure encore dans un monde dominé par le subjectivisme qui n'est pas sans rappeler Hegel. Une autre faiblesse de l'usage du concept d'aliénation dans les *Manuscrits de 1844* réside dans le fait que l'insistance abondante sur la misère ouvrière fait disparaître la possibilité de la Révolution. Le fait d'accoler l'aliénation à la misère ne laisse pas entrevoir une capacité de révolution de la part des agents/victimes des mécanismes abstraits. Le moment de la lutte, de la résistance ou de la révolution qui doit être mené par des agents lucides ou éclairés est absent dans les *Manuscrits parisiens*. L'aliénation semble être la catégorie opératoire pour désigner la situation des ouvriers misérables.

Pour conclure de manière définitive, nous affirmons avec force que, dans les *Manuscrits parisiens*, il est souvent difficile de lier de manière mécanique la pensée de l'aliénation et le naturalisme, mais on ne saurait malgré tout les dissocier : l'aliénation et le naturalisme semblent s'éclairer mutuellement. S'il est évident que Marx ne dissocie nullement l'aliénation et le naturalisme dans les *Manuscrits de 1844*, il est aussi incontestable d'affirmer que la problématique de l'aliénation philosophiquement fondée à partir de 1844 se poursuit dans d'autres œuvres de Marx notamment dans *L'Idéologie allemande* et dans les *Grundrisse*. Dans lesdits textes, Marx fait usage du concept d'aliénation avec beaucoup de retenue, mais le mobile qu'un tel concept est censé porter, demeure. Comment de telles œuvres abordent-elles la thématique de l'aliénation ? Quelle est leur originalité par rapport aux brouillons de 1844 ? Constituent-elles des ruptures par rapport à 1844 ? Constituent-elles des ruptures/continuités par rapport à 1844 ? Répondre à de telles interrogations nécessite au préalable une analyse claire et rigoureuse de la façon dont la thématique de l'aliénation est abordée dans de tels textes. Cependant, il faut rappeler qu'il serait inutile de revenir sur les grandes lignes de la critique marxienne de l'aliénation philosophique exposée dans *L'Idéologie allemande*, ce qu'on montrera ce sera l'autre manière d'aborder la thématique de l'aliénation (l'aliénation objective) qui se laissait entrevoir dans certaines parties de *L'Idéologie allemande*.

2) L'Idéologie allemande et les Grundrisse : continuité ou rupture/continuité ?

Dans *L'Idéologie allemande*, Marx et Engels analysent deux dimensions de l'aliénation : la dimension philosophique[50] de l'aliénation et celle historico-économique. Le concept d'aliénation y est certes présent, rarement d'ailleurs, mais il y est utilisé avec une prudence manifeste par les deux auteurs. Se lançant dans une perspective historico-économique, Marx et Engels font quelquefois usage dudit concept. Ils l'utilisent pour désigner la non-prise en compte de la réalité par les philosophes idéalistes allemands. L'aliénation semble être une simple illusion de la pensée qui croit que la réalité n'est que le fruit de son automouvement, que la réalité n'est que le résultat de la pensée qui s'auto-pense. Cependant, même si le concept est utilisé avec parcimonie dans un tel texte, le thème qu'il est censé porter traverse certaines analyses géniales de *L'Idéologie allemande* : Marx et Engels réactualisent ledit thème dans la perspective de la lutte des classes et dans celle de la division du travail *« C'est justement cette contradiction entre l'intérêt particulier et l'intérêt collectif qui amène l'intérêt collectif à prendre, en qualité d'Etat une forme indépendante, séparée des intérêts réels de l'individu et de l'ensemble et à faire en même temps figure de communauté illusoire, mais toujours sur la base concrète des liens existant dans chaque conglomérat de famille et de tribu, tels que lien du sang, langage, division du travail à une vaste échelle et autres intérêts ; et parmi ces intérêts nous trouvons en particulier comme nous le développerons plus loin, les intérêts des classes déjà conditionnées par la division du travail, qui se différencient dans tout groupement de ce genre et dont l'une domine toutes les autres. »*[51]

---

[50] Cette dimension philosophique de l'aliénation avait une visée plutôt polémique : elle consistait en une critique acerbe de l'idéalisme philosophique allemand qui oubliait les présupposés de ses théories. (Pour d'amples explications *Cf. L'Idéologie allemande*, pp. 41-109.)
[51] Karl Marx et Friedrich Engels, *L'Idéologie allemande, op.cit.*, pp. 61-62.

Ce que Marx et Engels veulent mettre en relief, c'est l'origine de la vie humaine dépossédée, ce qui les intéresse c'est l'origine historico-économique de l'aliénation. Ainsi, avec la division du travail[52], ils arrivent à situer l'origine de la dépossession humaine. En situant historiquement la cause de l'aliénation, Marx et Engels ne manquent pas aussi de faire usage de certains points forts de la problématique de 1844 : la pensée de l'aliénation objective, très importante dans la thématique de 1844, fait irruption : « *Et enfin la division du travail nous offre immédiatement le premier exemple du fait suivant : aussi longtemps que les hommes se trouvent dans la société naturelle, donc aussi longtemps qu'il y a scission entre l'intérêt particulier et l'intérêt commun, aussi longtemps donc que l'activité n'est pas divisée volontairement, mais du fait de la nature, l'action propre de l'homme se transforme pour lui en puissance qui s'oppose à lui et l'asservit, au lieu qu'il la domine.* »[53] Les dispositifs mis en relief par Marx et Engels dans ces passages pour expliquer la dépossession, ne focalisent pas l'analyse sur une quelconque expression des potentialités d'un individu qui tente tant bien que mal de s'approprier ses propres produits afin d'y voir la manifestation de ses virtualités. En effet, pour Marx et Engels, la dépossession découle ici de l'incapacité de contrôler les « forces productives » et de l'impossibilité de maîtriser la production collective. Plus précisément, la dépossession émane du fait que les forces productives s'autonomisent et échappent au contrôle des humains, agents de la production : s'il y a aliénation, c'est parce que les forces productives ont une vie propre. Ceci montre la différence manifeste qui existe entre la problématique des *Manuscrits de 1844* et celle de *L'Idéologie allemande*. Dans les *Manuscrits de 1844*, l'aliénation objective, cœur de la problématique de Marx, consistait en une perte d'un produit qui s'autonomise alors que dans *L'Idéologie allemande*, l'aliénation n'est pensée que comme la non

---

[52] Pour Marx, dans la société primitive, l'individu crée directement du travail social, car il est totalement intégré dans son milieu. Cependant, l'impuissance des humains devant les forces de la nature est source d'aliénation sociale, idéologique et religieuse. Avec la productivité sociale du travail, un surplus économique apparaît et crée les conditions de la division du travail et de la production marchande. Dans celle-ci, l'homme est aliéné de son activité : la force collective n'est plus maîtrisée. Une telle aliénation économique où viennent se greffer les aliénations religieuse, idéologique et sociale, est le fruit de la division sociale du travail, de la division de la société en classes et de la production marchande. *Cf. L'Idéologie allemande*, *op.cit.*, pp. 59-105.
[53] *Ibid.*, p. 62.

transparence de l'activité collective sans aucune référence à une nature générique antérieure perdue du fait de la dépossession humaine.

L'aliénation en 1845 n'est plus calquée sur le modèle de 1844 où l'individu était dans l'incapacité de s'approprier son produit. Dans *L'Idéologie allemande*, l'aliénation est plutôt calquée sur le modèle d'une totale perte de contrôle de la production collective, sur le modèle d'une impossibilité de contrôle des forces collectives ou productives. Les *Grundrisse* semblent également insister sur cette dimension historico-économique de l'aliénation[54].

L'aliénation n'émane pas uniquement dans de tels textes de l'objectivation des rapports sociaux de production, elle découle également de la personnalisation des rapports sociaux qui fait que les individus s'autonomisent les uns les autres et qui fait que leurs rapports sociaux leur apparaissent comme transcendants ou extérieurs. L'aliénation ne découle pas comme dans les *Manuscrits* d'un renversement sujet/objet mais de l'escamotage des rapports sociaux capitalistes, de la disparition du caractère social des rapports[55] : ce

---

[54] Pour Mandel et à juste titre d'ailleurs, des *Manuscrits* aux *Grundrisse*, on passe d'une conception « anthropologique » à une conception « historique » de l'aliénation. Marx abandonne le concept d'homme générique pour essayer de découvrir tant bien que mal les racines historiques de l'exploitation, de la dépossession et les conditions de leur dépérissement : *« L'évolution du concept du travail aliéné de Marx est donc clair : d'une conception anthropologique (feuerbacho-hégélienne) avant les* Manuscrits, *il avance vers une conception historique de l'aliénation (à partir de* L'Idéologie allemande*). Les* Manuscrits *de 1844 constituent une transition de la première à la seconde, où la conception anthropologique survit par endroits, tout en réalisant déjà un progrès considérable sur la conception hégélienne, d'abord parce que n'étant plus fondée sur une dialectique besoins travail qui débouche sur l'impossibilité de solution, ensuite parce qu'impliquant déjà la possibilité du dépassement de l'aliénation, grâce à la lutte communiste du prolétariat »*, La formation de la pensée économique de Karl Marx (de 1843 à la formation du « Capital »), *op.cit.*, pp. 161-162. Bidet semble partager de telles idées, même si son approche est assez différente de celle de Mandel : *« Dans les* Manuscrits *de 1844, Marx introduit la catégorie de fétichisme dans le contexte de "l'aliénation" économique sous le capitalisme pour illustrer l'idée que l'essence subjective de la richesse, qui est le travail, n'y est reconnue qu'hors d'elle-même dans la propriété [...]. Dans les* Grundrisse [...]*, on note la tension entre le discours du "fétichisme" qui relève de la représentation, et celui de la "réification" qui renvoie à l'être, à la personne faite chose »*, Explication et reconstruction du Capital, *op.cit.*, pp. 75-76.

[55] Tran Hai Hac note avec justesse ce qui suit : *« En somme, dans ce texte des* Manuscrits *de 1857-1858, l'aliénation désigne le fait que la subordination des*

n'est pas comme dans les *Manuscrits* où l'individu se perd dans l'objet. L'homme qui s'aliène, c'est l'homme qui oublie qu'il est façonné par les rapports sociaux de production, c'est le sujet économique qui ne prend pas en compte les rapports économiques de production comme le confirment ces propos des *Grundrisse* : « *Le caractère social de l'activité et du produit ainsi que la participation de l'individu à la production sont, ici, étrangers et réifiés en face de l'individu. Les relations qu'ils entretiennent sont, en fait, une subordination à des rapports qui existent indépendamment d'eux et surgissent du choc entre les individus indifférents les uns aux autres. L'échange universel des activités et des produits, qui est devenu la condition de vie et le rapport mutuel de tous les individus particuliers, se présente à eux comme une chose étrangère et indépendante.* »[56]

La manière dont les *Grundrisse* sont structurés peut logiquement permettre de penser que Marx loin d'abandonner la thématique de l'aliénation, la réélabore ou la poursuit d'une manière qui laisse entrevoir l'originalité que constituera sans aucun doute *Le Capital*. En effet, avant de se plonger dans une quelconque étude du « capital », des rapports capitalistes, Marx prend soin d'analyser « l'argent », de faire une analyse de l'argent laquelle analyse se retrouvera d'ailleurs dans les premiers développements du livre I du *Capital*. Ce que Marx analyse dans le « *Chapitre de l'argent* » ce sont les rapports qui existent dans la production. Il note avec rigueur ce qui suit : « *Dans la valeur d'échange, les relations sociales des personnes sont changées en rapport social des objets ; la richesse personnelle est changée en richesse matérielle. Tant que la valeur d'échange n'a guère de force sociale et qu'elle est liée à la substance du produit direct du travail ainsi qu'aux besoins immédiats des échangistes, la communauté qui relie entre eux les individus reste forte : rapport patriarcal, commune antique, féodalisme, corporations et jurandes. Mais, à présent, chaque*

---

individus aux rapports de classe est perçue par les individus, supports de ces rapports, sous la forme d'une soumission aux objets et aux rapports des objets entre eux ; ou encore : que, dans cette forme historique d'individualité sociale, l'individu constitué en individu indépendant perçoit son rapport à la société comme un rapport à quelque chose d'extérieur et qui le domine [...]. *Ne relevant pas d'une problématique de l'essence de l'homme et de son aliénation, les* Manuscrits *de 1857-1858 ne sauraient, sans contresens, être lus dans la perspective des* Manuscrits *de 1844* », *op.cit*, pp. 189-190.
[56] Karl Marx, *Grundrisse* « *Chapitre de l'argent* », Paris, Editions Anthropos, 1968, pp. 155-156.

individu détient la puissance sociale sous forme d'objet. Il dérobe à la chose cette puissance sociale, car il vous faut l'exercer avec des personnes sur des personnes. »[57] Ce qu'il faut retenir dans ces propos de Marx, c'est non seulement une résurgence et une consolidation de la thématique de l'aliénation, mais plus, une anticipation de la thématique du fétichisme du *Capital*. Marx ne dit pas autre que ce qui suit : dans les rapports patriarcal, antique et féodal, l'objet ne domine pas les individus, car la valeur d'échange est directement liée aux besoins des humains, par contre dans la société moderne, c'est-à-dire dans la société capitaliste, les rapports humains transitent par des objets, autrement dit le langage humain est supplanté par celui des objets ou plutôt celui-là par celui-ci.

L'analyse marxienne dans les *Grundrisse* semble ainsi faire coexister deux problématiques, celle du fétichisme et celle de la réification. Autrement dit, la thématique du fétichisme liée au fait que les hommes se représentent leurs relations, leur monde de manière « inversée » et celle de la réification liée au fait que la chose domine l'humain et lui impose un mode d'être, coexistent : « *Le caractère social de l'activité et du produit ainsi que la participation de l'individu à la production sont, ici, étrangers et réifiés en face de l'individu. Les relations qu'ils entretiennent sont, en fait, une subordination à des rapports qui existent indépendamment d'eux et surgissent du choc entre les individus indifférents les uns aux autres. L'échange universel des activités et des produits, qui est devenu la condition de vie et le rapport mutuel de tous les individus particuliers, se présente à eux comme une chose étrangère et indépendante.* »[58]

La thématique de la réification/association ou démocratie telle qu'elle est développée dans les *Grundrisse*, réification qui semble s'imposer inévitablement aux hommes, osons l'analogie et le parallélisme risqués, peut être considérée comme une certaine anticipation de la thématique fétichisme/communisme que mettra en exergue le livre I du *Capital* où le marché permettra une domination des abstractions sur les hommes. Dans une telle thématique de la réification, Marx montre que c'est l'absence d'une certaine maîtrise de la production, d'une certaine coordination de la production qui fait que le monde des choses semble dominer celui des hommes, s'il y avait sans

---

[57] *Ibid.*, p. 156.
[58] *Ibid.*, pp. 155-156.

doute semble dire Marx, un pouvoir associatif, une coordination de la production, il n'existerait pas de réification, de même comme le montrera *Le Capital*, s'il y avait un plan concerté, le fétichisme n'existerait pas : « *La nécessité de commencer par transformer le produit ou l'activité des individus en valeur d'échange, en argent afin qu'ils acquièrent et affirment leur puissance sociale sous cette forme matérielle prouve deux choses : 1° que les individus ne produisent plus que pour et dans la société ; 2° que leur production n'est pas encore directement sociale ni le fruit de l'association, et que le travail n'est pas réparti, de façon communautaire. Les individus restent subordonnés au travail social qui pèse sur eux comme une fatalité : la production sociale n'est pas encore subordonnée aux individus qui la manieraient comme une puissance et une capacité communes.* »[59]

En termes plus clairs, Marx dans ses brèves analyses semble ne pas faire une nette distinction entre fétichisme, aliénation et réification. Tantôt le fétichisme est considéré comme aliénation, tantôt il est considéré comme réification. Le langage marxien, à ce niveau d'argumentation, ouvre la possibilité d'une définition du fétichisme comme aliénation ou comme réification. C'est d'ailleurs ce que fera Lukács avant même la parution des *Grundrisse* et avant même d'avoir lu les *Manuscrits de 1844* et dont à notre avis l'œuvre althussérienne constitue la critique la plus radicale malgré ses limites.

En termes plus précis, dans les *Grundrisse,* s'entremêlent et coexistent des concepts de la jeunesse et de la maturité. Marx fait coexister l'idée selon laquelle, mon produit en devenant celui d'un autre, devient un moyen d'assujettissement, avec l'idée selon laquelle, le rapport entre personnes transite par des choses. C'est à ce niveau que les *Grundrisse* posent aussi de sérieux problèmes théoriques : Marx n'explique pas au fond si le fait que les rapports sociaux apparaissent aux individus comme rapports de choses est le reflet de la réalité des rapports marchands existants ou une pure phénoménalité (fausseté), une fausse représentation. Il y a une coexistence entre réification (le rapport entre humains apparaît comme un rapport entre choses) et fétichisme[60]

---

[59] *Ibid.*, pp. 157-158.
[60] Précisons qu'il y a certes coexistence entre fétichisme et réification, mais cela ne signifie nullement réduction de fétichisme à réification ou inversement réduction de réification à fétichisme. Un passage des *Grundrisse* peut faire réfléchir et nous permettre d'affirmer que Marx conçoit la possibilité d'une aliénation qui pourrait toucher l'homme primitif : « *On a fait ressortir, non sans raison, la grandeur et la*

(représentation inversée) : « *L'échange universel des activités et des produits, qui est devenu la condition de vie et le rapport mutuel de tous les individus particuliers, se présente à eux comme une chose étrangère et indépendante. Dans la valeur d'échange, les relations sociales des personnes sont changées en rapport social des objets ; la richesse personnelle est changée en richesse matérielle.* »[61]

---

beauté de l'effort tenté par les individus pour appliquer leur science et leur volonté, en un processus d'échange matériel et spirituel, à ce lien social qui repose sur lui-même et sur l'indifférence à l'égard des individus. Certes, ce lien matérialisé est préférable à l'absence de liens ou à des liens purement locaux, fondés sur la consanguinité ou sur des rapports de souveraineté et de servitude. Il est évident que les individus doivent commencer par produire leurs rapports sociaux avant de pouvoir se les soumettre. Mais c'est une ineptie de voir un lien naturel entre ces simples objets ou de croire que le lien est inhérent à la nature des individus et donc indissociable de celle-ci (contrairement au savoir et au vouloir réfléchis). Tout cela est le fruit du devenir historique de l'humanité et constitue une phase déterminée de son développement. Si ce lien est encore extérieur et autonome vis-à-vis des individus, cela montre simplement qu'ils en sont encore à créer les conditions de leur vie sociale, dont ils ne peuvent encore aborder la transformation. Ces liens naturels qui unissent les individus correspondent à des rapports de production limités », Karl Marx, *Grundrisse* « *Chapitre de l'argent* », *op.cit.*, pp. 162-163. Pour Marx, dans la société primitive, le travail est naturellement social. Cependant, l'impuissance de l'homme face aux puissances de la nature peut engendrer une certaine aliénation (les mêmes idées étaient défendues en 1845-1846 *Cf. L'Idéologie allemande*, p. 59-105.). Mais avec la production marchande, cette aliénation devient beaucoup plus manifeste et importante, le travail de l'humain devient une activité aliénante. Cette aliénation économique, résultat de la production marchande, de la division de la société en classes, s'intensifie davantage en faisant apparaître d'autres aliénations (sociale, religieuse, politique). L'ouvrier se retrouve dominé par sa création, par sa production qui lui devient totalement étrangère. Néanmoins, ce mode de production qui a créé toutes ces différentes aliénations, laisse aussi préfigurer la possibilité de sa propre disparition et de la suppression des différentes aliénations. L'aliénation n'est pas un fait naturel, elle est historique. Autrement dit, elle n'est pas apparue par un simple coup de baguette magique, elle est apparue petit à petit dans la société humaine. Elle n'est pas une certaine perte d'une réalité que l'on possédait autrefois, car s'il en était ainsi, l'homme primitif ne serait pas susceptible d'être aliéné, il serait totalement désaliéné. Cet exemple de l'homme primitif peut servir aussi à montrer que l'on ne saurait réduire l'aliénation à la réification ou au fétichisme. Autrement dit, l'aliénation est à notre avis plus vaste que le fétichisme et la réification (les exemples de la critique des sociétés consuméristes, industrielles l'attestent). Si l'homme primitif peut être aliéné alors que la société dans laquelle il vit, il n'y existe pas de production marchande et de fétichisme ; réduire l'aliénation au fétichisme ou à la réification est une aberration.
[61] *Ibid.*, pp 155-156.

Dans les *Grundrisse*, Marx semble souvent introduire la thématique de l'aliénation par des formules qui semblent rappeler celles de 1844 tout en laissant entrouverte la possibilité de leur approfondissement : « *Les individus universellement développés n'ont, entre eux, que les liens sociaux qui naissent de rapports communautaires qu'ils constituent collectivement ; ces individus ne sont pas des produits de la nature, mais de l'histoire. Pour développer des capacités suffisamment intenses et universelles et rendre possible une telle individualité, il faut au préalable une production fondée sur la valeur d'échange, afin de créer l'universalité de l'aliénation de l'individu vis-à-vis de lui-même et des autres, en même temps que l'universalité des rapports et des aptitudes.* »[62]

Marx montre dans de tels propos que la valeur d'échange favorise aussi bien l'émergence d'une universalité abstraite que celle d'une universalité effective ou réelle. Cependant, ce qui est important dans ces propos, c'est qu'ils mettent en évidence le sens que le concept d'aliénation acquiert dans les *Grundrisse*. L'aliénation consiste dans le fait que les rapports sociaux apparaissent comme autonomes et étrangers aux hommes, elle consiste dans le fait que les humains deviennent indifférents les uns aux autres : l'homme est aliéné car il ne se considère pas comme déterminé par les rapports sociaux, il ne sait pas qu'il est déterminé par de tels rapports, il est indifférent. Les rapports sociaux sont totalement gommés. Les hommes, individus déterminés par les rapports sociaux, semblent être soumis aux choses et aux rapports entre choses. Les hommes socialement déterminés conçoivent leurs rapports à leur milieu et à leur société comme des rapports à des objets assujettissants et extérieurs.

En définitive, ce que les *Grundrisse* nous permettent de voir, c'est la persistance de la thématique de l'aliénation. Loin d'être abandonnée, l'aliénation fondée philosophiquement à partir des *Manuscrits de 1844*, se poursuit dans les travaux préparatoires que constituent les *Grundrisse*. Les passages qui mettent en relief la domination du « travail vivant » par le « travail objectivé », et il y en a beaucoup, rappellent sans cesse la domination d'un pouvoir mécanique autonome des *Manuscrits de 1844* et préfigurent sans doute la domination du « travail vivant » par le « travail mort » qui se retrouvera dans le livre I du *Capital* : « *Le travail vivant n'est plus qu'un simple moyen de*

---

[62] *Ibid.*, p163.

valorisation du travail matérialisé auquel il insuffle son âme vivifiante, tout en la perdant lui-même. Le résultat du travail, c'est que la richesse produite est étrangère à l'ouvrier, et que la force de travail vivante subit un dénuement croissant. Au fond, les choses sont bien simples : le procès de production pose les conditions objectives réelles du travail vivant (matière dans laquelle il se valorise, instrument au moyen duquel il se valorise, et moyens de subsistance grâce auxquels la flamme de la force de travail vivant continue de vaciller et de travailler, en étant alimentée en substances nécessaires à sa vie) comme des modes d'existence autonomes et étrangers, ou comme le mode d'existence d'une personne étrangère. C'est ainsi que la force de travail vivante en est isolée et n'a plus qu'une existence subjective, en face des valeurs existant pour soi et tournées sur elles-mêmes, c'est-à-dire constituant la richesse étrangère au travailleur, la richesse du capitaliste. Les conditions objectives du travail sont des valeurs dissociées et autonomes, en opposition à la force de travail vivante, qui a une simple existence subjective et une valeur d'espèce différente »[63], Marx affirme aussi que *« l'appropriation du travail vivant par le travail objectivé – de la force et de l'activité valorisantes par la valeur en soi – est inhérente à la nature du capital. »*[64]

Dans les *Grundrisse*, non seulement l'aliénation est présente, mais le concept est davantage approfondi. Le travailleur est séparé des conditions objectives qui permettent la mise en œuvre de sa puissance de travail : il est totalement séparé des moyens et instruments de travail. Une telle séparation, semble dire Marx, est même la condition du procès de travail, de la production. Autrement dit, sans une telle séparation, il ne saurait y avoir de travail, mais aussi de possibilité de domination de l'objet sur le sujet, d'autonomie de certaines puissances : *« Cette séparation absolue entre la propriété et le travail, entre la force de travail vivante et les conditions de sa réalisation, entre la valeur et l'activité créatrice de valeur fait que le contenu même du travail est étranger à l'ouvrier. »*[65]

Il y a ainsi, dans les travaux préparatoires que constituent les *Grundrisse*, plusieurs passages dans lesquels la thématique de l'aliénation revient noir sur blanc, se lit explicitement ; de tels passages

---

[63] Karl Marx, *Grundrisse « Chapitre du capital »*, op.cit., pp. 281-282.
[64] *Ibid.*, p. 328.
[65] *Ibid.*, p. 270.

rappellent sans cesse et mécaniquement les Manuscrits parisiens, vieux de près d'une quinzaine d'années. Citons-en quelques-uns in extenso pour attester nos propos : « *Le capital apparaît également comme produit du travail, parce que ce produit est propriété d'autrui, mode d'existence autonome du travail vivant ; parce que le produit du travail, du travail matérialisé est doté par le travail vivant d'une âme propre si bien qu'il se fixe en face de l'ouvrier comme une puissance étrangère. L'ouvrier voit son activité au sein du progrès de production sous l'angle suivant : il rejette constamment de lui, telle une réalité étrangère, ce qu'il réalise sous forme de conditions objectives. C'est pourquoi il apparaît comme une pure force de travail privée de toute substance, mais pourvue de besoins en face de cette réalité qu'il ne crée pas pour lui, mais pour un autre. Cette réalité du travail n'existe pas pour lui, mais pour un autre, elle n'est donc pas sa réalité à lui, mais celle d'un autre qui s'oppose à lui. Ce procès de réalisation est donc le procès de déréalisation. Le travail est objectif, mais il crée l'objectivité comme son non-être à lui, ou comme l'existence de sa non-existence, c'est-à-dire comme l'existence du capital. Le travail retourne à lui-même comme simple possibilité de création de la valeur ou de la valorisation, parce que le monde entier de la richesse réelle, ainsi que les conditions effectives de sa réalisation lui font face sous des modes d'existence autonomes. De simple possibilité qu'elle est au sein du travail vivant, la richesse devient, grâce au procès de production, une réalité extérieure, et même étrangère au travail* »[66], quelques pages plus loin Marx écrit : « *En outre, le travail vivant apparaît comme étranger à la force de travail vivante, dont il est pourtant le travail et la manifestation, car il a été cédé au capital en échange du travail matérialisé, produit par le travail lui-même. La force de travail se comporte vis-à-vis d'elle-même comme à quelque chose d'étranger, et si le capital était disposé à payer l'ouvrier sans le faire travailler, celui-ci saisirait l'offre avec plaisir. Son propre travail – comme l'orientation qu'il reçoit- lui est donc étranger, au même titre que la matière première et l'instrument. En conséquence le produit lui apparaît aussi comme une combinaison étrangère de matière, d'instrument et de travail comme propriété d'autrui ; la production achevée, le travail s'est appauvri de la force vitale qu'il a dépensée, et déjà le turbin doit*

---

[66] *Ibid.*, pp. 272-273.

reprendre pour la force de travail purement subjective et dépouillée de ses moyens d'existence. »[67]

Dans ces nombreux passages, on voit nettement une certaine théorie de l'aliénation qui est le prolongement et l'approfondissement, sans aucun doute, de celle contenue dans les *Manuscrits parisiens*. Ce qui nous oblige à affirmer contre certains points de vue de Bensussan[68] que

---

[67] *Ibid.*, p. 283.

[68] Rappelons que Bensussan signe l'acte de mort de l'aliénation à partir de *L'Idéologie allemande*. Ce qui malgré tout le respect qu'on lui voue pour la puissance de sa pensée et la pertinence de ses analyses, ne nous agrée nullement, car aussi bien dans un tel texte qui symbolise selon Bensussan le résidu de l'aliénation que dans les textes qui lui sont postérieurs, le concept et la thématique sont bien présents. Bensussan affirme sans concession ce qui suit : « *Que reste-t-il alors de l'aliénation ? Si l'on se transporte sans autre forme de transition jusqu'à* L'idéologie allemande, *rien, un mot vide, une coquille échouée sur la grève abandonnée du concept, presque un souvenir ou alors un schibboleth provisoire. L'acte de décès du concept d'aliénation se trouve consigné dans deux ou trois passages du texte de 1845-1846, sans explication développée [...]. Au terme de son expérimentation intensive du concept d'aliénation, Marx en enregistre donc lapidairement l'ironique abandon dans* L'idéologie allemande », Gérard Bensussan, *Marx le sortant. Une pensée en excès,* Paris, Hermann, 2007, pp. 68-69. Cette analyse de l'évolution de la conception de l'aliénation dans la pensée marxienne de Bensussan peut sous certains angles rappeler la glose althussérienne même si les deux auteurs ne mobilisent pas les mêmes schémas d'analyse. Citons quelques passages des *Grundrisse* dans lesquels non seulement la thématique mais aussi le concept d'aliénation sont présents pour justifier notre désaccord avec l'analyse de Bensussan : « *Dans le système capitaliste, le développement n'avantage que l'un des éléments de l'activité de la société : le travail matérialisé, qui devient le corps toujours plus gigantesque de l'autre élément, le travail subjectif et vivant. En effet – et cela a une grande importance pour le travail salarié – les conditions objectives deviennent de plus en plus autonomes en opposition au travail vivant, à mesure qu'elles prennent une grande extension et que la richesse sociale augmente par tranches toujours plus grandes en faisant face à l'ouvrier comme puissance étrangère et prédomine* », Karl Marx, *Grundrisse* « *Plus-value et profit* » *op.cit.*, p.122. Comme les faits sont ceux qu'ils sont, sacrés, et que les commentaires sont libres, faisons parler les faits. Quelques passages plus loin dans son texte, Marx fait une nette différence entre objectivation et aliénation, utilise le même concept que Bensussan disait qu'il avait disparu dans le langage marxien après 1845-1846 : « *On met le ton sur le processus d'objectivation, et non sur l'aliénation [...]. Aussi longtemps qu'au niveau du capital et du travail salarié, la production de ce corps objectif de l'activité s'effectue en opposition à la force de travail immédiate, ce processus d'objectivation aura le caractère de l'aliénation pour l'ouvrier ou de l'appropriation de travail d'autrui pour le capital [...]. Dès lors que le travail vivant a perdu son caractère immédiat, individuel, subjectif ou tout à fait extérieur, et que l'activité des individus se présente de plus en plus sous forme directement*

la thématique de l'aliénation et le concept ne disparaissent nullement après 1845-46, c'est-à-dire après la rupture de Marx et d'Engels avec leur « conscience philosophique d'autrefois ».

Précisons aussi que pour Marx, la séparation entre le travailleur et les forces objectives de travail, séparation qui rend possible non seulement le procès de travail, mais aussi l'autonomie ou l'indépendance des produits, est totalement supprimée dans le travail. Autrement dit, le travail est la suppression de la séparation du travailleur, détenteur de la puissance de travail, avec les conditions objectives de travail. Le travail abolit toute séparation entre le travailleur et les forces productives. Une telle séparation/abolition profite bien évidemment et sans nul doute au capitaliste, propriétaire des moyens de production, qui a acheté la puissance de travail : « *Par ailleurs, l'existence purement subjective de l'ouvrier en face de ses propres conditions lui donne une forme objective tout à fait indifférente vis-à-vis de celles-ci. C'est uniquement une valeur ayant une utilité (salaire) à côté des conditions autonomes de sa valorisation en tant que valeurs d'une utilité différente. Au lieu qu'elles se réalisent comme des conditions de sa réalisation à lui dans le procès de production, c'est lui qui en sort, au contraire, comme simple condition de leur conservation et de leur valorisation, en tant que valeurs existant pour elles-mêmes, en face de lui. La matière première qu'il façonne est à autrui* [capitaliste, capital] *de même que l'instrument ; son travail n'est donc qu'un accessoire de leur substance : il s'objective en quelque chose qui ne lui est pas propre.* »[69] Ce que les propos marxiens mettent en relief,

---

universelle ou sociale, les éléments objectifs de la production dépouillent leur forme aliénée. Dès lors, ils sont produits en tant que propriété et corps organique de la société, où les hommes se reproduisent en ayant une individualité sociale », Ibid., p.123. Ainsi, à notre avis, Bensussan n'a pas su tirer les avantages et inconvénients des « triviales lectures » althussériennes. Il est vrai qu'au tout début, l'influence hégéliano-feuerbachienne du terme aliénation pouvait faire douter. Mais on voit bien que dans les œuvres de la maturité, particulièrement dans les *Grundrisse* et dans *Le Capital*, le sens que le concept avait en 1844 n'est pas définitivement rayé, il est approfondi.

[69] Karl Marx, *Grundrisse* « Chapitre du capital », op.cit., pp. 282-283. Quelques passages plus loin Marx confirme de telles idées en ces termes : « *Ainsi donc, l'ouvrier se comporte en étranger, non seulement vis-à-vis de son produit, mais encore vis-à-vis de l'association de son travail : il voit bien que son travail est son activité vitale à lui, mais elle lui est étrangère et lui est imposée et, comme dit A. Smith, le travail lui apparaît comme un fardeau, un sacrifice, etc., . Le travail ainsi que le produit ne sont plus la propriété du travailleur particulier et isolé. C'est la*

c'est l'idée selon laquelle le travail devient une déréalisation (idée présente déjà dans les *Manuscrits de 1844*). Autrement dit, le travail est une simple désobjectivation du simple fait que le travailleur au lieu de s'exprimer, de se manifester objectivement et entièrement dans le procès de travail, s'y rapporte comme on se rapporte à une activité totalement abstraite. Le rapport du travailleur à son activité est totalement à l'envers, car il (le travailleur) ne vaut en tant que travailleur que comme simple instrument de travail, que comme moyen de mettre en évidence une activité. Plus précisément, le rapport que l'ouvrier entretient avec son activité est déterminé par le capitaliste : un tel rapport ne peut se réaliser que si certaines conditions sont réunies (séparation du travailleur avec les instruments de travail). Le travail n'est plus le procès dans lequel et au cours duquel l'ouvrier s'objective, s'exprime et exprime son individualité, mais le procès qui nécessite avant tout la séparation du sujet avec les moyens de travail, la séparation du travailleur en tant que simple puissance de travail avec le travailleur en tant que simple individu concret et existant dans la vie en dehors du travail. Le travailleur entre dans le procès du travail en tant que simple capacité de travail : « *La force de travail vivante s'approprie uniquement les conditions subjectives du travail nécessaire (moyens de subsistance de la force productive du travail) : elle se reproduit donc comme une simple force de travail séparée des conditions de sa réalisation, qui plus est, elle a posé ces conditions en face d'elle comme des choses, des valeurs s'incarnant en une personne étrangère qui la domine. Non seulement, l'ouvrier ne sort pas plus riche du procès de production, mais en sort plus pauvre qu'il n'y est entré.* »[70]

Le travail n'est plus conforme à ce qu'il devrait être, bien avant que le procès de travail soit enclenché, il y a désobjectivation : le rapport du travailleur à son activité est totalement faussé ou biaisé. Il y a une nette séparation entre l'individu concret existant et l'individu en tant que puissance de travail dont le capital utilise pour augmenter son capital.

---

négation du travail parcellaire, car le travail est désormais collectif ou combiné. *[…]. Le capital est donc la négation aussi bien du travail que du produit sous forme parcellaire, et donc de la propriété du travailleur particulier. Il existe certes sous forme de travail social, combiné en tant que sujet et objet, mais indépendamment de ses éléments réels : il a donc une existence séparée. Le capital apparaît comme le sujet et le propriétaire dominant le travail d'autrui, son rapport représente donc une contradiction aussi totale que celui du travail salarié* », Ibid., pp. 292-293.
[70] *Ibid.*, p. 271.

L'activité du travailleur n'est plus le lieu ou le moment de l'accomplissement et de l'affirmation de l'individu. L'individu entre dans le procès de travail non comme individu concret et existant, mais comme autre, comme simple puissance de travail, comme simple abstraction. La réduction du travailleur à une puissance de travail est même la condition incontournable du procès de travail[71] (cela n'est pas sans préfigurer les fameuses et lumineuses analyses du *Capital* qui montrent que pour qu'il puisse y avoir travail, il faut que le contrat (libre, rationnel, équitable) réduise le travailleur en simple marchandise. Ainsi, avant d'entrer dans le procès de travail, l'individu est réduit en pure et simple abstraction : il devient une puissance de travail, cette réduction de l'individu à une puissance de travail favorise l'autonomie et l'indépendance du travail et des produits du travail : « *Du point de vue du capital, les conditions matérielles du travail n'existent pas nécessairement pour l'ouvrier ; elles apparaissent bien plutôt indépendamment de lui, séparées de lui, comme propriété autonome du capitaliste : cette séparation ne prend fin que lorsque l'ouvrier vend sa force productive au capital, en échange de quoi celui-ci le fait subsister comme force de travail abstraite, c'est-à-dire simple faculté de reproduire la richesse en tant que force dominée par le capital qui lui fait face.* »[72]

En définitive, on peut affirmer en prenant tous les risques possibles mais nécessaires, que dans les *Grundrisse*, on retrouve bien la

---

[71] Le rapport travail/capital tel que développé dans les *Grundrisse* montre que le capitaliste considère le travailleur comme libre et possesseur d'une force de travail (marchandise) dont il a pourtant la possibilité de s'approprier pour fructifier son capital. La puissance de travail étant une marchandise, on peut donc l'acheter et l'employer en donnant un certain salaire. Ainsi, pour s'en emparer, le capitaliste doit payer la valeur nécessaire pour restaurer la même force de travail. En un mot, il doit payer ce qui est nécessaire pour restaurer les forces physico-mentales dépensées par la puissance de travail. Cependant, et, il faut le souligner rigoureusement, dans le rapport travail/capital, il n'y a pas de réification, car ce que le capitaliste achète ce n'est nullement une chose, mais une puissance de travail, une possibilité de travail. Le capitaliste ne réduit pas le travailleur à l'état de chose ou d'objet, il a besoin des capacités physico-mentales du travailleur pour le développement incessant de son capital. Le travailleur n'est pas une chose, mais un être vivant et concret, un être dont le capitaliste a besoin en tant qu'être vivant pour augmenter constamment son capital. Il est vrai que le capitaliste paye au travailleur du travail déjà objectivé pour faire usage de sa force de travail, mais il ne transforme pas pour autant le travailleur en chose.
[72] Karl Marx, *Grundrisse* « *Plus-value et profit* », *op.cit.*, pp. 111-112.

thématique de l'aliénation, bien plus d'ailleurs, on retrouve certaines argumentations qui structuraient une telle thématique dans les *Manuscrits* (les relents souvent feuerbachiens apparaissent de temps en temps : aliénation comme séparation entre une certaine existence purement individuelle et une certaine essence). Cependant, de tels textes, les *Grundrisse*, ne peuvent pas être considérés comme une simple reprise à l'identique des grandes idées de 1844, ils apportent une certaine originalité et un approfondissement qui préfigurent les géniales analyses qu'apportera le maître-ouvrage que constitue *Le Capital*.

La notion disparaît ou plutôt les dispositifs de 1844 dont le cœur était la dimension subjective de l'aliénation disparaissent progressivement après 1845. Ce qui ne veut nullement dire que le concept et la thématique de l'aliénation sont définitivement supprimés dans la pensée du Marx de la maturité, du Marx du *Capital*. Ils persistent mais leur influence et leur suprématie diminuent petit à petit. *Le Capital* apporte même s'il ne supprime ni le terme ni la thématique de l'aliénation, une originalité. Comment alors dans le maître-ouvrage de Marx, *Le Capital*, la thématique de l'aliénation est abordée, structurée? Autrement dit, quelle différence conceptuelle et d'analyse *Le Capital* apporte t-il par rapport à la structure de la thématique de l'aliénation de 1844 ? *Le Capital* rompt-il définitivement avec la thématique de 1844 ? *Le Capital* réélabore t-il de manière originale la thématique de 1844 tout en permettant la survivance de certains points forts de l'argumentation marxienne de 1844 ? De telles questions trouvent, dans les lignes qui suivent, des tentatives de réponses rigoureuses et fondées sur une analyse aussi bien conceptuelle que textuelle de certains thèmes du *Capital*.

3) Le Capital *: sens et évolution de la problématique de l'aliénation dans le livre I*

On ne saurait exposer systématiquement toutes les grandes idées du *Capital*, ni étudier toutes les problématiques de tous les livres du *Capital* dans leur ensemble, ce qui, en plus de manquer d'originalité, est quasiment impossible. On essaiera, dans cette partie, de voir les rebondissements de la thématique de 1844 dans le fameux livre I du *Capital,* de voir les réactualisations et les nouveautés apportées par

Marx dans l'analyse d'une telle thématique qui se lit souvent entre les lignes de son texte. Notre choix de porter notre réflexion sur certaines parties capitales du livre I est plus que justifié. En effet, du point de vue de l'intérêt philosophique, le livre I est souvent le plus utilisé soit pour justifier une rupture avec la thématique de l'aliénation soit pour justifier une certaine résurgence de cette dernière. Ainsi, dans notre analyse, on essaiera tant bien que mal de faire ressortir certaines problématiques qui ne manquent pas de rappeler souvent dans le livre I la thématique de 1844 tout en prenant leur distance par rapport à elle.

a) Le Capital constitue-t-il la fin de l'aliénation ?

La conception althussérienne d'une coupure radicale dans la pensée de Marx qui conduirait à affirmer qu'aussi bien la problématique de la jeunesse, celle de l'aliénation, que le concept d'aliénation n'apparaîtraient plus dans le Marx de la maturité, le Marx après 1845-1846, est inacceptable pour tout chercheur qui s'est tant soit peu familiarisé avec les textes de Marx[73]. Le Marx de 1845-1846 renonce

---

[73] En effet, si on se réfère à la « Reproduction simple » dans le premier livre du *Capital*, on constate que l'assertion althussérienne selon laquelle le thème de l'aliénation disparaît dans les œuvres de la maturité, n'est pas tenable. Dans une telle partie consacrée à la « Reproduction simple », on voit que même si le terme aliénation n'est pas employé par Marx, le contenu renvoie pratiquement aux analyses de 1844. L'idée que l'on retrouve dans un tel chapitre, c'est l'idée selon laquelle le travailleur crée une richesse qui lui est étrangère et même hostile : « *Son travail, déjà aliéné, fait propriété du capitaliste et incorporé au capital, même avant que le procès commence, ne peut évidemment durant le procès se réaliser qu'en produits qui fuient de sa main* », Karl Marx, *Le Capital*, op.cit., p. 413. Cependant, il faut souligner qu'en 1844 Marx n'avait fait que constater un fait : le fait que le travail devienne hostile à l'ouvrier alors que dans un tel chapitre il explique les raisons de cette hostilité du produit. En effet, pour que l'objectivation soit une désobjectivation, il faut que l'ouvrier soit considéré dés le départ comme possesseur d'une force abstraite de travail, qu'il soit contraint de vendre sa force de travail, ce qui fait que quand l'ouvrier met en œuvre une telle force déjà vendue, elle ne lui appartient plus, mais appartient à un autre : « *Le capital aliéné contre la force de travail est échangé par la classe ouvrière contre des subsistances dont la consommation sert à reproduire les muscles, nerfs, os, cerveaux, etc., des travailleurs existants et à en former de nouveaux. Dans les limites du strict nécessaire la consommation individuelle de la classe ouvrière est donc la transformation des subsistances qu'elle achète par la vente de sa force de travail, en nouvelle force de travail, en nouvelle matière à exploiter par le capital* », op.cit, pp.413-414. Marx explique ainsi les causes fondamentales de l'aliénation, ceci montre

d'une certaine manière que Marx n'a pas renoncé à la conception de l'aliénation constatée en 1844. L'aliénation n'est pas la perte de l'humain dans l'objet, mais la perte même de l'objectivité de l'homme : l'objectivation devient une désobjectivation. L'aliénation est ainsi située à l'intérieur du système productif capitaliste : « *Le procès de production capitaliste reproduit donc de lui-même la séparation entre travailleur et conditions du travail. Il reproduit et éternise par cela même les conditions qui forcent l'ouvrier à se vendre pour vivre, et mettent le capitaliste en état de l'acheter pour s'enrichir* », Ibid., p. 417. Ce fameux chapitre portant sur « Reproduction simple » permet de montrer les limites de la lecture althussérienne. En effet Althusser, affirmant que le mot (aliénation) existe souvent mais sans pour autant que le concept puisse jouer un rôle important, manque de rigueur théorique, car une petite observation pouvait permettre de voir que le concept n'est nullement absent. Ce que l'on observe dans un tel chapitre, c'est que l'ouvrier créé un produit qui devient autonome et s'oppose à son producteur. Ce qui apparaît dans un tel chapitre existait déjà dans la thématique de 1844. Le système capitaliste fait du travail, une objectivation qui favorise une totale désobjectivation, il fait du sujet un être sans contenu, une réalité totalement abstraite et sans objectivité. Le travailleur crée toutes les richesses qui lui sont étrangères, car avant même, bien avant même d'entrer dans le procès de production, il est séparé des conditions qui favorisent l'objectivation. Ce qui signifie en termes clairs, qu'il y a une totale dépossession avant le travail, le travailleur est une pure abstraction ou une subjectivité vide, car ce qui devait lui appartenir est la propriété d'un autre, propriété bien définie par un contrat. Certes, dans ce chapitre, il y a de grands progrès théoriques par rapport aux brouillons de 1844, néanmoins la thématique de l'aliénation persiste. Ce que Marx s'efforce de montrer dans le maître-ouvrage du *Capital*, c'est comment la désobjectivation a pu avoir lieu dans le procès de travail, dans le lieu de l'objectivation, ce qui faisait défaut en 1844, car l'analyse manquait des bases économiques affirmées. Le fait de réduire l'ouvrier à une simple marchandise et de lui retirer les conditions objectives de travail, permet de comprendre comment la désobjectivation a pu avoir lieu dans le lieu de l'objectivation. En un mot, Marx dans cette forteresse qu'est *Le Capital* n'a nullement abandonné la conception de l'aliénation comme désobjectivation du sujet objectif. Cette analyse du chapitre 21 du *Capital* permet aussi de réfuter les analyses de Bensussan qui aboutissent à l'idée selon laquelle après 1845-1846 c'est-à-dire tout juste après *L'Idéologie allemande*, Marx aurait abandonné la conception de l'aliénation : « *Ces concepts* [dialectique, contradiction] *sont parfaitement solidaires et il faudra se demander pourquoi le premier complexe est continûment maintenu par Marx alors que l'aliénation est abandonnée ......* » (*Marx le sortant. Une pensée en excès,* Paris, Hermann, 2007, p. 13.) Pour Bensussan, l'aliénation subit une totale « *révocation* » (p. 14.). A Gérard Bensussan, on peut concéder sans difficulté que l'usage du terme aliénation est quasi-rare après 1845-1846 (cela ne veut pas dire qu'il est absent, sa présence dans les *Grundrisse,* même si elle ne crève pas les yeux, ne peut faire l'objet d'aucune contestation), mais il n'est nullement « révoqué », car Marx lui confère un contenu authentique et très riche. Même si le terme est rare, ce qui est compréhensible, et Althusser avait raison sur ce point, Marx voulait sans doute rompre avec le sens hégélien et même feuerbachien du concept, le sens demeure affirmé dans les textes de la maturité comme l'atteste l'énigmatique texte du *Capital,* plus d'une vingtaine d'années après *L'Idéologie allemande*.

il est incontestable au paradigme référentiel de 1844 axé sur une problématique anthropologico-éthique pour situer la critique des sociétés modernes sur la véritable science, celle de « l'histoire »[74]. Le nouveau paradigme référentiel, la « science de l'histoire », élaboré à partir de *L'Idéologie Allemande* (1845-1846) et essentiel pour la suite dans la pensée marxienne permet de mettre entre parenthèse le naturalisme de 1844 fondé sur une perte de l'essence générique de l'homme qu'il s'agirait de se réapproprier dans un hypothétique communisme.

Cependant, il convient de souligner que cette découverte pour parler un langage althussérien du « Continent Histoire » ne signifie nullement un abandon définitif des acquis de 1844. En effet, la « science de l'histoire » réactualise à bien des égards certains points de vue de 1844 même si la conception qu'elle inaugure prend des distances par rapport à celle de 1844 : l'anthropologie naturaliste de jeunesse tend à être supplantée par une théorie matérialiste axée sur les besoins humains[75] qui poussent les hommes à s'approprier la nature, à la maîtriser. Ainsi, les prémisses qui inaugurent des modifications dans la pensée marxienne à partir de 1845-1846 ne laissent pas en rade la théorie de l'aliénation comme le confirment à juste titre ces propos de Haber : « *Incontestablement, le modèle théorique de l'aliénation est une des victimes des changements profonds qui interviennent dans* L'Idéologie allemande. »[76]

---

[74] Marx et Engels remarquent dans une note de bas de page rayée de *L'Idéologie allemande* les propos révélateurs qui suivent et qui mettent en relief leur nouveau paradigme : « *Nous ne connaissons qu'une seule science, celle de l'histoire. L'histoire peut être examinée sous deux aspects. On peut la scinder en histoire de la nature et histoire des hommes. Les deux aspects cependant ne sont pas séparables ; aussi longtemps qu'existent des hommes, leur histoire et celle de la nature se conditionnent réciproquement* », p. 45. (note n°1).
[75] Marx et Engels confirment une telle idée dans *L'Idéologie allemande* en ces termes : « *On peut distinguer les hommes des animaux par la conscience, par la religion et par tout ce que l'on voudra. Eux-mêmes commencent à se distinguer des animaux dés qu'ils commencent à produire leurs moyens d'existence, pas en avant qui est la conséquence même de leur organisation corporelle. Et produisant leurs moyens d'existence, les hommes produisent indirectement leur vie matérielle elle-même.* », p. 45.
[76] Stéphane Haber, *L'aliénation. Vie sociale et expérience de la dépossession*, *op.cit.*, p. 80.

Le Marx de la maturité fera sans nul doute usage, dans la suite de sa pensée, de quelques figures argumentatives élaborées en 1845-1846 par la science de l'histoire. Ce qui signifie en termes clairs que les figures élaborées en 1844 ne disparaissent certes pas, mais leur poids ne semble plus aussi déterminant. Dans les *Grundrisse* par exemple, Marx nous semble par moment se référer au modèle d'analyse de la problématique de l'aliénation de 1844, il semble poursuivre sur la même lancée comme l'atteste ce paragraphe et tant d'autres d'ailleurs desdits textes : « *En face de l'ouvrier, la productivité de son travail devient une puissance étrangère, tout comme sa capacité de travail devient travail en général, mouvement, travail effectif. En revanche, le capital se valorise lui-même en s'appropriant le travail d'autrui. Le résultat de l'échange entre le travail et le capital, c'est que la valorisation est maintenant possible, puisque le rapport ne se réalise que dans le procès de production où le capital consomme effectivement le travail d'autrui.* »[77]

Cependant, en se référant aux analyses aussi minutieuses qu'éclairées de Tran Hai Hac et de Jacques Bidet[78], les nombreux

---

[77] Karl Marx, *Grundrisse « Chapitre du Capital »*, Paris, Editions Anthropos, 1968, p. 87.
[78] Tran Hai Hac note avec justesse : « *L'identification de l'analyse du fétichisme à celle de l'aliénation se soutient souvent de divers passages traitant de l'aliénation dans* Les Manuscrits de 1857-1858, *considérés alors comme formant le "relais" entre les* Manuscrits de 1844 *et* Le Capital », *Relire « Le Capital », Marx, une critique de l'économique politique et objet de la critique de l'économie politique*, op.cit., p. 187. Jacques Bidet dans certaines lignes de *Que faire du Capital ? Matériaux pour une refondation*, op. cit., p. 167, s'inscrit dans une telle perspective et trouve même que la critique de l'aliénation dans les *Grundrisse* est assez faible et limitée : « *On discerne aisément une première faiblesse de ce discours critique : fondé sur les catégories de la métaphysique, il présente une indétermination telle qu'il peut s'appliquer à tout mode de production dans lequel le travail d'une classe dominée produit des moyens de production appropriés par une classe dominante. Il ne saurait donc convenir spécifiquement à la théorie du mode de production capitaliste* ». Il poursuit et, à juste titre, pour montrer que la caractérisation philosophique de l'aliénation (objectivation « inobjective » du sujet dans l'objet) disparaît dans *Le Capital* au profit d'une caractérisation « socio-politique ». En effet, le travailleur trouve en face de lui, le capitaliste qui le fait travailler afin de s'approprier sa production et de continuer à le dominer : « *Le thème de l'aliénation y connaît* [dans Le Capital] *une transformation qui d'une part le coupe de ses origines philosophiques (sujet/objet est remplacé par ouvrier/conditions du travail) et d'autre part désigne de façon restreinte* [la subordination de l'ouvrier à la mécanisation du travail]. *A cet égard le thème est en ce sens banalisé : il rejoint la*

passages des *Grundrisse* qui peuvent faire penser à une totale continuité de la problématique de 1844, ne sont nullement une continuité radicale d'une telle problématique. Ils sont plutôt des passages transitoires, ils peuvent être considérés comme des analyses servant de transition. Autrement dit, Marx fait, sans aucune grande distinction, usage d'une terminologie pour conceptualiser ou penser deux choses assez différentes, deux fléaux du système capitaliste.

Il apparaît, en suivant la logique des passages récurrents des *Grundrisse*, que Marx analyse la problématique de la dépossession et de l'exploitation humaines favorisées par le développement fulgurant de la technologie qui contraint l'homme à la répétition mécanique du même geste du fait de l'autonomisation et de l'indépendance de la machine. Marx, à partir des *Grundrisse*, n'a nullement mis en place un dispositif qui puisse lui permettre de bien saisir la dépossession et l'exploitation humaines, la dernière favorisant la première, ce qui fait que le vocabulaire de l'aliénation de 1844 semble ressurgir. Dans *Le Capital* où la problématique de la dépossession et de l'exploitation sont fortement conceptualisées, un tel vocabulaire semble perdre son sens englobant et son influence : « *Lorsque dans* Le Capital, *Marx inventera une conceptualité plus adéquate à une saisie analytique de ces deux phénomènes* [dépossession et exploitation], *le macroscopique et le microscopique, qu'il discutera désormais de façon distincte, la terminologie de l'aliénation ne s'imposera plus. Sa fonction n'aura bien été, de ce point de vue, qu'heuristique et provisoire. Les schémas de pensée déjà développés en 1844 persisteront donc, mais maîtrisés, discrètement placés au service d'analyse bien plus précises, bien plus spécifiques. Surtout, ils persisteront sans avoir besoin d'être coiffés par un concept général permettant de subsumer autoritairement toutes les modalités de la dépossession, de la soumission à une force extériorisée et des effets subjectifs qu'on peut leur attribuer.* »[79]

Le Capital constitue ainsi une nette évolution par rapport aux textes antérieurs. Il est néanmoins évident que certains dispositifs élaborés en 1844 résisteront aux modifications et à l'évolution qu'il apporte, mais ils seront inscrits dans une logique scientifique très rigoureuse et

---

critique commune de l'organisation capitaliste du procès du travail, qu'il a seulement le mérite de fonder théoriquement comme effet d'un monde de production historiquement donné », p. 168.
[79] Stéphane Haber, *op.cit.*, p. 81.

ne joueront plus le rôle qui était le leur en 1844. En un mot, le concept unificateur qui les homogénéisait n'aura plus de puissance englobante. Une analyse assez serrée de quelques passages de la « Quatrième section » du premier livre du *Capital* permet d'ailleurs de mettre en évidence l'originalité que constituent les approches du *Capital*.

Dans une telle section intitulée « la production de la plus value relative », Marx commence son argumentation par l'idée selon laquelle le développement des forces productives lié à la division du travail et à la perfection technologique conduit à une certaine dégradation des conditions de travail de l'ouvrier moderne. En révolutionnant le travail, l'industrie mécanique rend inutile la puissance musculaire et permet d'employer des ouvriers sans une grande puissance musculaire. Suivant la logique argumentative de Marx, on s'aperçoit que les progrès techniques entraînent diverses sources d'exploitation parmi lesquelles l'intensification accrue du travail. Une telle intensification du travail a pour corollaire la répétition mécanique du même geste durant tout le processus du travail, l'asservissement, la pénibilité sans mesure du travail, l'utilisation dans le travail de nouvelles catégories (femmes, enfants) : le travail divisé devient simplifié ce qui favorise l'emploi de catégories supposées plus faibles : « *Quand le capital s'empara de la machine, son cri fut : du travail des femmes, du travail d'enfants ! Ce moyen puissant de diminuer les labeurs de l'homme, se changea aussitôt en moyen d'augmenter le nombre de salariés ; il courba tous les membres de la famille, sans distinction d'âge et de sexe, sous le bâton du capital. Le travail forcé pour le capital usurpa la place des jeunes de l'enfance et du travail libre pour l'entretien de la famille ; et le support économique des mœurs de famille était ce travail domestique.* »[80]

La révolution capitaliste et technologique oblige tous les membres d'une famille quelconque à devenir travailleurs, elle efface la distinction de sexe et d'âge. Elle dépossède les jeunes de tout et les prive des jeux les plus primaires, elle abêtit tout le monde[81]. En un

---

[80] Karl Marx, *Le Capital livre I*, *op.cit*, p. 286.
[81] Une telle idée est mise en évidence en ces termes dans *Le Capital* : « *Il est évident par soi-même que le travailleur n'est rien autre chose sa vie durant que force de travail [...]. Du temps pour l'éducation, pour le développement intellectuel, pour l'accomplissement de fonctions sociales, pour les relations avec parents et amis, pour le libre jeu des forces du corps et de l'esprit, même pour la célébration*

mot, la production capitaliste accompagnée d'une révolution technologique sans commune mesure conduit à l'asservissement de l'homme : « *En jetant la famille sur le marché, en distribuant ainsi sur plusieurs forces la valeur d'une seule, la machine la déprécie […]. C'est ainsi que la machine, en augmentant la matière humaine exploitable, élève en même temps le degré d'exploitation.* »[82]

Marx met en évidence l'idée que la révolution capitaliste en augmentant le nombre d'individus exploitables, augmente le niveau d'exploitation. Là où le capitaliste gagnait pour le travail d'un seul individu un surtravail équivalent à une journée, il gagne avec le travail de tous les membres d'une famille plusieurs journées de travail. Le système capitaliste perfectionné altère même le contrat[83] qui stipule que le capitaliste et l'ouvrier se présentent sur le marché en tant qu'individus libres, l'un possédant l'argent, moyens de production, l'autre ne possédant que sa force de travail. Le capitaliste, en achetant des travailleurs mineurs, foule aux pieds les principes de tout contrat et les renverse car l'ouvrier qui auparavant ne vendait que sa propre force de travail de manière libre, est obligé maintenant (dans le système capitaliste) de vendre ses enfants et sa femme : « *Le machinisme bouleverse tellement le rapport juridique entre l'acheteur et le vendeur de la force de travail, que la transaction entière perdit même l'apparence d'un contrat entre personnes libres.* »[84]

Pour résumer, l'idée fondamentale qui traverse la « Quatrième section » dans sa globalité, c'est l'idée selon laquelle les progrès techniques qui permettent à l'humain de dompter et de maîtriser la nature au lieu de permettre à toutes les composantes de la société de vivre dans l'abondance et l'harmonie, favorisent plutôt la mise en place d'un système parasitaire et nuisible qui comme un Moloch, « suce le sang des travailleurs » comme le confirment ces propos : « *Dans toute production capitaliste en tant qu'elle ne crée pas seulement des choses utiles mais encore de la plus value, les conditions du travail maîtrisent l'ouvrier, bien loin de lui être*

---

du dimanche, et cela dans le pays des sanctificateurs du dimanche, pure niaiserie », p. 200.
[82] *Ibid.*, p. 286.
[83] Marx note : « *Il y a donc ici une antinomie, droit contre droit, tous deux portent le sceau de la loi qui règle l'échange des marchandises. Entre deux droits égaux qui décide ? La Force* ». *Ibid.*, p. 180.
[84] *Ibid.*, p. 287.

soumises, mais c'est le machinisme qui le premier donne à ce renversement une réalité technique. Le moyen de travail converti en automate se dresse devant l'ouvrier pendant le procès de travail même sous forme de capital, de travail mort qui domine et pompe sa force vivante. La grande industrie mécanique achève enfin, comme nous l'avons déjà indiqué, la séparation entre le travail manuel et les puissances intellectuelles de la production qu'elle transforme en pouvoirs du capital sur le travail. L'habilité de l'ouvrier apparaît chétive devant la science prodigieuse, les énormes forces naturelles, la grandeur du travail social incorporées au système mécanique, qui constituent la puissance du Maître. Dans le cerveau de ce maître, son monopole sur les machines se confond avec l'existence des machines. »[85]

Les passages de la « Quatrième section » du livre I du *Capital* nous permettent de voir les liens qui souvent nous semblent très proches mais en même temps très éloignés du *Capital* avec les idées qui structuraient la problématique de 1844. Ainsi, la fameuse image d'un système mécanique qui domine et soumet l'activité dont il provient demeure manifeste et fondamentalement liée à la problématique de l'exploitation qui dans *Le Capital* devient la pièce maîtresse du discours critique de Marx[86]. *Le Capital* montre comment la critique

---

[85] *Ibid.*, pp. 304-305.
[86] *« Le capital est du travail mort, qui, semblable au vampire, ne s'anime qu'en suçant le travail vivant, et sa vie est d'autant plus allègre qu'il en pompe davantage »*, *op.cit*, p. 179. Marx montre que le capital doit constamment réduire la part utile du travail afin d'augmenter la part du travail créateur de valeur. Il prolonge ainsi jusqu'aux limites naturelles indépassables la journée de travail, réduit la part du travail utile et nécessaire (celle qui équivaut au prix de la force de travail) et augmente la partie de la journée durant laquelle on peut produire de la survaleur. Il y a ainsi une contradiction du capital qui peut logiquement se résumer ainsi : le capital qui veut constamment diminuer la part du travail nécessaire afin d'augmenter celle qui crée de la valeur, est dans l'obligation d'accroître socialement la qualité de travail nécessaire c'est-à-dire de faire travailler un nombre important d'ouvriers. Autrement dit, le capital veut augmenter la part de travail créateur de valeur (le surtravail) en réduisant celle du travail nécessaire alors que le surtravail ne peut exister sans le travail nécessaire : contradiction. La création de la survaleur nie le temps de travail nécessaire qui est pourtant sa condition d'existence. Expliquons un peu. La quête du temps de travail créateur de valeur, pousse le capital à objectiver, à accumuler dans l'espace beaucoup de travail nécessaire qui met une grande partie de la population au travail. Le capital souffre d'une contradiction inhérente à sa nature : il nie le travailleur dans son existence humaine en augmentant le nombre de travailleurs. Il domine ainsi, par sa faculté de se spatialiser, toute la population. La

domination de la valeur résulte de l'accumulation grandiose du travail objectivé. Ce travail qui s'objective et s'accumule finit par s'autonomiser et dominer le travail. L'aliénation que Marx essaie de mettre en relief consiste en une accumulation de travail objectivé qui s'autonomise à l'égard du travail : la puissance accumulée (le travail mort bien sûr) se détache de la force de travail (travail vivant). Dit en d'autres termes, cela signifie que le travail accumulé domine le travail vivant. Pour que le travail accumulé, mort ou objectivé puisse dominer le travail vivant, il faut réunir certaines conditions : il faut réduire le travail social à une simple force de travail. Une telle force de travail n'appartenant plus au travailleur, devient la propriété du capitaliste qui en fait usage, cela montre que le rapport entre le capitaliste et le travailleur est totalement biaisé. Le capitaliste donne au travailleur un salaire d'une certaine quantité de travail objectivé afin de pouvoir utiliser ses forces de travail ; le travail mort s'approprie le travail vivant. Cependant, ce que révèle un tel échange entre le capitaliste et le travailleur, c'est l'énorme écart entre le salaire payé par le capitaliste et ce qu'il reçoit en retour. Le travail de l'ouvrier ne possède pas pour lui une valeur d'usage mais une valeur d'échange : il échange son travail pour obtenir un salaire qui lui permet de renouveler sa force de travail : « *La non-proportionnalité des termes de l'échange peut se dire comme l'échange entre une capacité formée dans le passé (ce que paye le capital) et une puissance tournée vers l'avenir (ce qu'obtient le capital), mais on peut aussi l'exprimer comme la différence entre un produit et une productivité : ce que paye le capital, c'est la capacité de travail considérée comme le produit d'un travail passé, objectivé et accumulé en elle, mais ce qu'il acquiert et ce dont il prive le travailleur, c'est de la force de travail considérée non pas comme produit, mais comme productivité, c'est-à-dire comme une activité créatrice tournée vers l'avenir. Tandis que son travail est payé au travailleur comme un produit résultant d'un travail antérieur, ce même travailleur se trouve privé de la productivité de son travail* », Franck Fischbach « Comment le capital capture le temps ? » in Franck Fischbach (dir.), *Marx Relire Le Capital*, Paris, PUF 2009, pp. 123-124. En entrant sur le marché de l'échange, le travailleur renonce à la productivité de son travail qui revient naturellement au capital. Ainsi, l'actualisation de sa capacité de travail devient celle d'un autre et lui devient étrangère. La séparation dès l'entame de la capacité de travail des conditions objectives qui lui permettent de se concrétiser, permet en outre de séparer le travailleur de sa propre production. L'actualisation de la capacité de travail de l'ouvrier lui devient étrangère et ne lui apparaît plus comme sa propre réalisation. Le capitaliste en cédant au travailleur un travail mort, accumulé, objectivé dans le temps, obtient en retour un travail vivant. En termes clairs, le travail mort permet au capitaliste de dominer le travail vivant. Cependant, il faut souligner que certes le travail mort tel un vampire domine le travail vivant, mais il y a entre celui-ci et celui-là, une relation intime. Le travail objectivé par exemple ne peut se réaliser, ne peut redevenir effectif que grâce au travail vivant, les outils de travail n'entrent en mouvement que grâce à la puissance travail : « *C'est le travail vivant qui est consommé par le travail objectivé et mort, c'est l'espace qui consomme le temps en ce que le capital a besoin du temps pour en faire le temps de sa propre valorisation – mais il ne peut consommer le temps sans spatialiser, et donc sans le nier comme temps* », Franck Fischbach « Comment le capital capture le temps ? » in Franck Fischbach (dir.), Marx *Relire Le Capital*, *op.cit.*, p. 131.

marxienne se mue en critique de l'exploitation, exploitation qui ne se limite pas seulement à l'appropriation des produits, à l'exploitation de la femme et des enfants ; elle devient également corollaire de la souffrance et de la douleur aussi bien physiques que morales. Avec cette notion d'exploitation, Marx fait survivre d'une certaine manière la problématique de l'aliénation mais sur des bases sensiblement différentes : « *La notion d'exploitation prise en elle-même comporte dans ses harmoniques une certaine idée vague de dépossession : elle apparaît inextricablement comme une injustice, comme une domination, comme une perte, et l'auteur du* Capital *paraît implicitement supposer que c'est ce concept polythétique sans être confus qui est opératoire du point de vue de son discours. Mais Marx fait un usage, tel de ce concept, désormais installé au devant de la scène, qu'il apparaît en quelque sorte dans ses marges que l'aliénation, au sens où celle-ci représente des spécifications concrètes de la " dépossession" qu'il mentionne, est appelée à survivre.* »[87]

Pour Marx, la base fondamentale de la production capitaliste, comme il apparaît dans beaucoup de passages du *Capital*, est la production à une grande échelle de la plus-value[88] « *le taux de la plus*

---

[87] Stéphane Haber, *op.cit.*, p. 83.
[88] Traditionnellement, le marxisme affirme que la classe exploitée à savoir la classe ouvrière produit la survaleur. Cependant, on ne devrait pas se limiter à une telle affirmation qui demeure néanmoins vraie. On devrait aller au fond des choses pour montrer que la caractéristique du capitalisme, c'est la production continue de la survaleur. La production de la croissance va de pair avec la destruction inévitable (enjeux écologiques), du milieu environnant. Dans la *Troisième Section du Capital (Chapitre VII)*, Marx montre que l'objectif du capitaliste n'est nullement orienté vers la production de valeurs d'usage. Le capitaliste n'a nullement pour objectif de produire de la richesse concrète, mais d'accumuler sans limite, d'accumuler du profit, des valeurs d'échange sans se soucier des conséquences sur la nature, sur les hommes, sur le milieu naturel et environnant de l'espèce. Plus précisément, le capitaliste veut accumuler de la richesse abstraite sans arrière pensée (morale, éthique) afin de renforcer son exploitation. La logique du marché devient ainsi la logique d'exploitation et de destruction de l'espèce et de la nature. On peut apercevoir à travers cette idée un point crucial et actuel de la pensée de Marx qui est souvent reprise par les politiques qui remettent en cause la destruction de l'environnement, les écologistes, les critiques de la crise qui sévit. L'objectif du capitalisme n'est pas l'humain ni son épanouissement, le capitalisme est au fond anti-humain, son objectif c'est de produire et advienne que pourra. Ainsi, au lieu de produire un ensemble de biens utiles et nécessaires, le système capitaliste produit de la survaleur, son système est par conséquent purement technique et ne cherche qu'à

value est donc l'expression exacte du degré d'exploitation de la force de travail par le capital ou du travailleur par le capitaliste. »[89] Ce qui veut dire en substance que l'acte productif est corollaire de contraintes. Le travail est inscrit dans un système qui le détermine, ce n'est plus simplement du travail volé comme ce fut le cas en 1844, dans *Le Capital* le vol est inscrit dans le système productif et ses bases et origines sont expliquées. En effet, le machinisme permet au capitaliste de prolonger la journée de travail au-delà de la limite du travail nécessaire. Il permet ainsi de créer les conditions favorables à la production de la plus value. La machine se dresse en face de l'ouvrier et devient indépendante par rapport au travailleur dont elle tend à rendre élastique en éliminant ses capacités de résistance. Le capitaliste grâce à la révolution technologique, au perfectionnement des outils de travail et à la facilité trompeuse du travail mécanique, asservit l'ouvrier et tous les membres de sa famille : *« Dés que la loi abrège la journée de travail, la machine se transforme aussitôt entre les mains du capitaliste en moyen systématique d'extorquer à chaque moment plus de labeur. »*[90]

La grande industrie montre toutes les formes d'exploitation capitalistes, toutes les ruses que le système capitaliste utilise pour produire davantage de la plus-value (plus-value absolue, plus-value relative). La description ou l'analyse de l'exploitation qui prend en charge la problématique la dépossession telle qu'elle fonctionne dans *Le Capital* est unique et originale dans la pensée marxienne. Marx

---

réaliser des profits privés. La production de la richesse matérielle devient naturellement indépendante de la dépense de temps de travail direct. Le capital n'apparaît plus comme l'expression des forces des travailleurs ; les puissances productives du capital ne sont plus celles des ouvriers/travailleurs. Elles deviennent des forces aliénées qui rendent étrangers les produits des travailleurs. L'analyse marxienne ne se limite pas à une simple critique de l'exploitation, elle comprend la société moderne dans tous ses secteurs et remet en cause la société capitaliste et la domination des puissances impersonnelles dans une telle société. Marx montre donc la dialectique de la société capitaliste : progrès/pauvreté. En un mot, le progrès à l'ère capitaliste ne va pas de pair avec l'émancipation, ne signifie pas libération, mais domination de l'humain par des réalités objectivées, des réalités autonomisées. La conséquence qu'on peut tirer de l'analyse marxienne, conséquence logique d'ailleurs, c'est qu'elle ne rejette pas de manière radicale le progrès technologique et ne fait nullement de la production capitaliste la condition de tout progrès vers un humanisme.

[89] Karl Marx, *op.cit.*, p. 167.
[90] *Ibid.*, p. 297.

explique les causes de l'exploitation capitaliste[91]. Une telle explication fondamentale des causes de la dépossession humaine n'existe pas dans

---

[91] La relation égalité/liberté analysée dans les deux premières Sections du livre I du *Capital*, se renverse en relation d'exploitation. Marx montre que le marché, considéré comme une sphère égalitaire, est un facteur de classe, donc d'exploitation. Le marché qui fournit les différentes informations aux échangistes et qui est un facteur de médiation, constitue un facteur de classe ou d'exploitation dans lequel l'égalité est présupposée. La *Section II* montre que l'une des marchandises, la force de travail, est vendue par son propriétaire, le travailleur, contre un salaire. Ainsi, le travailleur en vendant sa force de travail aliène la valeur d'usage de la force de travail pour un temps bien déterminé, le capitaliste qui s'en accapare l'utilise pour obtenir une valeur d'échange. Le travailleur selon les lois de l'économiste bourgeois est un être libre, égal et rationnel qui peut vendre sa force de travail selon ses intérêts. La société capitaliste paraît être une société où les principes de liberté, d'égalité et de rationalité sont effectifs. Mais en l'analysant, on voit que de tels principes cachent une exploitation. En effet, la valeur de la force de travail est définie par le temps de travail nécessaire à la production de certains biens que le salaire du travailleur permet d'acquérir. Cependant, on utilise une telle force de travail au-delà du temps de travail nécessaire : on l'emploie en vue de l'exploiter.
Pour Marx, le capital rend effectif l'ordre monétaire marchand comme une réalité universelle en se montrant comme un rapport d'exploitation et d'extorsion. Autrement dit, le capital pose le marché comme une réalité universelle, mais il réalise cela par une relation de domination et d'exploitation. La relation marchande supposée égalitaire et qui présuppose un contrat égalitaire en bonne et due forme, apparaît comme rapport entre les différents contractants dans de réelles conditions dans lesquelles, le rapport d'échange égalitaire se manifeste comme un véritable rapport entre possédants et non possédants, comme un rapport de classe. Un tel rapport de classe définit les lois de l'échange, ce qui montre l'origine de l'exploitation : la force de travail rapporte plus de valeur qu'elle n'en reçoit. Les formes rationnelles de l'échange sont des formes d'exploitation. L'échange d'équivalents entre la force de travail et le salaire donne lieu à une extorsion de surtravail, fondement de l'accumulation du capital. Dans la relation d'échange, ce qui est déclaré ouvre la possibilité d'être nié et il l'est en réalité. Marx, dans le chapitre portant sur les échanges, part de l'idée selon laquelle les rapports de classes se fondent a priori sur une égalité. On se fonde sur l'idée que l'on se traite les uns les autres comme individus libres et égaux. Cependant, il montre rapidement et contre le libéralisme, que cette égalité se transforme en exploitation, inégalité et aliénation. Autrement dit, il y a un renversement de l'égalité sociale en inégalité. L'égalité est illusoire et cache bien un rapport de classe et d'exploitation. L'égalité marchande proclamée n'existe que sous la forme de la domination, de l'exploitation : le rapport de marché qui stipule l'égalité entre individus ne s'exprime comme rapport de production que dans un rapport d'exploitation ; l'égalité se mue en exploitation. Ainsi, s'incliner devant les lois du marché, revient à s'abaisser devant les idoles qu'on a créées (le veau d'or qu'on adore et qu'on déifie). Il faut noter qu'en mettant souvent en relief le facteur progressiste du capitalisme aussi bien dans des textes politiques qui ont traversé l'histoire comme *Manifeste du Parti Communiste*, que dans des textes économiques rébarbatifs et ardus comme *Le Capital*, sans le vouloir,

les textes antérieurs de Marx notamment dans les *Manuscrits de 1844*. Dans le texte multidimensionnel du *Capital*, Marx passe d'un simple constat à une élucidation des causes et des effets de la dépossession qu'il avait aperçus dans les *Manuscrits*. Dans les *Manuscrits,* Marx se limitait à une simple description des conséquences de l'aliénation du système capitaliste : perte d'autonomie de l'homme au profit des objets, rapports interhumains biaisés, travail comme désobjectivation. En un mot, dans les *Manuscrits de 1844*, l'analyse marxienne était axée sur les effets du système capitaliste sur l'humain ; la dimension éthico-anthropologique était favorisée au détriment d'une analyse des causes fondamentales qui conduisent à de tels effets.

Le Capital fournit une analyse rigoureuse et scientifique des causes de la dépossession sous le vocable d'exploitation. L'usage de certains concepts absents dans les *Manuscrits* et fortement présents dans *Le Capital* permet de justifier notre assertion selon laquelle d'une conception descriptive des effets de la dépossession, Marx passe à une étude rigoureuse de ses causes. La notion par exemple de « force de travail » permet de comprendre comment le travailleur est réduit à l'état de simple marchandise comme n'importe quelle autre marchandise. En effet, pour Marx, le travailleur est une marchandise que le possesseur d'argent trouve sur le marché et contracte avec lui de manière libre sans aucune contrainte. En ayant acheté la force de

---

Marx reprend sous certains angles le discours libéral qui stipule que la recherche de l'intérêt privé est le vecteur du progrès. Pour Marx, l'exigence du profit apparaît comme le facteur favorisant le progrès des forces productives et la capacité d'une production accrue de richesses. Cependant cette capacité va de pair avec l'existence de phénomènes dépossessifs : exploitation, aliénation, destruction, rétrécissement des capacités de l'agir de l'humain. Ainsi, la société capitaliste n'est progressiste que parce qu'elle porte les germes de sa propre perte. Marx ne s'inscrit nullement, comme le fera plus tard Weber, dans une perspective qui enjolive le capitalisme. Weber conçoit de façon fort discutable d'ailleurs le capitalisme comme une « exploitation non violente de l'homme formellement libre » (Voir *Ethique protestante et l'esprit du capitalisme*). La logique du profit capitaliste telle que décrite par Marx est à l'origine de beaucoup de maux de notre temps : insécurité, exploitation des « périphéries » par le « centre », discrimination, création inouïe des capacités de destruction de l'humain et de la nature et des solidarités interhumaines. Elle tend à la création d'un gigantesque Etat-monde, pour employer une expression bidetienne, qui aliène tout le monde et toutes les choses. On retrouve la problématique du *Manifeste du parti communiste* de « l'apprenti sorcier » incapable de maîtriser sa propre création (récession, dépression, rigueur qui conduisent à une suppression d'emplois, une diminution des salaires et de la capacité de consommation qui accentuent la crise sociale.)

travail, le capitaliste a la latitude de l'utiliser pendant une durée bien définie, ce qui fait qu'il l'utilise comme bon lui semble. L'exploitation et toutes les conséquences qui en découlent ont leur origine dans le fameux contrat qui lie l'acheteur et le vendeur de la « force de travail » comme le justifient les propos suivants : *«Le capitaliste a acheté la force de travail à sa valeur journalière. Il a donc acquis le droit de faire travailler pendant tout le jour le travailleur à son service. »*[92] En un mot, la cause de l'exploitation réside dans le contrat juridiquement légal qui lie l'ouvrier ou la force de travail au capitaliste ou l'acheteur de la force de travail. Ainsi, en achetant une telle force de travail, le capitaliste l'utilise pour produire de la plus-value, fondement de son enrichissement, et exploiter davantage l'ouvrier.

Pour résumer, on peut logiquement dire que Marx dans *Le Capital*, continue de parler de l'aliénation mais en des termes bien différents de ceux de 1844. L'aliénation, dans *Le Capital*, deviendrait toutes ces sortes de dépossession humaines effectives, réelles et souvent non nommées malgré leur effectivité. Les dispositifs conceptuels utilisés dans *Le Capital* et qui font souvent penser à ceux de 1844 tendent à disparaître petit à petit, car ils ne permettent à Marx que d'éclairer épisodiquement certains points de vue. De tels dispositifs conceptuels ne font plus référence à une certaine anthropologie éthique. Dans la « Quatrième section » dont nous avons analysé certains passages, Marx utilise un schéma qui consiste à opposer le travail mort au travail vivant au détriment du schéma de l'aliénation du travail des *Manuscrits*. On peut ainsi affirmer que même si le terme est souvent utilisé dans *Le Capital*, le terme *Entfremdung* ne suffit plus pour rendre compte de toutes les choses souvent suggérées et non désignées que Marx essaie de mettre en évidence. Ce qui nous pousse logiquement à nous poser la question de la validité des dispositifs de 1844 : Marx n'utilise t-il que de manière épisodique les dispositifs de 1844 ? La problématique du fétichisme semble apporter des réponses à cette légitime interrogation.

---

[92] *Ibid.*, p. 178.

b) En quoi consiste le « fétichisme de la marchandise » dans le livre I du Capital ?

« La thématique du fétichisme de la marchandise n'est donc pas une simple poursuite de la thématique de l'aliénation mais entend rendre compte de la dialectique particulière des formes sociales dans le mode de production capitaliste. »[93]

Il faut d'emblée souligner que la pensée de l'exploitation[94] prenant en charge la problématique de la dépossession humaine, une telle pensée sans nul doute cœur du livre I du *Capital*, ne supprime pas pour autant de manière radicale la pensée de l'aliénation esquissée ou élaborée en 1844 dans *Les Manuscrits parisiens*. Une telle pensée se poursuit ou survit de manière nette dans les analyses épisodiques du *Capital*. Cependant, en regardant au fond les dispositifs conceptuels du *Capital*, on peut logiquement nous demander s'ils prennent totalement en charge la problématique de 1844. Marx cherche dans *Le Capital* à organiser la pensée de la dépossession. Il nous semble que la problématique du « fétichisme de la marchandise » s'inscrit dans la logique d'organisation de la pensée de la dépossession, même s'il faut

---

[93] Antoine Artous, *op.cit.*, p. 72.
[94] Pour Lyotard, ce qui traverse *Le Capital*, c'est l'Idée de tort, l'Idée d'un sentiment qui ne saurait être attesté de façon objective : c'est « l'Idée » d'un sentiment, d'un « différend » qui ne saurait être prouvé : *« Marx essaie de trouver l'idiome que réclame la souffrance due au capital. Dans la souffrance et la lutte de la classe, qui est un référent pour des phrases cognitives, il croit entendre la demande du prolétariat, qui est l'objet d'une Idée, un idéal de la raison, l'humanité travailleuse émancipée »*, Jean François Lyotard, *Le différend*, Paris, Editions de Minuit, 1983, p. 247. Pour Lyotard par exemple on ne saurait dire que le concept de force de travail a un référent matériel. La force n'est pas une réalité. Elle n'a pas un référent empirique, elle possède même un caractère irréel. En un mot, l'exploitation qui n'est rien d'autre que l'extorsion de la survaleur ne saurait avoir un référent concret, elle ne saurait être dite, il y a exploitation certes, mais elle ne saurait être montrée par la logique de la science, on ne saurait fournir la preuve réelle de son existence, car on ne saurait la matérialiser par une référence. Cette lecture de Lyotard repose à notre avis sur une totale méconnaissance du texte de Marx ou du moins sur une omission volontaire, car Marx montre que l'exploitation est attestable de façon empirique : l'exploitation se donne sous l'ordre de l'empirique (les souffrances physiques et morales, les mauvaises conditions d'existence de vie des travailleurs suffisent à elles seules pour attester de l'objectivité de l'exploitation). Le procès que Lyotard fait à Marx, est un mauvais procès.

souligner rapidement que cette problématique n'épuise pas pour autant toutes les analyses aussi riches que diverses du *Capital*.

Beaucoup d'interprètes de la pensée marxienne voient dans les analyses esquissées du "fétichisme de la marchandise" la continuité de la problématique de l'aliénation de 1844, la réactualisation sous une nouvelle forme de la dite problématique[95]. L'allusion que Marx fait

---

[95] Une telle interprétation tendrait à voir dans les *Manuscrits* la pensée aboutie de Marx, le *Capital* ne serait qu'une manière de réchauffer ce que disaient les analyses de 1844. On peut citer entre autres défenseurs d'une telle lecture de Marx, des auteurs catholiques comme R.P. Pierre Bigo, *Marxisme et humanisme. Introduction à l'œuvre économique de Karl Marx*, Paris, PUF, 1961, qui voit dans les *Manuscrits* « la clé de l'économie politique marxiste » comme il le souligne dans les propos suivants : « *A ce moment décisif dit-il* [dés les Manuscrits de 1844], *Marx a à peu près achevé son évolution philosophique. Il est significatif que son économie politique soit sortie d'une telle évolution. Cela montre en effet, qu'en se plaçant désormais sur le plan économique, Marx n'abandonne pas la philosophie. Loin de là, il prétend au contraire en réaliser l'idée »*, p. 26. On pourrait demander à Bigo comment trouver la clé de l'œuvre de Marx alors que des notions fondamentales comme la théorie de la valeur travail, de la plus-value ne sont pas encore exposées par Marx ? Il est vrai que, dans les *Manuscrits,* Marx veut remettre en cause l'économie politique, mais entre le contenu et le mobile de la critique, il y a une nette différence, la clé de la pensée marxienne ne réside nullement là car les conflits entre forces productives et rapports de production ne sont pas mis en relief. Henri Bartoli tout comme Bigo accentue sa pensée sur la dimension humaniste de la pensée de Marx : « *Le matérialisme marxien est un humanisme intégral, une réhabilitation de la chair* […], *une affirmation de la personne. C'est devant l'homme global que Marx nous campe. Jamais sa doctrine ne prend figure de plat naturalisme, toujours elle témoigne du souci de l'existence spirituelle de l'homme autant que de sa vie matérielle »*, *La doctrine économique et sociale de Karl Marx*, Paris, Editions du Seuil, 1950, p. 244. Maximilien Rubel, dans une moindre mesure, essaie de montrer qu'il ne faudrait pas considérer les *Manuscrits de 1844* comme une pure œuvre de jeunesse dépassée par le Marx du *Capital*. Car à l'en croire, l'idée du « fétichisme de la marchandise » qui est fondamentale dans *Le Capital,* est présente dès les *Manuscrits de 1844*. Marx montre que dans la forme valeur se cache le système économique du capital, une telle découverte avait d'abord un caractère éthique, elle est une critique des doctrines économiques construites par les apologistes du système capitaliste : « *Le Capital est une œuvre scientifique au même titre qu'un message éthique. C'est un livre enfanté par la misère même qu'il analyse, et il est né de la passion révolutionnaire qu'il voudrait susciter »*, *Karl Marx. Essai de bibliographie intellectuelle*, Paris, Marie Rivière et Cie, 1957, p.344. Kostas Axelos affirme avec ferveur ce qui suit : « *Le manuscrit parisien de 1844 contient le centre de la pensée marxienne, son noyau philosophique et le germe de son élaboration scientifique et technique, et c'est ce centre rayonnant qui devient ensuite doctrine consolidée »*, *Marx penseur de la technique (de l'aliénation à la conquête du monde)*, Paris, Edition de Minuit, 1961, p. 48. Lukács aussi s'inscrit

dans cette perspective en considérant les *Manuscrits* comme la base fondamentale de la pensée de Marx dont les œuvres dites de la maturité ne feront que raffermir, il affirme sans ambages : « *Nous voyons que les traits de caractères intellectuels qui joueront plus tard un rôle essentiel chez Marx sont déjà fortement affirmés dans sa prime jeunesse : il montre d'emblée un formidable besoin d'assimiler les trésors de la science de son temps, tout en faisant preuve à chaque fois d'un incomparable mordant critique face au matériau rencontré* », *Le jeune Marx et son évolution philosophique de 1840 à 1844*, Paris, Editions de la Passion, 2002, p. 23. Jean Yves Calvez affirmera que les catégories philosophiques d'aliénation de Hegel que Marx reprenait dans sa jeunesse formeront l'armature du *Capital* (or on sait nettement que les catégories de Hegel reprises par Marx sont remises en cause, transformées en catégories socio-économiques dés les *Manuscrits*), *La pensée de Karl Marx*, Paris, Editions du Seuil, [1965], 1970. Le concept de fétichisme sert à ceux qui interprètent *Le Capital* à partir de l'anthropologie des *Manuscrits de 1844,* de point d'ancrage. Le fétichisme ne serait qu'une réactualisation de la problématique de 1844, il est le nom que prend l'aliénation dans *Le Capital*, il symbolise la continuation de la thématique de 1844. Pour Rancière, les défenseurs d'une telle interprétation limitée croient que « *le fétichisme serait donc un processus anthropologique analogue à celui de l'aliénation* », Jacques Rancière, « Le concept de critique et la critique de l'économie politique des "*Manuscrits de 1844*" au "*Capital*" » in Althusser et *alii*, *Lire Le Capital*, Paris, PUF, 1996, p. 171. Cependant, une telle approche oublie de se poser la question suivante : en quoi consiste le fétichisme ? Pour Marx, dans le fétichisme, les rapports interhumains deviennent des rapports entre simples objets. Pour parler de manière simpliste et réductrice, on peut dire que dans le fétichisme, l'action humaine est déterminée par les objets et les relations entre les hommes transitent par les rapports entre les objets. Pour comprendre le fétichisme dans le livre I du *Capital*, il faut nécessairement comprendre les formes du procès de production capitaliste. En effet, dans le procès de production capitaliste, l'essence qui détermine le véritable mouvement n'apparaît pas, elle est dissimulée par les formes phénoménales. C'est cette dissimulation qui constitue le fétichisme qui n'est rien d'autre que l'élaboration des formes phénoménales du procès de production capitaliste, une telle élaboration se reflète même dans la pensée des agents de la production. En plus de cela, il y a une articulation très différente entre la problématique de 1844 et celle du *Capital*. Dans les *Manuscrits,* tout tournait autour du couple sujet/objet, autour de la personne et de la chose alors que dans *Le Capital,* le sujet et l'objet ne sont que des supports des rapports de production, d'où la différence non moins importante entre les deux œuvres comme le souligne encore Rancière : « *Dans les* Manuscrits*, le couple central était le couple sujet/objet (ou personne/chose). Les rapports définissant la réalité économique se tenaient dans la sphère déterminée par le couple sujet/objet : action du sujet sur l'objet, renversement du rapport sujet/objet, reconnaissance du sujet dans l'objet. Dans* Le Capital*, c'est la position d'excentricité des rapports de production qui détermine la place du sujet et de l'objet. Le couple sujet/objet n'est plus la matrice déterminant la constitution du champ de la réalité économique. Le sujet n'est que le support des rapports de production constitutifs de l'objectivité économique* », Jacques Rancière, « Le concept de critique et la critique de

d'ailleurs aux aliénations religieuses[96], les controversées métaphores religieuses, évoquent bien selon certains interprètes qui s'inscrivent

---

l'économie politique des *"Manuscrits de 1844"* au *"Capital"* » in Louis Althusser et *alii, Lire Le Capital, op.cit.*, p. 154.

[96] Parmi les quelques analogies entre le monde religieux et le monde marchand qui dans *Le Capital* peuvent favoriser une lecture continuiste de Marx, on peut citer celles qui suivent : « *Pour trouver une analogie à ce phénomène* [fétichisme], *il faut la chercher dans la région nuageuse du monde religieux. Là les produits du cerveau humain ont l'aspect d'êtres indépendants, doués de corps particuliers, en communication avec les hommes et entre eux. Il en est de même des produits de la main de l'homme dans le monde marchand.* », p. 69. « *Le monde religieux n'est que le reflet du monde réel* », p. 74. « *En général, le reflet religieux du monde réel ne pourra disparaître que lorsque les conditions du travail et de la vie pratique présenteront à l'homme des rapports transparents et rationnels avec ses semblables et avec la nature. La vie sociale, dont la production matérielle et les rapports qu'elle implique forment la base, ne sera dégagée du nuage mystique qui en voile l'aspect, que le jour où s'y manifestera l'œuvre d'hommes libres associés, agissant consciemment et maîtres de leur propre mouvement social* », pp. 74-75. « *Ainsi que dans le monde religieux, l'homme est dominé par l'œuvre de son cerveau, il l'est dans le monde capitaliste, par l'œuvre de sa main* », p. 448. De telles métaphores peuvent rappeler celles suivantes des *Manuscrits* : « *Plus le travailleur se dépense dans son travail, et d'autant plus puissant devient le monde étranger, objectif qu'il engendre en face de lui, et d'autant plus pauvre il devient lui-même, d'autant plus pauvre son monde intérieur, et d'autant moins a-t-il de choses en propre. Il en va de même dans la religion. Plus l'homme met de choses en Dieu, et moins il en conserve en lui-même. Le travailleur place sa vie dans l'objet, mais ce n'est plus à lui qu'elle appartient, c'est au contraire à l'objet* », M44 : M1XXII ; ES57-58 ; Vrin118 ; MEW512- MEGA^2 365, « *L'aliénation religieuse en tant que telle n'apparaît que sur le terrain de la conscience, de l'intériorité humaine, tandis que l'aliénation économique est celle de la vie réelle, aussi sa suppression englobe-t-elle les deux côtés* », M44 : M3V ; ES88 ; Vrin 146 ; MEW537- MEGA^2 390. Il est vrai de telles métaphores se ressemblent et révèlent sous certains angles la dimension de l'aliénation objective. Cependant, à bien lire les textes de Marx, on note une nette différence dans l'analyse des problématiques et des solutions apportées à la dépossession humaine. Dans les *Manuscrits* de 1844, la fin de la dépossession signifie la restauration de l'essence générique de l'homme qui symbolise la suppression de l'aliénation économique et de toutes les autres aliénations qu'elle englobe (notamment celle religieuse) alors que dans le texte éclaté du *Capital,* la fin de la dépossession signifie plutôt la rationalisation de la production, le contrôle par les agents de production de la force collective, la maîtrise des moyens de production. Ainsi, les métaphores peuvent se ressembler mais les contenus sont différents, les métaphores religieuses dans *Le Capital* ne sont là la plupart du temps que pour l'harmonie du texte alors que dans les *Manuscrits* où l'influence feuerbachienne faisait de temps en temps irruption, elles jouent un rôle assez important. Ce qui veut dire en résumé que s'appuyer sur de telles métaphores pour étayer une lecture continuiste de Marx relève d'une confusion. La comparaison que Marx établit entre

dans une logique continuiste de la pensée de Marx, celles de 1844. Ainsi, d'un certain point de vue, le « fétichisme de la marchandise » met en évidence l'impuissance des humains devant leurs propres produits, ce que l'aliénation objective des *Manuscrits de 1844* mettait en relief en ces termes : « *L'objet que le travail produit vient lui faire face comme un être étranger, comme une puissance indépendante du producteur. Le produit du travail est le travail qui s'est fixé dans un objet, qui s'est fait chose ; ce produit est l'objectivation du travail. La réalisation du travail est son objectivation. Cette réalisation du travail apparaît, dans la situation de l'économie nationale, comme déréalisation du travailleur, l'objectivation* [apparaît] *comme perte de l'objet et asservissement à l'objet, l'appropriation* [apparaît] *comme aliénation* [Entäusserung nous traduisons] *comme perte de l'expression.* »[97]

Si on se limite à la phénoménalité des analyses, à la ressemblance de certaines formules, on peut être tenté d'affirmer que les problématiques sont les mêmes, les analyses totalement identiques. Cependant, si on ne se limite pas aux simples métaphores allusives, suggestives, pour aller au-delà de la simple ressemblance et génialité des formules, on peut logiquement apercevoir entre les deux problématiques, celle du fétichisme des années 1860 et celle de l'aliénation de 1844, des dissemblances fécondes de sens car *« le fétichisme n'est pas l'autre nom de l'aliénation, il n'est pas un processus anthropologique. »*[98]

Pour bien saisir l'essence du fétichisme chez Marx, il est nécessaire de bien comprendre la forme phénoménale de la marchandise et les sujets, c'est à dire les humains qui sont insérés dans les rapports sociaux et qui produisent en même temps la marchandise : il faut en un mot comprendre aussi bien la marchandise que les sujets. Le fétichisme de la forme valeur n'est rien d'autre que le reflet sur les hommes du caractère social de leurs produits sous forme d'un caractère appartenant aux produits ou d'un caractère social inhérent aux produits. Le fétichisme, c'est l'idée selon laquelle les rapports

---

la religion et le fétichisme dans *Le Capital* est simplement analogique. Pour la religion, il s'agit des produits du cerveau de l'homme, alors que pour la marchandise, il s'agit des produits de la main de l'homme : leur matérialité est très différente.

[97] Karl Marx, M44 : M1 XXII ; ES 57 ; Vrin118 ; MEW512- MEGA^2 365
[98] Tran Hai Hac, *op.cit*, p. 187.

sociaux que les hommes entretiennent sont mus par des choses externes, l'idée selon laquelle le mouvement social est dicté par les produits : « *En général, des objets d'utilité ne deviennent des marchandises que parce qu'ils sont les produits de travaux privés, exécutés indépendamment les uns des autres. L'ensemble de ces travaux privés forme le travail social. Comme les producteurs n'entrent socialement en contact que par l'échange de leurs produits, ce n'est que dans les limites de cet échange que s'affirment d'abord les caractères sociaux de leurs travaux privés. Ou bien les travaux privés ne se manifestent en réalité comme divisions du travail social que par les rapports que l'échange établit entre les produits du travail et indirectement entre les producteurs. Il en résulte que pour ces derniers les rapports de leurs travaux privés apparaissent ce qu'ils sont, c'est-à-dire non des rapports sociaux immédiats des personnes dans leurs travaux même, mais bien plutôt des rapports sociaux entre choses.* »[99]

En comprenant bien le « fétichisme de la marchandise »[100], point d'ancrage de diverses interprétations et mésinterprétations de la pensée marxienne, on peut mettre en relief la différence qui existe entre la problématique du fétichisme dans les quelques passages du *Capital* et celle de l'aliénation telle qu'elle fut structurée en 1844. En effet, en analysant bien la problématique du fétichisme, on s'aperçoit de réalités qui, articulées, permettent de bien saisir l'originalité du

---

[99] Karl Marx, *Le Capital*, op.cit., pp. 69-70.
[100] Dans le fétichisme, toutes les valeurs sont considérées sous l'angle de l'échange. La société se mue en un grand marché où seules peuvent s'échanger des marchandises ayant une valeur d'échange répondant aux normes des lois de l'instance commerciale. Les individus ne contrôlent plus ni leur mouvement ni le marché de l'échange. La société marchande de manière générale domine les hommes qui y vivent et qui y produisent. Les rapports interhumains acquièrent une figure fantasmatique et fantomatique ; le rapport humain devient un rapport entre objets (capital, valeur, argent) et le rapport entre objets devient un rapport humain (« madame la terre », « monsieur le capital »). Le fétiche (l'argent), cette « putain universelle » domine tout d'où la disparition de toute transparence et de toute rationalité. Cependant, il faut s'empresser d'ajouter que cette conception marxienne de l'aliénation n'est pas purement éthique comme le soutient une certaine lecture humaniste et comme Althusser est tenté de le croire en faisant une confusion assez nette entre la conception marxiste de l'aliénation et celle anthropologico-humaniste. La conception marxienne de l'aliénation a une dimension politique, elle met en évidence la réalité de la lutte des classes. Les travailleurs ne peuvent mettre fin à l'aliénation et à l'exploitation capitalistes que par la lutte.

fétichisme : il s'agit des rapports sociaux de production, des marchandises, des sujets qui apparemment n'étaient pas présents de manière bien articulée en 1844 ou ne structuraient pas la problématique de l'aliénation de 1844. Il ne peut y avoir de fétichisme sans un homme inséré dans des rapports de production, sans un homme pris dans les mécanismes de la production capitaliste. Ainsi, les rapports sociaux ne peuvent devenir des propriétés naturelles des marchandises que pour et par l'homme considéré comme sujet économique. Le fait que les rapports sociaux apparaissent comme propriétés naturelles des objets est lié de manière concomitante au fait que les hommes eux-mêmes perdent leur puissance d'agir : *« Dans les* Manuscrits *de 1843-1844, l'analyse des rapports économiques est structurée par le couple sujet-objet ; dans* Le Capital, *l'analyse est structurée par le concept de rapports de production qui détermine, d'une part, une fonction d'objet, et d'autre part, une fonction de sujet. Dans les* Manuscrits *de 1843-1844, c'est le sujet qui est moteur, principe de constitution des objets ; dans* Le Capital, *ce sont les rapports sociaux de production – les sujets de même que les objets n'étant ici que supports de ces rapports. »*[101]

Le fétichisme ne fonde pas de manière anthropologique les catégories économiques comme le font les *Manuscrits de 1844* : les rapports économiques, comme nous le montre la problématique du fétichisme, ne sont pas seulement des rapports intersubjectifs qui relèvent d'une confusion pure et simple entre les rapports sociaux de production et les sujets économiques. En effet, considérer les rapports sociaux comme des rapports purement intersubjectifs, reviendrait à ne pas faire la différence qui existe entre l'analyse du fétichisme et celle de l'aliénation et à les confondre tout simplement. Autrement dit, cela reviendrait à croire que la problématique sujet/objet des *Manuscrits de 1844* est caractéristique du fétichisme et le fonde. D'où les conclusions suivantes : considérer le fétichisme comme un renouvellement de la dialectique sujet/objet des *Manuscrits 1844* conduirait à parler de réification de personnes là où Marx parle de réification de rapports sociaux de production et à se focaliser sur les objets en oubliant que les rapports sociaux sont des rapports interhumains. De telles confusions feraient disparaître les rapports sociaux et les objets économiques : *« Toute confusion entre rapport*

---

[101] Tran Hai Hac, *op.cit*, p. 176.

social et individu tend à faire glisser l'analyse du fétichisme vers la théorie de l'aliénation. »[102]

La problématique de l'aliénation de 1844 s'inscrit dans un humanisme philosophico-anthropologique où l'homme est à la fois considéré comme être générique et comme être naturel. Marx à la suite de Feuerbach montre que l'homme est un être naturel c'est-à-dire que l'homme s'objective dans la nature dont il dépend et dont leur relation est dialectique. L'homme est un être générique signifie qu'il est le genre des autres êtres naturels, qu'il est un être universel, un être conscient qui en prenant conscience de toute la nature, prend conscience de lui-même : « *Le rapport immédiat, naturel et nécessaire de l'être humain avec l'être humain est le rapport de l'homme avec la femme. Dans ce rapport générique naturel, le rapport de l'être humain avec la nature est immédiatement son rapport avec l'être humain, de même que le rapport avec l'être humain est immédiatement son rapport avec la nature, sa détermination naturelle propre. Dans ce rapport apparaît ainsi de façon sensible, réduite à un fait intuitionable, la mesure selon laquelle l'essence humaine est devenue la nature pour l'être humain, ou bien la mesure selon laquelle la nature est devenue l'essence humaine de l'être humain.* »[103]

En concevant l'homme comme être générique/naturel, Marx montre la relation dialectique entre l'homme et la nature : le rapport que l'homme entretient avec la nature est un rapport que l'homme entretient avec l'homme, avec l'autre homme. Le rapport de l'homme avec l'homme est aussi un rapport de l'homme avec la nature. Cependant, il faut s'empresser de souligner que cette double relation dialectique homme/nature n'est pas l'équivalent du rapport social de production tel que conçu dans *Le Capital* : « *L'interprétation philosophante et inflationniste qui voit dans la problématique du fétichisme une simple application du thème de l'aliénation n'est pas* [du tout] *tenable.* »[104]

Marx met certes en évidence l'unité solide du social et de la nature dans les *Manuscrits de1844*, mais une telle unité n'est nullement une

---

[102] *Ibid.*, p. 181.
[103] Karl Marx, M44 : M3 IV ; ES 86, Vrin 145; MEW535; MEGA^2 388.
[104] Stéphane Haber, *op.cit.*, p. 88.

anticipation de l'analyse du *Capital* où Marx étudie l'unité du rapport capitalise de production et des forces productives contenue dans le rapport social de production, une telle unité ne relève pas comme celle qui existe dans les *Manuscrits de 1844* de l'essence générique de l'homme, mais de l'étude du capital entendu comme rapport social de production s'objectivant dans les forces productives. Dans *Le Capital*, Marx parle non de l'homme, mais de la période sociale économiquement déterminée. Ce qui est d'une manière ou d'une autre une critique de l'anthropologie des catégories économiques de 1844 qui posaient une nette identité de l'individu et du social. Les *Grundrisse* remettaient déjà en cause la constitution de la société à partir des individus en affirmant que la société, loin d'être un assemblage d'individus, est plutôt un ensemble de rapports qui déterminent les individus. L'individu n'est pas défini par une essence humaine abstraite mais par des rapports sociaux de production qui déterminent une telle essence[105] : « *La société ne se compose pas d'individus ; elle exprime la somme des rapports et des conditions dans lesquels se trouvent ces individus les uns vis-à-vis des autres.* »[106]

Dans *Le Capital*, les rapports sociaux de production désignent des rapports de classes, les sujets économiques ne sont que les supports de tels rapports. Il n'y a pas de confusion entre le rapport social et le rapport humain comme ce fut le cas dans les *Manuscrits de 1844*. D'ailleurs, il faut rappeler que dés *L'Idéologie allemande*[107], Marx subordonnait déjà les individus à des classes sociales. Cependant, il faut noter que l'élaboration du concept de rapport social de production n'est pas définitive dans *L'Idéologie allemande*, elle s'enrichit au fur et à mesure que Marx progresse dans sa pensée. Le concept de rapport social de production apparaît dans *L'Idéologie allemande* pour désigner la manière dont les hommes échangent entre eux. Une elle

---

[105] « *L'essence de l'homme n'est pas une abstraction inhérente à l'individu isolé. Dans sa réalité, elle est l'ensemble des rapports sociaux* », Karl MARX, « Les thèses de Marx sur Feuerbach » *in* Karl Marx et Friedrich Engels, *L'Idéologie allemande, op.cit.*, p. 33.

[106] Karl Marx, *Grundrisse* « Chapitre du Capital », *op.cit.*, p. 38.

[107] Marx et Engels notent dans *L'Idéologie allemande* ce qui suit : « *La classe qui dispose des moyens de la production matérielle dispose, du même coup, des moyens de la production intellectuelle, si bien que, l'un dans l'autre, les pensées de ceux à qui sont refusés les moyens de production intellectuelle sont soumises du même coup à cette classe dominante.* », p. 75.

conception du rapport social rompt du coup avec la conception intersubjective des *Manuscrits de 1844*. Dans *L'Idéologie allemande*, l'aliénation est considérée comme une illusion philosophique et son explication se trouve dans la division du travail qui s'explique par celle de la société de classes.

Dans le mode de production capitaliste, les rapports sociaux apparaissent comme des propriétés naturelles des produits. La forme monnaie de la valeur dissimule les rapports sociaux. Les objets déguisent les rapports sociaux. C'est ce qui fait d'ailleurs que les individus se retrouvent victimes d'un rapport entre objets qui se présente comme un rapport social : le rapport social qui ne peut se présenter que sous la forme d'un rapport entre objets est ainsi dissimulé par ce second rapport. En effet, étant donné que dans la production capitaliste, les rapports sociaux acquièrent une forme subjective, les objets deviennent conséquemment les supports des rapports sociaux de production. Une telle détermination confère aux objets une détermination sociale différente de leur forme naturelle : « *Mais la forme valeur et le rapport de valeur des produits du travail n'ont absolument rien à faire avec leur nature physique. C'est seulement un rapport social déterminé des hommes entre eux qui revêt ici pour eux la forme fantastique d'un rapport des choses entre elles.* »[108]

Pour Marx, la spécificité du mode de production capitaliste ne réside pas dans le fait que les rapports sociaux transitent par des objets. Les rapports sociaux mettent toujours en relief les hommes, agents de la production, et les conditions matérielles de production. De tels rapports ne sauraient être réduits à des rapports entre les hommes uniquement, car ils prennent en charge aussi bien les hommes que les choses. Comprendre les rapports sociaux comme des rapports uniquement interhumains conduirait à une conception anthropologique comme ce fut le cas dans les *Manuscrits de 1844*, ce qui n'est pas le cas dans la problématique du fétichisme dans *Le Capital*. La forme valeur du produit signifie que la valeur exprime aussi bien un rapport social bien déterminé, non une propriété naturelle du produit, qu'un rapport social considéré comme une propriété naturelle du produit du travail. L'objectivation du rapport social sous forme de valeur du produit du travail transforme l'objet en

---

[108] Karl Marx, *Le Capital livre I, op. cit.*, p. 69.

objet social : ainsi naît le fétichisme qui trompe les spécialistes de l'économie politique qui ne peuvent comprendre le caractère de duplicité de l'objet, son caractère social et son caractère naturel. Marx dans son analyse du fétichisme permet de relever la différence entre la notion anthropologique d'objet dans les *Manuscrits de 1844*, dans les textes de jeunesse, de celle d'objet en tant que marchandise dans *Le Capital*. Dans *Le Capital*, l'objectivation de l'objet concerne non pas le travail mais son caractère social, l'objet est considéré en tant que manifestation du mode de production social. Or dans les *Manuscrits de 1844*, l'objet produit est l'objectivation de l'être générique, car le travail est considéré en tant qu'activité générique, manifestation de l'être générique de l'homme. L'objet est considéré comme l'activité qui manifeste son essence : « *L'abandon de la conception anthropologique de l'objet s'explique par la rupture de Marx avec l'idéalisme du travail qui, dans les* Manuscrits de 1844*, lui faisait célébrer "l'union théorique de Smith et de Hegel", le premier pour avoir réduit toute richesse au seul travail humain, et le second pour avoir conçu le travail comme essence de l'homme. Dans* Le Capital*, l'analyse de la marchandise se dédouble en objet de valeur et objet d'usage, et ni l'un, ni l'autre n'est réductible au travail humain […]. Par là même, Marx invalide la conception idéaliste du travail comme pure création, introduisant toute interprétation de sa théorie comme philosophie du travail. Le matérialisme de Marx dans* Le Capital *consiste à établir les conditions matérielles de tout procès de travail et leurs formes sociales ; en d'autres termes, à déterminer les rapports sociaux de production et les forces productives qui les matérialisent, et dont l'unité structure toute économie.* »[109]

La problématique du fétichisme n'est nullement l'autre nom de la problématique de l'aliénation de 1844. Elle montre que les qualités de la marchandise ne sont pas inhérentes à sa nature. Autrement dit, pour que le produit puisse être transformé en marchandise, il faut qu'on établisse un ensemble de rapports : les agents de la production doivent avoir une fausse représentation de la marchandise, doivent lui attribuer des qualités qu'elle ne détient pas de façon naturelle ce que facilite d'ailleurs les lois du marché. En un mot, les marchandises ont les qualités que les hommes leur confèrent, de tels hommes soumis aux lois marchandes de la production finissent par oublier que ce sont eux-

---

[109] Tran Hai Hac, *op.cit.*, p. 76.

mêmes qui créent les qualités des marchandises. Le fétichisme de la marchandise ne désigne rien d'autre que l'oubli par les agents sociaux des qualités prêtées aux marchandises. Ainsi, certes cette problématique du fétichisme introduit celle de la dépossession d'une certaine manière, mais telle qu'elle est exposée, loin de renvoyer à la problématique de l'aliénation de 1844, introduit plutôt la thématique de l'idéologie[110] : « *Marx s'engage maintenant* [dans Le Capital] *dans*

---

[110] Certains auteurs s'inscrivent dans une telle perspective de lecture. Isabelle Garo par exemple montre que l'insertion de la fonction idéologique dans la formation économique et sociale permet à Marx de comprendre la fausseté de la vision capitaliste de la société, une telle vision étant la condition nécessaire à la propre reproduction du système capitaliste. A l'en croire, avec le fétichisme, Marx fait la distinction entre l'analyse des apparences du mode de production capitaliste et l'analyse d'une fonction idéologique, le fétichisme élargit par conséquent la notion d'idéologie : « *L'analyse de la circulation des marchandises va permettre à Marx d'approfondir ce que l'analyse de la seule circulation des idées ne permet pas d'apercevoir – la formation d'apparences qui naissent au cœur même du mode de production et de circulation des marchandises avant même de se manifester comme représentations mentales immédiates et a fortiori comme thèses théoriques élaborées.* » *L'Idéologie ou la pensée embarquée*, Paris, La Fabrique, 2009, p.124. Stéphane Haber dans son ouvrage, *L'aliénation. Vie sociale et expérience de la dépossession*, fait l'histoire du concept d'aliénation et de son origine. Haber explique que l'aliénation ne remonte pas seulement à Hegel mais à Hölderlin qui montre que les affects qui expriment la solitude et la déraison dominent l'humain, le monde devient étranger à l'homme de même que l'homme devient étranger au monde : « *En fait, il semble tout aussi judicieux de croire que ce que fait le jeune Marx, c'est récapituler et unifier les deux stratégies (d'ailleurs non incompatibles) par lesquelles s'était exprimé jusque-là le paradigme de l'aliénation : l'aliénation comme séparation/souffrance vécue (Hölderlin, le jeune Hegel) et l'aliénation comme projection/appauvrissement de soi (le Hegel de la maturité, Feuerbach)* », p.57. Montrant les avatars du concept d'aliénation à travers les époques, Haber note ce qui suit : « *L'analyse du fétichisme paraît d'abord fournir un point d'ancrage pour une reprise non réductionniste de la théorie de l'idéologie. La philosophie classique de l'aliénation n'était d'aucune utilité dans ce domaine* », p. 86. Jacques Bidet dans certains chapitres de *Que faire du Capital ? Matériaux pour une refondation, op.cit.,* notamment dans les divers chapitres VIII et IX suivants, intitulés « *La théorisation de l'idéologique dans " Le Capital "* » et «*La théorie de la forme valeur* » va plus loin en considérant que le projet théorique de 1845 se poursuit dans la thématique du fétichisme, même si le terme idéologie n'est pas utilisé, la thématique se poursuit. Marx étudie les formes idéologiques qui caractérisent le mode de production capitaliste, le fétichisme serait le paradigme de l'idéologique dans *Le Capital*. Cependant, il faut noter que pour Bidet, Marx établit certes une théorie de l'idéologie, c'est-à-dire les liens nécessaires entre les structures sociales et leurs formes de représentation, mais c'est au livre 3 que la problématique de l'idéologie est rigoureusement théorisée par opposition aux livres 1 et 2 où la théorie de l'idéologie apparaissait de manière accidentelle sous la forme d'une non

une investigation des différents processus matériels générateurs d'illusion, de même qu'il entreprend l'étude des différents types d'illusion qui en dérivent. »[111]

En effet, il faut rappeler que la problématique de 1844 ne mettait nullement en relief les liens qui pouvaient exister entre les représentations et les rapports réels existants : dans une telle problématique, l'homme est aliéné par ce que son objectivation est manquée. On s'aperçoit que la thématique du fétichisme introduit une différence d'approche : elle met en évidence les liens qui existent entre les agents de la production et leurs représentations. Pour Marx, la forme sujet se crée dans la réalité, le sujet économique appréhende le mouvement phénoménal de la valeur (échange des marchandises) à travers lequel le mouvement interne (la reproduction des rapports capitalistes) se réalise. Ainsi, ce mouvement interne ou réel à travers l'apparence phénoménale est intériorisé par le sujet économique : le sujet et ses actes participent au mouvement de la réalité. Le sujet qui par sa subjectivité et ses actes participe au mouvement de la réalité

---

correspondance entre les représentations que les agents de la production se font et les structures sociales : « *Au livre 3, au contraire,* dit-il, *l'idéologie semble avoir sa place propre, au sens où elle trouve le lieu de sa théorisation : non seulement de sa description ou de sa critique, mais de la théorie qui rend compte de ses formes* », p.172. Pour Emmanuel Renault, *Le Capital* ne « *relève plus du modèle de la critique de l'idéologie mais de celui d'une théorie de l'idéologie* », *Marx et l'idée de critique*, Paris, PUF, 1995, p. 93. Autrement dit, on ne saurait avoir dans ledit texte une vision réductrice de l'idéologie. Marx y élabore rigoureusement, au-delà de la simple critique, une théorie de l'idéologie. La théorie de l'idéologie reposerait ainsi sur le « fétichisme de la marchandise » et sur « l'inversion des phénomènes ». La théorie de l'inversion exposée au livre 3 du *Capital* enrichit ou améliore la théorie du « fétichisme de la marchandise ». Pour Marx, la non transparence du mode de production capitaliste et le fait que les différents agents de la production considèrent les phénomènes apparents comme la vérité authentique, produisent une illusion totale de la nature de la valeur et de tous les rapports. En effet, dans l'échange marchand, la valeur d'un produit apparaît comme une qualité purement naturelle du produit, comme une qualité liée à la nature même du produit. Le rapport social qui est à l'origine de la valeur est ignoré par la conscience ou plutôt est dissimulé à cette dernière. Une telle valeur est selon Marx déterminée socialement par les rapports de domination et de classes. La valeur est déterminée par des rapports sociaux effectifs, car la dépense de la force de travail dépend naturellement de l'administration capitaliste. Le fétiche masque ainsi la dimension politique de l'économie en occultant totalement les rapports de classes qui déterminent la valeur, le fétiche dissimule aussi le caractère historique de l'ordre bourgeois en mettant en exergue son éternité illusoire.

[111] Emmanuel Renault, *Marx et l'idée de critique, op.cit.*, p. 94.

prend conscience du mouvement réel, il accomplit lui-même les actes de sa soumission aux rapports sociaux de production. Marx montre de manière manifeste que les représentations dépendent totalement des agents de la production, des rapports réels qui façonnent les points de vue de tels agents : « *S'il y a fétichisme de la marchandise, c'est dans l'exacte mesure où la loi de la valeur comme loi du marché présidant aux échanges entre les travaux n'est pas connue comme telle des producteurs, c'est-à-dire dans l'exacte mesure où ceux-ci, dans leurs activités et leurs choix de production, ne prennent pas pour principe conscient de conduite la considération des concepts comparés de production des divers objets s'échangeant sur le marché.* »[112]

Les métaphores suggestives ou allusives qui, dans *Le Capital*, pourraient faire croire à une résurgence de celles de 1844, ne sont nullement une simple réactualisation de ces dernières : de telles métaphores, celles du *Capital* bien sûr (notamment les métaphores religieuses qui sont assez fréquentes) ne sont là que pour l'harmonie ou la beauté du texte.

Pour Marx, dans la problématique du fétichisme, la notion de marché permet de comprendre comment les agents de la production s'effacent devant leurs propres produits. Le marché, imposant aux individus ses propres caprices, efface les caractères humains des produits et lie du coup de tels caractères à la nature des produits. Le marché fait abstraction des hommes, autonomise et rend indépendant le monde des échanges. Ce qui fait que les agents de la production ont une représentation faussée, c'est avant tout une institution bien nommée et bien définie : le marché. Il est ainsi incontestable que Marx reprend dans *Le Capital* l'aliénation comme perte d'objet, comme désobjectivation, mais il situe une telle aliénation dans le procès du travail, dans le noyau du système capitaliste, l'aliénation comme transfert de l'humain aux choses se situe dans les échanges sur le marché.

En analysant le produit de l'ouvrier, Marx montre une certaine forme d'aliénation : le fétichisme. Une telle aliénation est propre aux lois du marché. Elle ne consiste pas dans le fait qu'une propriété humaine se présente aux hommes comme propriété des choses. Car

---

[112] Jacques Bidet, *Que faire du Capital ? Matériaux pour une refondation*, op.cit., p. 228.

dans ce cas, il faut nécessairement que les hommes se trompent ou soient trompés. Or, on sait que s'agissant des marchandises, elles entrent réellement en relation les unes les autres et entretiennent des relations sociales de façon non illusoire. Le fait d'affirmer que les marchandises entretiennent des relations n'est pas une illusion, l'aliénation ne découle nullement de ce simple fait. Elle émane plutôt du fait de croire que la vie sociale des marchandises leur est inhérente alors qu'elles ne peuvent avoir une vie sociale que dans le cadre des rapports humains. Ce qui est vrai, c'est que les choses ont des rapports sociaux, ce qui est faux, c'est de croire que de tels rapports sont liés à leur nature. Les marchandises n'ont de caractères sociaux que dans le cadre des rapports interhumains.

Les hommes en affirmant que les marchandises entretiennent des rapports, disent la réalité de la production et des lois du marché. Ils expriment la réalité, un fait réel. La réalité des rapports sociaux de production apparaît aux humains telle qu'elle existe réellement. Le fétichisme n'est pas un rapport entre les hommes réduits à l'état de choses, un rapport social entre objets pris pour des personnes. Ce qui est important pour Marx, ce n'est pas la réification des hommes ni la personnification des choses, ce qu'il veut expliquer ce n'est nullement les hommes qui sont dans le rapport social, mais le rapport social lui-même. Il explique la réalité d'un rapport social entre choses, la réalité de la non-existence des rapports entre hommes : « *Marx parle ici de l'inexistence ou de l'absence d'un rapport social entre les personnes et de l'existence ou de la présence d'un rapport social entre les choses. Il nous présente donc un paradoxe : il n'existe pas de rapport social entre des êtres qui devraient en avoir puisque ce sont des personnes, tandis qu'il existe au contraire un rapport social entre des êtres qui ne devraient pas en avoir puisque ce sont des choses.* »[113]

L'existence des rapports sociaux entre les choses est un fait réel. Ce n'est pas une illusion des hommes qui octroient aux choses les rapports qui ne devraient exister qu'entre eux. Marx montre que l'inexistence des rapports sociaux entre les hommes est un type de rapport social : c'est un rapport social qui se présente sous la forme d'un non-rapport social. L'aliénation comme transfert de l'humain à la

---

[113] Franck Fischbach, « Présentation des *Manuscrits économico-philosophiques de 1844* » in Karl Marx, *Manuscrits économico-philosophiques de 1844*, Paris, Vrin, 2007, p. 44.

chose est expliquée dans *Le Capital* par l'existence du marché. Le producteur qui crée son objet pour l'échange, ne produit pas en vue de son strict besoin, mais en vue de l'échange, en vue des lois du marché. Le besoin n'est pas déterminé par lui-même, mais par l'autre avec qui il échangera.

L'aliénation existe car la production loin d'être déterminée par le besoin propre du producteur est déterminée par l'échange et par les lois aveugles du marché : *« Marx forge en 1844 un double concept d'aliénation comme, d'une part, désobjectivation et, d'autre part, privation de la passivité. Cette conception prend le contre-pied des conceptions antérieures à Marx qui faisaient de l'aliénation la perte de la subjectivité dans ce qui n'est pas elle. Chez Marx, l'émergence de la subjectivité, la conception de soi comme d'un sujet essentiellement actif et séparé de la réalité objective, devient le symptôme même de l'aliénation. Marx maintient cette conception jusqu'au* Capital. *Dans* Le Capital, *Marx assigne aux deux aspects de l'aliénation deux lieux ou deux éléments distincts : l'aliénation comme désobjectivation est, dans le capitalisme, spécifique à la sphère de la production ; tandis que l'aliénation comme privation et transfert de la passivité est spécifiquement liée à la structure du marché. »*[114]

Il y a dans la thématique du fétichisme une nette progression par rapport aux idées qui structuraient la thématique de l'aliénation de 1844. Car dans le fameux *Capital*, Marx met en évidence les causes fondamentales de l'aliénation, il situe leur origine ; l'aliénation comme perte de l'objet s'explique par le processus de production et celle qui fait que l'humain perd même sa capacité de désirer ou de jouir[115] s'explique par l'espace d'échange nommé marché.

---

[114] *Ibid.*, p. 46.
[115] Pour Marx, le travailleur est considéré comme une simple puissance de travail qui nécessite l'existence de conditions objectives de travail pour mettre en mouvement ses dispositions physiques, sa puissance de travail. Une telle puissance de travail, une fois mise en œuvre, devient l'activité d'autrui. Autrement dit, l'activité du travailleur lui devient totalement étrangère, l'activité devient autonome, indépendante et pure souffrance pour le travailleur. L'ouvrier est ainsi réduit à une pure activité. La désobjectivation comme le montre Marx est une privation des objets essentiels et nécessaires à la vie. Les moyens vitaux de subsistance appartiennent à autrui qui ne peut nous en procurer que si nous entrons dans le processus du travail, dans le travail qui est devenu une activité étrangère et indépendante comme le confirment les *Manuscrits parisiens* : « *L'aliénation*

Dans son analyse du fétichisme, Marx montre que les choses portent effectivement des qualités humaines, les humains prêtent aux

apparaît aussi bien en ceci que mon moyen de subsistance est celui d'un autre, que ce qui est mon souhait est la possession inaccessible d'un autre, qu'en cela que chaque chose est elle-même autre chose qu'elle-même, que mon activité est autre chose, et finalement, en cela - et cela vaut aussi pour le capitaliste – que c'est de façon générale la puissance inhumaine qui domine » (M44 : M3 XX ; ES109 ; Vrin185.). L'individu est totalement privé de l'objet qu'il désire, l'objet vital, l'objet du besoin. Ainsi, le besoin n'est plus le propre du sujet, il lui vient de l'extérieur, il lui devient étranger. Le besoin humain est transféré à autrui. Cet autrui dépossède l'homme de son besoin, la dimension du besoin est cédée à autrui. La capacité de jouir est ôtée au travailleur qui, étant privé de cette capacité, devient un sujet purement actif, une subjectivité abstraite. La conception de Zizek de « l'interpassivité » par exemple peut permettre de comprendre un tel type de dépossession. Pour Zizek, ce qui nous aliène, ce n'est nullement le fait que des objets prennent notre place dans certains domaines (la machine prend la place de l'homme dans le processus du travail), ce qui nous aliène, c'est qu'une chose puisse éprouver à notre place, nos propres affects, ce qui nous aliène, c'est le fait que les besoins humains puissent être transférés à quelque chose d'autre : en termes clairs, ce qui est aliénant, c'est le fait que l'humain soit dépossédé de sa capacité de pouvoir éprouver un besoin, un désir : « *Le sujet est peu à peu dépossédé, privé de ses facultés les plus intimes [...]. L'impact vraiment inquiétant des nouveaux médias ne résiderait pas dans le fait que les machines nous arrachent la part active de notre être, mais à l'exact opposé, dans le fait que les machines digitales nous privent de la dimension passive de notre vécu : elles sont " passives pour nous". Comment ? Le meilleur moyen d'aborder ce problème consiste sans doute à réutiliser la vieille problématique marxiste du fétichisme de la marchandise* », Slavoj Zizek, *La subjectivité à venir. Essais critiques*, Flammarion, 2006. Ainsi, l'aliénation ne consiste pas dans le fait qu'autre chose soit active à la place de l'homme. Avec le machinisme, on assiste d'ailleurs à ce fait qui consiste à transférer à la machine la faculté active, ce que Marx avait d'ailleurs mis en relief dans Le *Capital* (Section 4) en insistant sur le côté progressiste de la grande industrie. L'aliénation consiste dans le fait de transférer la passivité et non l'activité humaine à autre chose, l'ouvrier devient ainsi un simple objet de travail, une puissance abstraite dont la capacité de jouir est extérieure, car autrui désirant à sa place. Le sujet ainsi aliéné devient un être purement actif. L'interpassivité de Zizek est le décentrement des sentiments du sujet. Le sujet éprouve des sentiments à travers l'autre. L'objet s'approprie la passivité de l'homme, il lui en prive, l'humain ne jouit et ne croit qu'à travers l'autre, il est satisfait à travers l'autre : « *Dans le cas de l'interpassivité, je suis passif à travers l'autre, c'est-à-dire que je cède à l'autre la dimension passive de mon être (la jouissance) tout en restant activement impliqué ailleurs (je peux continuer à travailler dans la soirée pendant que le magnétoscope jouit passivement pour moi ; je peux prendre les dispositions financières qui s'imposent concernant la fortune du mort pendant que les pleureuses se lamentent pour moi). Cette analyse permet ainsi de proposer l'idée, somme toute pas inintéressante, de fausse activité : je pense que je suis actif alors que ma passion véritable, incarnée par le fétiche, est passive* », Slavoj Zizek, *op.cit.*, p. 38.

choses leurs attributs, c'est une réalité et non une illusion. L'aliénation ne découle pas du fait que les choses portent des qualités humaines, du simple fait que les choses entrent en relation. Elles entrent effectivement en relation. Elle découle plutôt du fait de croire que les choses ont des qualités humaines du fait de leur simple existence de choses et de leur simple matérialité.

Les rapports sociaux ne sont pas des qualités que les choses ont de manière naturelle, non, elles ne peuvent avoir de rapports sociaux que dans le marché. Les rapports sociaux que portent les choses sont des rapports humains. Ainsi, en affirmant que c'est par l'intermédiaire de l'échange qu'ils entrent en contact, les hommes loin de se leurrer, disent la réalité de l'échange, ils ne se trompent pas. Le fétichisme n'est pas ainsi identique à la réification, il n'est pas une chosification de l'humain, une réduction totale de l'homme à l'état de pure chose ni une réduction de la chose à l'état de simple homme. Il y a tout simplement un transfert des qualités humaines aux objets. Le producteur autonome et indépendant travaille pour la satisfaction des besoins de son hypothétique partenaire d'échange. Il transfert ses propres besoins à l'autre producteur qu'il rencontrera probablement au marché. Dans la société marchande[116], chacun travaille non pour la

---

[116] Dans l'économie marchande, ce n'est pas la société qui règle la production mais plutôt le marché. Le producteur anonyme ne fabrique pas des produits pour son usage personnel, mais il fabrique des produits en vue de l'échange marchand. Il y a certes une connexion entre les différents producteurs privés, mais une telle connexion passe par le marché où les produits apparaissent de manière autonome sans faire référence à leurs conditions de production ni à leurs producteurs. Autrement dit, c'est l'échange des marchandises qui crée les liens entre les producteurs privés. Le marché règle la production, car c'est en fonction de ses lois que les producteurs modifient ou améliorent leur production : « *Sur le marché, les producteurs de marchandises n'apparaissent pas comme des personnes ayant une place déterminée dans le procès de production, mais comme des propriétaires et possesseurs de choses, de marchandises* », Isaak. I. Roubine, *Essais sur la théorie de la valeur de Marx*, Paris, Maspero, 1977. Il n'y a pas de régulation directe de la production, la connexion entre les producteurs s'établit dans l'échange, l'échange influence ainsi la production. Ce qui signifie que la liberté supposée des producteurs est totalement illusoire, car ils ne produisent pas selon leur propre volonté. Les produits exposés au marché déterminent les différentes proportions d'échange auxquelles les producteurs doivent se soumettre. Autrement dit, dans la production, les producteurs s'adaptent par anticipation aux conditions qu'ils pourraient trouver sur le marché de l'échange. Ils dépendent du marché et leurs productions sont imposées par le marché : le marché influence la production et la détermine : « *Dans une société marchande, une chose n'est pas seulement un mystérieux " hiéroglyphe*

satisfaction de ses propres besoins, mais pour l'assouvissement des besoins des autres personnes. Les marchandises entrent par conséquent en contact et non leurs producteurs, les rapports sont portés par les marchandises. Les échangistes ne produisent pas pour leurs besoins spécifiques mais en vue de l'échange. Les besoins sont ainsi transférés aux autres.

Ce que Marx montre dans l'analyse du fétichisme, c'est comment les hommes transfèrent leurs propres qualités aux objets qui sont le fruit de leur travail. En effet pour Marx, il y a une relation nouvelle qui existe lorsque l'individu produit en vue de l'échange d'objets. Lorsque les individus produisent en vue de l'échange des objets, il n'y a évidemment plus de rapports transparents entre eux, il n'y a plus de rapports directs entre producteurs, leurs rapports passent par la médiation des choses. Les rapports strictement et directement personnels entre les producteurs/échangistes sont supplantés par les rapports qu'entretiennent les objets. Ce qui ne signifie pas que les producteurs échangistes deviennent des choses, ils demeurent tout simplement des personnes qui n'entretiennent plus de contacts directs. Autrement dit, les producteurs/échangistes ne se considèrent pas comme choses et ne se traitent même pas comme choses. Ils sont bien des personnes, mais leurs relations sont tout simplement portées par des objets et ils n'ont pas ou plus de relations directes entre eux : leurs rapports sont impersonnels et transitent par des objets, mais ils demeurent des personnes et non des choses. Les objets portent des qualités humaines et ils communiquent à la place des hommes, ce qui ne signifie pas que de tels hommes sont réifiés ou réduits à l'état de choses. Ainsi, le producteur indépendant produit en vue de satisfaire autrui. Ce dernier produit à son tour pour la satisfaction du besoin de l'autre producteur qui se présentera sur le marché. Le besoin humain devient extérieur à l'homme, car non seulement l'homme transfère à l'objet ses propres attributs, mais la satisfaction de son propre besoin dépend de l'objet échangeable. L'objet que je produis doit être capable de satisfaire mon alter ego, ce qui signifie que mon propre besoin m'est extérieur, le besoin que mon objet doit satisfaire n'est pas le

---

social", ce n'est pas seulement une "enveloppe" sous laquelle se cachent des rapports sociaux de production entre les hommes. C'est un intermédiaire dans les rapports sociaux, et la circulation des choses est indissolublement liée à l'établissement et à la manifestation des rapports de production entre les hommes », Ibid., p. 28.

mien. Cette conception de l'aliénation articulée autour d'une objectivation considérée comme une désobjectivation et du transfert du besoin à autrui de 1844 continue d'exister dans le grand *Capital* tout en acquérant un contenu fort riche.

L'idée fondamentale que Marx essaie de mettre en évidence dans le livre I du *Capital, c'*est l'idée selon laquelle le travailleur engendre la richesse sous la forme d'un produit qui lui est étranger, séparé de lui et contre lui. Le produit créé par le travailleur ne lui appartient pas : il est une objectivation qui devient une désobjectivation. Par son travail, le travailleur s'objective dans un produit qui lui est retiré et rendu autre dans le travail par lequel il le crée. Marx montre que la caractéristique du capitalisme est de faire du travail un procès d'objectivation, mais paradoxalement un tel travail fait de l'ouvrier un être dépourvu d'objet. Il crée un objet qui ne se présente pas comme sa propre objectivation mais comme un produit appartenant à autrui. Les moyens pour réaliser l'objectivation du travailleur lui sont totalement retirés. Pour que le travail de l'ouvrier se réalise, il faut impérativement que les conditions soient réunies par un autre[117] : « *La*

---

[117] Le capitalisme en tant que procès d'exploitation fait de la contrainte au surtravail une valeur, laquelle valeur exprime un rapport de classe et montre en même temps la séparation du travailleur avec les conditions objectives de travail. Le travailleur est séparé économiquement des moyens de travail qui sont la propriété privée du capitaliste. La contrainte non apparente au surtravail prend la forme d'une contrainte monétaire, d'un rapport non politique mais plutôt économique. En détenant les moyens de production, le capitaliste place naturellement l'ouvrier sous sa dépendance économique. Les conditions de travail, c'est-à-dire les moyens de production et l'argent qui assure la subsistance physique de l'ouvrier ne lui appartiennent pas, leur propriétaire c'est-à-dire le capitaliste domine économiquement ce dernier, d'où le fondement d'un rapport d'exploitation. Le capitaliste soumet le travailleur au surtravail, il l'oblige à mettre sur le marché sa force de travail pour survivre : il y a une dépendance de l'un vis-à-vis de l'autre fondée par l'argent. En un mot, l'exploitation et la contrainte au surtravail sont fondées au départ dans l'achat et la vente d'une force de travail existant sur le marché. Ce qui signifie que le capitaliste peut disposer librement d'une certaine force de travail et l'utiliser comme bon lui semble pendant un moment bien déterminé. En plus d'être vendeur de sa force de travail sur le marché, le travailleur est en même temps acheteur des marchandises créées par le capital. Le travailleur ne peut reproduire sa force de travail qu'en achetant les produits créés par le capital. En un mot le capitaliste, par cette ruse, reproduit les rapports d'exploitation et domine le travailleur qui se trouve être un maillon incontournable du rapport capitaliste/d'exploitation. La contrainte et l'exploitation sont inscrites dans les lois du marché qui consacrent l'achat et la vente de la force de travail : le rapport d'échange cache un rapport d'exploitation.

séparation entre produit et producteur, entre catégorie de personnes nanties de toutes les choses qu'il faut au travail pour se réaliser, et une autre catégorie de personnes, dont tout l'avoir se bornait à leur propre force de travail, tel était le point de départ de la production capitaliste. »[118]

En effet, avant même que sa propre objectivation lui soit retirée, le travailleur est dépouillé des moyens de son objectivation (les outils du travail ne lui appartiennent pas). Sa force de travail, avant même qu'elle n'entre dans le procès du travail, ne lui appartient plus, elle a été achetée par un autre, ce qui fait que le travailleur devient étranger à lui-même avant même de travailler : « *Le travailleur est donc rendu étranger à lui-même avant même d'entrer dans le procès de travail, mieux : il est rendu étranger à lui-même pour pouvoir y entrer. Il ne suffit donc pas que le travailleur soit réduit à l'impuissance d'une subjectivité purement abstraite : il faut encore qu'il se vende comme tel.* »[119]

Marx, dans *Le Capital,* arrive à rendre compte du fait que, dans l'objectivité, l'ouvrier se désobjective. Pour que l'objectivation soit une désobjectivation, il faut que l'ouvrier soit considéré comme pure force de travail. En un mot, pour que l'objectivation soit une désobjectivation, il faut que l'ouvrier, avant d'entrer dans le processus du travail, vende sa force de travail qui constitue son existence. La déréalisation a lieu dans le processus du travail, plus encore, elle existe avant même l'entame d'un tel processus. C'est ce qui fait d'ailleurs que quand l'ouvrier travaille, il ne s'appartient plus, tout lui devient étranger.

En définitive, considérer la problématique du fétichisme comme une réactualisation radicale et entière de la problématique marxienne de 1844, relève d'un manque de discernement théorique et de rigueur dans l'analyse des textes de Marx : « *Si le fétichisme n'est pas le nouveau visage de l'aliénation, c'est aussi parce que la liberté des ouvriers de Paris n'est pas celle des "Affranchis" de Berlin, que l'"homme" dont les bronziers opposent la dignité aux manœuvres patronales n'est pas l'homme feuerbachien. Et c'est aussi pourquoi, si*

---

[118] Karl Marx, *op.cit.*, p. 412.
[119] Franck Fischbach, « Présentation des *Manuscrits économico-philosophiques de 1844* » in Karl Marx, *Manuscrits économico-philosophiques de 1844, op.cit.*, p. 40.

la "méthode analytique" de Marx ne part pas de l'homme, l'homme, le producteur libre, occupe pourtant dans le discours théorique de Marx une certaine place : non comme ornement rhétorique ou épave philosophique, mais comme point qui rend possible la visée même de la science. »[120]

Il est vrai que la problématique du fétichisme introduit incontestablement la thématique de la dépossession humaine tout comme celle de l'aliénation de 1844, elle le fait néanmoins de manière tout à fait différente. Le fétichisme évoque certes l'aliénation du produit de 1844, mais il faut s'empresser de souligner que le contenu que Marx donne au fétichisme, il ne le donnait pas à l'aliénation du produit de 1844[121].

---

[120] Jacques Rancière, *La leçon d'Althusser*, op.cit., p. 176.
[121] Le fétichisme n'est pas analysé comme une perte de contrôle des produits par les individus, mais comme la conséquence directe de certains rapports sociaux existants. Marx part des rapports de production pour expliquer le fétichisme, la dépossession humaine. Il ne part nullement de l'homme pour voir comment il a pu être aliéné dans le processus historique. Dans la problématique du fétichisme, Marx essaie de montrer le caractère énigmatique de la marchandise qui fait que la valeur au lieu d'apparaître comme un rapport social, apparaît comme une propriété naturelle de la marchandise. Les différents travailleurs qui sont devenus indépendants les uns les autres alors qu'ils forment tous le travail social, n'entrent en contact que par l'échange des marchandises. Marx essaie de rendre compte de tels phénomènes. Le rapport social entre les hommes, qui revêt la forme marchandise, fait que les rapports sociaux deviennent des rapports de choses. La problématique du fétichisme apparaît dans *Le Capital* en même temps que la théorie de la valeur. Pour comprendre en quoi consiste le fétichisme, il faut impérativement comprendre le mécanisme par lequel le travail humain devient la valeur de la chose-marchandise. Marx distingue d'abord la valeur d'usage et la valeur d'échange (la proportion par laquelle une marchandise s'échange avec une autre). La valeur d'échange permet d'échanger deux marchandises. Elle trouve par conséquent son réel fondement dans le travail humain, elle est la forme d'apparaître de la marchandise sur le lieu des échanges qu'est le marché.
Marx partant du travail tel qu'il fonctionne dans la société capitaliste, essaie d'expliquer l'origine de la forme valeur et ce qui fait que le produit du travail humain devient une marchandise. Marx n'analyse pas la marchandise comme chose physique, mais comme chose sociale. La marchandise est à en croire Marx une réalité sociale créée par des rapports sociaux. Le travail abstrait explique la forme valeur, un tel travail explique la façon dont le travail fonctionne dans la société capitaliste et ses rapports étriqués. Les différents travaux sont réduits à une réalité, le temps de travail. Pour que le travail puisse devenir un travail social, il doit se réaliser comme marchandise. La valeur apparaît ainsi comme une propriété et non comme le réel produit d'un rapport social mis en œuvre par l'échange.

En effet, ce que Marx montre de manière nette dans le fétichisme, ce n'est plus la perte de soi dans l'objet, mais les mécanismes de l'échange marchand qui produisent des représentations inversées dont les agents de la production tout en étant victimes contribuent pourtant à leur existence et affermissement.

Il ne met plus en relief la suprématie de l'objet sur les hommes, il accentue sa réflexion sur le fait que les rapports interhumains transitent par des objets : « *L'objectivité de la marchandise et du marché et de l'argent est à la fois une apparence et une réalité [...]. Le fétichisme est à la fois un mode d'existence de la réalité sociale, un mode réel de la conscience et de la vie humaine – et une apparence, une illusion de l'activité humaine [...]. Le fétichisme économique exprime la domination sur les hommes de leurs produits et la puissance illusoire des hommes sur leur propre organisation et leurs propres œuvres.* »[122] Le marché devient le point de départ pour la compréhension de tout, alors qu'en 1844, le point de départ était l'individu créateur pour dénoncer l'autonomisation du produit.

En guise de conclusion, on peut affirmer que, si la problématique du fétichisme fait ressurgir celle de la dépossession humaine, la

---

Un tel fétichisme devient beaucoup plus important avec l'argent qui relève lui aussi du même mécanisme. La monnaie devenant l'équivalent de toutes les marchandises, sa valeur apparaît comme une réalité naturelle qui est intrinsèque à sa nature. Ainsi, Marx ne pense pas l'impossibilité de contrôle sur les produits comme la perte de la maîtrise du producteur sur son produit. Autrement dit, le fétichisme n'est pas ce que Lukács nomme réification. La thématique de l'aliénation développée par Marx dans *Le Capital* entretient un rapport avec l'exploitation capitaliste. Par conséquent, on ne saurait nullement rabattre la théorie du fétichisme sur celle de l'aliénation des *Manuscrits de 1844*, car ce serait ignorer les progrès effectués par Marx des *Manuscrits parisiens* au *Capital*. Il y a donc une différence dans l'analyse de la problématique. Le fétichisme c'est la théorie du brouillage des rapports sociaux, brouillage généré par le mode de production bourgeois et par les rapports marchands. Il disparaîtra dans la société future où l'opacité des rapports n'existera plus, le fétichisme révèle une contradiction de classes : « *Il ne suffit pas de dire en effet du fétichisme qu'il est manifestation–dissimulation des rapports de production. Ce que le fétichisme dissimule de façon spécifique, c'est le caractère antagoniste des rapports de production : l'opposition capital/travail disparaît dans la juxtaposition des sources de revenu. La structure n'est pas dissimulée simplement en tant qu'elle serait la structure qui, comme la structure héraclitienne, aime à se cacher. Elle dissimule sa nature contradictoire, et cette contradiction est une contradiction de classes* », Jacques Rancière, *La leçon d'Althusser*, op.cit., p. 236.
[122] Henri Lefebvre, *Le matérialisme dialectique*, PUF, Paris, 1957, p. 75.

distance par rapport aux idées qui structuraient le « travail aliéné » de 1844 est assez importante. Le fétichisme n'est pas la copie conforme de l'aliénation objective, noyau dur du travail aliéné des *Manuscrits de 1844*. Autrement dit, dans la problématique du fétichisme, Marx modifie le contenu donné à la pensée de la dépossession. Il n'accentue plus sa pensée sur l'aliénation objective du produit, mais analyse les lois de l'échange marchand et le fait que les relations interhumaines transitent par des choses, il étudie le fait que les caprices du marché déterminent toutes les relations. Il ne se focalise plus comme ce fut le cas en 1844 sur le fait que l'objet domine son producteur. Il se focalise sur le fait que les humains deviennent les créateurs et les victimes de ce qui les avilit. Pour comprendre les illusions dont sont victimes et responsables les agents de la production, Marx se focalise sur les lois de cette institution nommée marché. Cette focalisation sur les lois du marché permet à Marx de montrer que, considérer le fétichisme comme la parfaite copie de l'aliénation de 1844, est une aberration[123].

Soulignons pour terminer que la conceptualisation du communisme dans les derniers passages de la partie consacrée au « fétichisme de la marchandise » montre d'une certaine manière la différence qui existe entre l'aliénation de 1844 et la problématique du « fétichisme ». En effet pour Marx, le communisme qui symbolise la fin de tout « fétichisme », de la dépossession ne peut advenir que si la production collective est rationalisée[124]. Autrement dit, il ne peut advenir que si les forces productives cessent de s'autonomiser. Le communisme devient une socialisation collective et rationnelle.

---

[123] Selon l'interprétation de Karel Kosik (*La dialectique du concret*, Paris, François Maspero, 1978), fortement influencée par le Lukács de *Histoire et conscience de classe* qui réduisait l'essence au phénomène, s'inscrivant dans une perspective phénoménologique husserlienne, il n'y a nullement une différence entre les *Manuscrits* et *Le Capital*. Pour une telle interprétation, dans la problématique du fétichisme, Marx ne donnerait que plus de valeur à l'aliénation objective (perte de l'humain dans l'objet et le fait de partir de la marchandise en serait la parfaite illustration). Une telle perspective d'approche de la problématique du fétichisme semble ne pas prendre en charge toute la rigueur et la richesse qu'apporte *Le Capital*. Dans *Le Capital* et notamment dans le livre I, à notre avis, Marx ne fait nullement de l'aliénation objective, le noyau ou le cœur de la théorie de l'aliénation. La théorie de l'aliénation objective n'est plus englobante, l'aliénation n'est pas réduite à une unique dimension. La pensée de la dépossession obéit à des normes.
[124] *Cf. Le Capital livre I*, pp. 74-76.

Une telle conceptualisation montre que Marx n'accorde plus de rôle majeur aux thèmes de 1844, car mettre en relief une socialisation rationnelle, signifie par opposition aux *Manuscrits de 1844* que l'homme n'est plus dominé par le produit mais par l'irrationalité d'un système de production, par l'absence de coordination d'un système.

Cependant, en considérant le communisme, dans les derniers passages consacrés au « fétichisme », comme une organisation collective rationalisée de la production dans laquelle les hommes ne seront plus dominés par les puissances sociales, Marx omet théoriquement de mettre en relief les différentes étapes qui mènent au communisme et confond du coup l'organisation rationnelle de la production avec le capitalisme[125].

---

[125] Dans ces dernières pages consacrées au communisme, on serait tenté de dire que Marx élargit sans s'en rendre compte la thématique du fétichisme à deux sortes de modes d'échange. Marx affirme sans le savoir que les rapports marchands ne détiennent pas le monopole du fétichisme, ce qui veut dire que le fétichisme existerait dans une production « selon un plan concerté ». La marchandise n'exprime pas le travail contenu en elle. Il en va de même du produit issu du travail planifié. Autrement dit, on peut faire une analogie entre un tel produit et celui émanant du rapport marchand. En effet, les gens de la production planifiée entrent en contact par les informations que fournissent les agents de la production. Le rapport de production s'opère à travers les informations. Cependant, une telle organisation n'est nullement transparente, car dans la production chaque producteur tend à s'orienter là où les prix subissent une progression ou une régression, chaque producteur veut fournir les informations qui lui sont nécessaires ou utiles. Ainsi, dans cette planification, on assiste à une gestion minutieuse de l'information afin de pallier aux contrecoups et de préserver des avantages. Chacun tend tant bien que mal à détenir et à préserver l'information. Il faut noter que le fétichisme dans cette production non capitaliste réside dans le fait que le producteur qui croit agir librement ne détient aucune emprise sur le système, il est dépourvu d'autonomie. Le monde, qu'il croit régenter, lui échappe Il en va de même dans la production marchande où le monde échappe à l'agent. Ainsi, aussi bien dans l'organisation que dans l'échange au marché, le monde social créé par les agents, devient une réalité qui est étrangère aux agents : le fétichisme de l'organisation ressemble fort bien à celui du marché : « *Le fétichisme couvre en effet les deux "médiations", celle du marché et celle de l'organisation. On peut le caractériser comme une "pathologie", si l'on entend par là un trait qui, en-deçà même du rapport de classe, frappe ceux qui participent de ces rapports sociaux. Le fétiche, c'est le monde social devenu chose, au sens où il échappe dans son ensemble aux producteurs qui le constituent, et se dresse devant eux comme une puissance globale dans laquelle ils n'interviennent, chacun pour soi, qu'à la mesure de leur capacité stratégique à se constituer en moment du mécanisme* », Jacques Bidet, *Explication et reconstruction du Capital*, op.cit., p.179. Jean Marie Brohm semble s'inscrire dans la même perspective d'analyse que Bidet,

Marx affirme ce qui suit : « *Dans notre société* [dans le communisme bien entendu], *la forme économique la plus générale et la plus simple qui s'attache aux produits du travail*, la forme marchandise, (c'est nous qui soulignons) *est si familière à tout le monde que personne n'y voit malice.* »[126] De tels propos de Marx montrent une certaine imprécision qui laisse entrevoir que dans l'organisation rationalisée de la production, l'individu peut être dominé par une puissance étrangère et autonome (la forme marchandise persiste) comme ce fut le cas dans le mode de production capitaliste. Plus précisément, cela signifie que, le concept de dépossession assez exagéré et englobant de 1844 dont Marx voulait limiter les prétentions, fascine toujours : la thématique de la dépossession humaine demeure ambiguë car l'aliénation que subirait un individu travaillant dans un système où la production est rationalisée et celle que subirait l'ouvrier du système capitaliste, seraient les signes d'une même chose : la dépossession.

Ainsi, on peut logiquement dire que les imprécisions théoriques de Marx masquent tant bien que mal les résurgences de certains thèmes de jeunesse. La thématique de 1844 reste vivace même si le « fétichisme de la marchandise » tente de la recadrer et de limiter ses prétentions. Que faut-il dire alors en guise de conclusion définitive de la présence d'une problématique qui pourtant n'est pas rigoureusement conceptualisée dans *Le Capital* ? La problématique anthropologico-éthique est-elle réactualisée sans commune mesure dans *Le Capital* ? Ou est-elle seulement décrite par l'expérience sans pour autant être conceptualisée ? Autrement dit, est ce que l'absence conceptuelle n'est pas remplacée par l'évocation crue des pathologies sociales ? Une tentative de réponse consisterait à affirmer que, sous certains angles, Marx parle de l'aliénation sans pour autant la rendre

---

il affirme de manière crue ce qui suit : « *Bien que Marx ait pensé l'aliénation sous le concept économique spécifique d'exploitation capitaliste, il n'a jamais réduit l'aliénation à l'exploitation, ni même limité l'aliénation au mode de production capitaliste. En effet, dans la période de transition au socialisme, où dominent encore la loi de la valeur et les catégories marchandes monétaires, l'aliénation continue d'être une réalité. Marx critique d'ailleurs le système capitaliste non pas tellement sous l'angle de son irrationalité économique (car le capitalisme a eu un rôle historique progressiste), mais sous l'angle de l'aliénation de la classe ouvrière, c'est-à-dire, d'un point de vue de classe, sous l'angle de la misère des classes laborieuses et de la "vénalité universelle"* », *op.cit.*, p. 47.
[126] Karl Marx, *Le Capital* I, *op.cit.*, p. 75.

par un concept englobant et unificateur comme ce fut le cas en 1844 où tout était rendu par le concept omniprésent d'*Entfremdung*.

En effet, Marx dans son discours nous offre la latitude de théoriser à nouveau la thématique de l'aliénation aussi bien subjective qu'objective même si une telle tentative de nouvelle théorisation s'édifie sur des fondements entièrement différents : les quelques lignes énigmatiques sur le fétichisme montrent les nouvelles bases ou les méthodologies nouvellement mises en place dans la pensée marxienne et qui sont différentes de celles de 1844. Néanmoins, de nouvelles interrogations surgissent et persistent. Est-ce que la thématique du fétichisme n'est pas assez limitée pour évoquer tout ce que Marx essaie de montrer ? Est-ce que son discours ne déborde pas la thématique qui est censée le porter ? La réponse paraît affirmative à plus d'un titre. Car le fétichisme consiste dans l'oubli des agents de la production du caractère social de leurs produits, mais Marx accole en même temps au fétichisme les lois du marché qui contrôlent tout, les fausses représentations existantes, l'idéologique. En un mot, Marx étudiant la thématique de la dépossession humaine essaie de trouver un point d'ancrage à sa pensée, ce point il le trouve dans le « fétichisme de la marchandise »[127]. Cependant, la fameuse question qui ne manquerait pas d'être posée est la suivante : est-ce que ce point d'ancrage permet de réunir tout ce que Marx veut évoquer : souffrance ouvrière, autonomisation du produit, vie aliénante du travailleur ? La réponse est évidemment négative.

En effet, dans *Le Capital*, il est facile de remarquer que les bonnes analyses marxiennes n'arrivent pas à être homogénéisées, les analyses souvent isolées ne sont pas harmonisées. Ce qui nous fait dire que le fétichisme ne saurait tout harmoniser, les analyses rigoureuses et isolées ne peuvent être unifiées par le fétichisme dans le texte éclaté du *Capital*. En un mot, l'étude des phénomènes de la société moderne que propose le grand livre du *Capital*, phénomènes isolés dans un tel livre, n'offre pas à Marx la possibilité de mettre en place un concept qui puisse les contenir en son sein (alors que dans les *Manuscrits de 1844*, *Entfremdung* homogénéisait tout). On peut logiquement s'interroger sur le pourquoi de l'impossibilité de dégager un concept capable d'unifier les analyses isolées du *Capital*. En suivant la logique

---

[127] Jacques Bidet soutient une telle idée dans *Explication et reconstruction du Capital*, Paris, PUF, 2004, p. 75-84.

de Marx, on peut, pour tenter de répondre à une telle interrogation, dire que l'abandon d'un concept unificateur qui harmonise tout, est le seul moyen qui peut permettre à Marx de rompre épisodiquement avec l'anthropologie idéaliste et éthique de 1844. C'est une hypothèse de lecture tenable. L'autre hypothèse consisterait à affirmer que même si l'aliénation, qui apparaît dans certaines lignes du *Capital,* n'est pas conceptualisée, c'est parce que la réalité est beaucoup plus riche que le concept : le concept peut être absent mais la réalité qu'il est censé rendre compte est bien présente. Autrement dit, là où les *Manuscrits* tentaient de rendre tout par un seul concept, *Le Capital* fait plus parler la réalité effective et du coup conduit à l'inutilité du concept. L'expérience parle beaucoup plus que le concept, c'est comme si le Marx du *Capital* voulait nous dire qu'il est inutile de conceptualiser quand les faits sont manifestes et crèvent les yeux, quand on souffre on n'a pas besoin de mots pour en parler ou pour conceptualiser, la souffrance parle d'elle-même : « *Par opposition au texte de 1844, dans lequel la perspective anthropologico-éthique englobait (et étouffait) aussi bien l'économique que l'ethnographique,* Le Capital *développe ainsi littéralement une sorte de stratégie dualiste : l'ouvrage est bien fondamentalement conçu comme une explication froide de la logique de fonctionnement et de développement d'un certain régime économique, mais aussi comme une explication qui doit, de temps à autres, sans qu'il soit question d'une simple illustration, s'arrêter pour laisser parler l'expérience.* »[128]

Ainsi, penser l'aliénation comme ce fut le cas en 1844 devient quasiment impossible, l'expérience parle beaucoup plus que le concept qui ne fait que suggérer. Marx décrit plutôt les différentes pathologies sociales liées au système capitaliste au lieu de chercher les concepts capables de rendre compte de telles pathologies, il passe de la simple théorisation à la description nue. Le simple fait de mettre à nu les souffrances aussi bien individuelles que collectives semble largement suffisant pour Marx, car tout individu normal sait ce que souffrir veut dire. Vouloir fournir des concepts pour rendre compte de la souffrance, des conséquences du capitalisme, semble être une perte de temps : les faits parlent plus que les concepts, que peut faire un concept en face d'un individu souffrant ? Absolument rien, sinon théoriser sans apporter une solution satisfaisante. On peut logiquement

---

[128] Stéphane Haber, *L'aliénation. Vie sociale et expérience de la dépossession*, op.cit., p. 94.

souligner que ce que Marx affirmait de l'aliénation au sens de totale dépossession, au sens large du terme, est présent certes dans *Le Capital*, mais n'est pas rendu par un concept englobant[129]. Quelles leçons devrions-nous alors tirer de l'approche marxienne dans *Le Capital* ?

D'une part, on peut naturellement dire que l'approche marxienne permet de décrire toutes les formes de dépossession sans pour autant vouloir vaille que vaille les rendre par un concept unificateur. Autrement dit, l'absence du concept permet à Marx de pouvoir élargir la notion de dépossession en y incorporant différentes choses. Cependant, d'autre part, le refus de trouver un concept unificateur peut avoir un revers de médaille. Un tel refus pourrait conduire à croire que Marx nie l'importance de la théorie, de l'élaboration conceptuelle. On pourrait croire que pour Marx, ce que les faits attestent de manière claire et nette n'a nullement besoin d'être saisi de manière conceptuelle : quand on souffre on n'a nullement besoin de trouver un concept capable de rendre compte de notre souffrance.

Il faut noter que même si la thèse althussérienne d'une certaine « coupure épistémologique » radicale, ne saurait être maintenue, le fait que Marx se départisse dans son évolution, de la thématique anthropologico-éthique, n'est pas à négliger. Pour saisir toute la valeur de cet abandon, il faut comprendre ce que deviennent la thématique de l'aliénation dans son ensemble et les formulations de jeunesse dans *Le Capital*. Il faut comprendre toutes les nouvelles formulations après que Marx ait dépassé la thématique éthique et tout le corpus lexical qui allait avec.

Certains philosophes, ils sont assez nombreux d'ailleurs, (Axelos, Lukács, Kosik entre autres)[130], adoptant une solution continuiste et philosophique, considèrent que dans les œuvres de la maturité, les intuitions premières ou de jeunesse sont rigoureusement maintenues par l'auteur du *Capital,* même si ce n'est pas de manière trop manifeste. Kosik croit que dans l'œuvre de 1867 comme ce fut le cas

---

[129] Stéphane Haber parle d'une « aconceptualité » de l'aliénation dans le texte éclaté du *Capital. Cf. L'aliénation. Vie sociale et expérience de la dépossession*, p. 91-97.
[130] Kostas Axelos, *Marx penseur de la technique*, Paris, Editions de Minuit,1961, Georg Lukács, *Histoire et conscience de classe*, Paris, Editions de minuit, 1960, *Le Jeune Marx, son évolution philosophique de 1840 à 1844*, Paris, Editions de la Passion, Karel Kosik, *La dialectique du concret,* Paris, François Maspero, 1978.

plus d'une vingtaine d'années plus tôt, Marx remonte du produit à la production, c'est-à-dire à l'origine concrète des choses afin de montrer comment l'activité humaine crée toutes sortes de dépossession. Ainsi pour Kosik et pour l'interprétation continuiste de Marx, la notion d'aliénation demeure le noyau de la pensée de Marx, du Marx de la maturité. D'autres penseurs (dont Althusser est le prototype parfait) s'opposent à une telle perspective à relents philosophiques. Pour eux, le Marx du *Capital* aurait renoncé à ses intuitions premières pour adopter le modèle d'une science positive qui veut expliquer de fond en comble les phénomènes sociaux. La pensée de l'aliénation perd toute valeur, son statut théorique ne peut plus se faire prévaloir.

Cependant, en analysant les deux sortes de lecture de Marx, que ce soit celle continuiste ou celle scientifico-positiviste, on peut en s'appuyant sur les analyses assez pertinentes qu'éclatées du *Capital*, déceler leur part de vérité et leurs limites manifestes. En effet, il est incontestable que dans *Le Capital*, Marx développe un discours fort authentique par rapport au discours anthroplogico-éthique de 1844, ce nouveau discours qui s'épanche dans *Le Capital* est axé sans nul doute sur la thématique de l'exploitation (ce qui n'était nullement bien analysé dans les *Manuscrits de 1844*) beaucoup plus rigoureux et scientifique. Mais, il faut l'avouer, Marx ne mue pas de manière simpliste son discours critique en un discours sur l'exploitation, car les arguments de la thématique de 1844 refont souvent surface dans le nouveau discours. Cette voie qui est en même temps, un pont entre les deux lectures suscitées, tente de dépasser les deux sortes de lecture et présente deux avantages féconds : elle montre d'une part, la tentative marxienne de vouloir épurer son discours scientifique, de l'épurer des « souillures » de 1844, et d'autre part, sa tentative de prendre en charge par la théorie de l'exploitation tout ce qui dans les *Manuscrits de 1844* pouvait faire penser à toutes les pathologies sociales. Ainsi, toutes les réalités analysées autrefois sous le vocable d'aliénation sont réévaluées, réélaborées et intimement liées au nouveau discours portant sur l'exploitation. Le discours misérabiliste de 1844 a tendance à s'effacer. Pour étayer une telle voie de lecture qui nous semble plus sage et beaucoup plus rigoureuse, on peut logiquement s'appuyer sur la critique marxienne de l'argent dans certaines parties du *Capital* notamment sur le *Chapitre III de la première section*. Il semble que la critique de l'argent rappelle certaines argumentations de 1844, certaines argumentations de la thématique de l'aliénation. Une telle critique, prise en compte par le discours sur l'exploitation, permet à certaines analyses de 1844 de demeurer ou de persister sans pour autant dépasser le cadre qui leur est assigné. Mais, avant de voir la critique de l'argent telle qu'elle est exposée dans le *Chapitre III de la première Section*, il convient d'abord de rappeler brièvement les critiques de l'argent dans les *Manuscrits de 1844* et dans *Les Grundrisse* (œuvres de transition) afin de voir comment la critique de l'argent dans *Le Capital* tente d'une part de montrer les limites de la thématique de 1844 et de réintégrer au nouveau discours ce qui dans l'ancien discours pouvait faire penser à certaines pathologies sociales.

c) Rapports entre la critique de l'argent et la thématique de l'aliénation dans les Manuscrits de 1844

Il faut souligner que, bien avant *Le Capital*, Marx a eu à critiquer l'argent. Au tout début, dans ses œuvres de jeunesse, la *Question juive* et les *Manuscrits de 1844* notamment, Marx voyait dans l'argent le moyen de dépravation des relations interhumaines, l'argent était le symbole concret de l'égoïsme de l'humain : « *L'argent est le dieu jaloux d'Israël, devant qui nul autre dieu ne doit subsister. L'argent abaisse tous les dieux de l'homme et les change en marchandise* […]. *L'argent c'est l'essence séparée de l'homme, de son travail, de son existence ; et cette essence étrangère le domine et il l'adore. Le dieu des juifs s'est sécularisé et est devenu le dieu mondial. L'échange voilà le vrai dieu du juif. Son dieu n'est qu'une traite illusoire.* »[131]
Une telle critique, fortement influencée par Hess, a des relents purement éthiques. Hess avait montré dans son ouvrage, dont certaines parties des *Manuscrits* ne sont qu'une réappropriation de la part de Marx, que l'argent rend étrangers les humains les uns vis-à-vis des autres[132].

---

[131] Karl Marx, *La Question juive*, *op.cit.*, p. 52.
[132] Pour Hess, l'argent est l'exemple par excellence qui caractérise l'inversion des rapports humains, l'inversion des individus à leur vie générique. Son ouvrage, *De l'essence de l'argent*, met en évidence les figures qui manifestent l'inversion du monde. Il y a une séparation de l'individu et du genre que le monde moderne marchand radicalise et porte à son paroxysme. La conséquence immédiate est l'isolement des hommes au sein du monde inversé dont les « droits de l'homme » constituent la validation idéologique de l'égoïsme pratique. Ainsi, à l'homme vrai ou

Dans les œuvres de jeunesse et dans les *Manuscrits* particulièrement, la critique de l'égoïsme fondée sur une critique de l'argent, permet à Marx de remettre en cause l'aliénation qui fait que les humains deviennent étrangers et ne se reconnaissent plus comme individus. La critique de l'aliénation est intimement liée à celle de l'argent dans les moments forts du texte de Marx. Ce que Marx montre, c'est comment l'ouvrier (pas le prolétaire, Marx n'emploie pas encore le terme dans ce texte) s'aliène dans la monnaie qui n'est rien d'autre que le fruit de son travail. L'argent altère drastiquement les relations interhumaines : «*En tant qu'il est cette puissance de renversement, l'argent apparaît ensuite également contre l'individu et contre les liens sociaux, etc., qui affirment être des êtres pour soi. Il transforme la fidélité en infidélité, l'amour en haine, la haine en amour, la vertu en vice, le vice en vertu, le serf en maître, le maître en serf, la bêtise en intelligence, l'intelligence en bêtise.* »[133] L'argent fausse les relations normales qui devaient exister, il permet la domination d'une petite frange de la population sur la majorité, il est ainsi dénoncé d'un point de vue purement éthique.

---

réel qui est conforme au genre, s'oppose un homme abstrait. Dans la réalité contemporaine, cette opposition se reflète dans l'opposition de l'homme privé et de l'être communautaire qui prolonge celle de la personne et de la propriété privée dont l'Argent est créateur. L'homme abstrait comme le montre Hess tend vers sa réalisation céleste ou abstraite, c'est à dire vers Dieu ou l'Argent. L'argent devient ainsi la concrétisation de la communauté et de l'Etat. Dans une telle communauté ou Etat, l'homme réduit à l'individu salarié est assujetti au détenteur de l'Argent qui est le vrai législateur. L'homme est ainsi abstrait ou irréel, car il attribue la vérité de son essence à Dieu ou à l'Argent. Il est divisé, car en lui s'opposent l'homme privé et l'homme appartenant à la sphère étatique. Tout pouvoir tire sa validité de l'Argent. A travers son analyse de l'Argent et de ses conséquences, Hess permet de reconnaître certains phénomènes de l'aliénation. Ce qui permet de comprendre la référence implicite des *Manuscrits de 1844* qui ne témoignent souvent que de la dette de Marx envers Hess : « *Ce que Dieu est à la vie théorique, l'argent l'est à la vie pratique, dans ce monde à l'envers : le pouvoir aliéné des hommes, leur activité vitale mise à l'encan. L'argent est la valeur humaine exprimée en chiffres, il est la marque de notre esclavage, le stigmate ineffaçable de notre servitude. Les hommes qui peuvent s'acheter et se vendre sont bien des esclaves. L'argent, c'est la sueur de sang coagulée des misérables qui apportent eux-mêmes sur le marché leur propriété inaliénable, leur pouvoir le plus propre, pour le troquer contre leur caput mortuum ; un capital comme on le nomme, et pour consommer en cannibales leur propre graisse* », Moses HESS, « *De l'essence de l'argent* » in Elisabeth De Fontenay, *Les figures juives de Marx*, Editions Galilée, 1973, p. 124.
[133] M44 ; M3 XLIII ; ES 123 ; Vrin 197 ; MEW566 ; MEGA^2 438.

La critique de l'argent qui s'ébauche dans les *Manuscrits* est riche d'un point éthique. Marx voit, d'une certaine manière, dans la propriété privée l'origine de la superpuissance de l'argent sans pour autant montrer de manière rigoureuse les rapports entre propriété privée et argent. Il s'appuie sur le côté tragico-dramatique pour expliquer la dépossession humaine due à l'existence d'un pouvoir autonome écrasant. Un tel pouvoir autonome qui domine les humains conduit naturellement à toutes les pathologies humaines. Ainsi, l'aliénation objective, c'est-à-dire la domination des hommes par des pouvoirs abstraits, serait due à la monnaie trébuchante : *«L'argent en tant - que le moyen et la capacité extérieurs qui ne proviennent ni de l'homme en tant qu'homme, ni de la société humaine en tant que société – comme le moyen et la capacité universels de faire de la représentation la réalité et de la réalité une pure représentation, transforme tout autant les forces essentielles réelles humaines et naturelles en représentations purement abstraites et par là en imperfections, en chimères et tourments, de même que, d'un autre côté, il transforme les imperfections réelles et chimères, les forces essentielles réellement impuissantes, qui n'existent que dans l'imagination de l'individu, en forces essentielles et capacités réelles.* »[134]

L'argent est considéré comme la manifestation d'une vie dominée par des systèmes indépendants et autonomes. Cependant, force est de constater que la critique de l'argent manque de rigueur économique qui pourrait permettre à Marx non seulement de faire une différence entre la monnaie et le capital (ce qu'il fera dans *Le Capital*), mais surtout d'expliquer l'autonomie du produit par les réels mécanismes économiques (les lois du marché, les usines et leur fonctionnement entre autres) : le fantôme de Hess hante toujours cette critique marxienne. Que devient cette approche critique/éthique de l'argent dans les œuvres de transition comme les *Grundrisse* ?

d) Les Grundrisse : une critique économique de l'argent ?

Dans les *Grundrisse* et particulièrement dans le *Chapitre de l'argent*, on peut voir à travers la critique de Darimon, une certaine

---

[134] M44 ; M3XLIII ; ES122-123 ; Vrin 197 ; MEW566 ; MEGA² 438.

remise en cause de l'antimonétarisme. Ce qui apparaît dans l'approche de Marx, c'est la quasi-impossibilité de faire disparaître l'argent dans les échanges ; croire à une possible disparition de l'argent dans les échanges, est une aberration. Cette critique est largement supérieure à celle présente dans les *Manuscrits de 1844*. La critique morale basée sur une philosophie de l'aliénation semble laisser la place à une critique de l'argent beaucoup plus réfléchie et rigoureuse. La dimension économique de la critique de l'argent apparaît de plus en plus dans la réfutation de Darimon.

En effet, la volonté de Darimon était manifestement de remplacer le système d'échange monétaire par un système fondé sur la quantité de travail contenue dans les produits afin de mettre fin à la superpuissance de l'argent et à son autonomisation totale et d'établir par la même occasion des rapports économiques non brouillés, des rapports transparents. La critique marxienne de la volonté de Darimon d'abolir l'argent dans les échanges, laisse entrevoir la nécessité de l'existence de l'argent dans les échanges. Ainsi pour Marx, la critique de Darimon n'est pas tenable, car l'argent, même s'il n'est pas apparu avec le mode de production capitaliste, est incontournable dans toute économie prospère. Il est vrai que Darimon est effaré par les contrecoups du système capitaliste, mais il ne s'attaque nullement à la racine de tels contrecoups : « *Abusés par le fait que la monnaie métallique ne se déprécie pas nominalement, les Darimon et consorts ne voient qu'une face de la crise : la hausse du prix de l'or et de l'argent par rapport aux autres marchandises. […]. En formulant ainsi le problème, ils l'auraient aussitôt résolu : il faut abolir la hausse et la baisse des prix, c'est-à-dire en fin de compte les prix et la valeur d'échange. Il s'agit donc du problème de l'échange dérivant de l'organisation bourgeoise de la société. Or, il exige une révolution économique de toute la société bourgeoise. Dés l'abord, ils auraient constaté qu'on ne peut remédier aux maux de la société bourgeoise en "réformant" les banques ou en instaurant un "système monétaire" rationnel.* »[135]

Pour Marx, dans le système capitaliste, l'argent est le moyen incontournable dans la circulation des produits (ce que *Le Capital* confirmera quelques années plus tard). Cependant, il faut souligner que dans *Les Grundrisse*, on peut percevoir une résurgence de certains

---

[135] Karl Marx, *Grundrisse* « Chapitre de l'argent », *op.cit.*, pp. 114-115.

points forts de la thématique de l'aliénation de 1844 même s'il faut noter qu'il y existe une évolution manifeste. Marx réactualise souvent la problématique de l'aliénation de 1844 sous-tendue par une critique de l'argent (perte d'autonomie de l'humain, mécanisation d'un pouvoir écrasant) : « *La nécessité de l'échange et la transformation du produit en valeur d'échange pure progressent avec la division du travail ; autrement dit, à mesure que la production prend un caractère plus social. A chaque accroissement de la puissance de l'argent, le rapport d'échange gagne en force, indépendamment des producteurs. Ce qui apparaissait au début comme un moyen de stimuler la production devient un rapport extérieur et étranger aux producteurs. Plus les producteurs deviennent indépendants de l'échange, plus celui-ci se rend indépendant d'eux, et plus se creuse le fossé entre le produit sous forme matérielle et le produit sous forme de valeur d'échange.* »[136]

On peut affirmer que Marx, dans les *Grundrisse,* prolonge les arguments de 1844 tout en en leur octroyant un statut économique beaucoup plus rigoureux. La solution de la suppression de la domination d'un pouvoir aveugle qu'il apporte en est une attestation. Loin de consister maintenant dans une réappropriation des qualités perdues autrefois à cause de l'aliénation, la nouvelle solution consiste en une sorte d'association collective qui contrôle la production (anticipation de certaines idées du *Capital*).

Une telle solution modifie celle de 1844 tout en continuant sous certains angles ses points forts. La critique de l'argent, articulée à la thématique de l'aliénation dans *Le Capital,* s'inscrira dans cette perspective de prolongement/d'approfondissement et de modification constants de celle de 1844.

e) La critique de l'argent dans le livre I du Capital

Marx dans, certains passages du *Capital*, son grand ouvrage, essaie de dégager les fonctions de l'argent qu'il avait d'ailleurs esquissées dans les *Grundrisse* particulièrement dans le *Chapitre portant sur l'argent* : argent comme mesure des valeurs, argent comme moyen de

---

[136] *Ibid.*, p. 136.

circulation des produits, argent comme réalité autonome. S'inscrivant dans une perspective logico-historique, Marx essaie, à partir des différentes fonctions de l'argent, de produire une chose qui bien qu'ayant une certaine rationalité n'en évoque pas moins une réalité concrète. Il s'agit de saisir le concret par l'abstraction. Autrement dit, il s'agit de comprendre comment l'argent passe par différentes étapes jusqu'à devenir une réalité autonome symbolisant l'aliénation humaine.

D'abord, Marx montre que l'argent permet de mesurer la valeur de toutes les marchandises, ce qui montre en filigrane la puissance de l'argent. L'argent est la mesure universelle de toutes les marchandises, mesure incontournable pour s'octroyer les produits du travail humain : premier signe d'aliénation. La fonction de mesure permet à la monnaie de rendre mesurables toutes les marchandises en une seule et unique marchandise : l'or ou l'argent qui permet d'exprimer la valeur des marchandises en prix[137]. Cette unique marchandise n'a nullement

---

[137] Ce que Marx analyse en détails dans le *chapitre III* intitulé *La monnaie ou la circulation des marchandises,* il avait déjà posé les jalons dans le *chapitre II Des échanges :* « *Ils* [les échangistes] *ne peuvent comparer leurs articles comme valeurs et par conséquent comme marchandises qu'en les comparant à une autre marchandise quelconque qui se pose devant eux comme équivalent général.*[…]. *Une marchandise spéciale est donc mise à part par un acte commun des autres marchandises et sert à exposer leurs valeurs réciproques. La forme naturelle de cette marchandise devient ainsi la forme équivalent socialement valide. Le rôle d'équivalent général est désormais la fonction sociale spécifique de la marchandise exclue, et elle devient argent*», pp. 78-79. Pour Marx, il y a un acte constitutif qui fait que la monnaie devient l'équivalent général de toutes les marchandises. Toutes les autres marchandises s'échangent par une seule et unique marchandise. Cette exclusion est un acte marquant une dépossession dans une société où les hommes se croient libres et égaux : « *Au commencement était l'action* » dit Marx pastichant Faust de Goethe, p. 78. La monnaie loin d'être une réalité découverte, se pose par un acte, on met à part une marchandise qui s'institue comme un rapport social. La monnaie devient l'acte par lequel les échanges entre des individus supposés libres, deviennent possibles. Les échangistes remettent leur pouvoir à l'argent qui régit l'ordre marchand. La société marchande commence par une action constitutive. Une telle société qui est censée être celle des individus libres et conscients de leurs actes, se fonde sur un acte aliénant : l'institution d'un rapport social marchand. Cet acte qui fait exister la société marchande révèle une contradiction. En effet, l'acte qui pose la marchandise comme équivalent général, lui attribue en même temps un caractère naturel, un caractère lié à la nature de la marchandise. Or, comme Marx permet de l'apercevoir, la marchandise n'a pas de caractère naturel, elle est une forme sociale historique de la production. Les humains posent la marchandise comme équivalent général et se rabaissent devant cette puissance autonome qu'est

besoin d'exister réellement, car on n'a besoin que de s'y référer abstraitement. Une telle abstraction aliène tous les produits du travail : « *Les marchandises se disent dans leurs noms d'argent ce qu'elles valent, et la monnaie sert comme monnaie de compte toutes les fois qu'il s'agit de fixer une chose comme valeur, et par conséquent sous forme monnaie.* »[138]

Ensuite, l'argent en tant que moyen indispensable de l'échange (qui suppose la vente et l'achat) agrandit sa puissance. Autrement dit, les agents de la production sont tous dépendants. Cette interdépendance est imposée par l'abstraction que constitue l'argent. L'argent acquiert une vie propre et autour de laquelle toutes les réalités de la production s'organisent. L'organisation politique devient même une réalité exigée par les échanges économiques. L'argent s'institutionnalise et trouve en l'Etat son garant. Ceci montre la puissance acquise par l'argent, pourtant création humaine, dans les relations économiques. Cette puissance acquise par l'argent dans les relations économiques favorise l'ampleur de son autonomie. Du fait qu'il se dématérialise dans le papier-monnaie, l'argent acquiert un pouvoir et un caractère inhérents à sa nature, la puissance de l'argent est ainsi garantie par l'Etat : « *Il ne s'agit ici que de papier-monnaie d'Etat avec cours forcé [...]. L'Etat jette dans la circulation des billets de papier sur lesquels sont inscrits des dénominations de numéraire tels que une livre sterling, cinq livres sterling etc. En tant que ces billets circulent à la place du poids d'or de la même dénomination, leur mouvement ne fait que refléter les lois du cours de la monnaie réelle [...]. Cette action coercitive de l'Etat ne peut s'exercer que dans l'enceinte nationale de la circulation, mais là seulement aussi peut s'isoler la fonction que la monnaie remplit comme numéraire.* »[139]

Cette fonction de circulation montre que l'argent sert de médiation dans l'échange de deux choses. Une telle médiation rend les producteurs faibles et dominés par leur propre production sociale comme le soulignent ces propos du *Capital*: « *Aussi nos échangistes découvrent-ils que la même division du travail, qui fait d'eux des*

---

devenue la monnaie. Les hommes livrent leur superpuissance à l'argent qui les domine et ils se prosternent devant une abstraction (l'argent) : « *Ainsi ont-ils* [les hommes] *déjà agi avant d'avoir pensé, et leur instinct naturel ne fait que confirmer les lois provenant de la nature des marchandises* », p. 78.
[138] Karl Marx, *Le Capital I*, op.cit., p. 87.
[139] *Ibid*., pp. 104-106.

producteurs privés indépendants, rend la marche de la production sociale, et les rapports qu'elle crée, complètement indépendants de leurs volontés [...]. L'argent est la marchandise qui a pour caractère l'aliénabilité absolue, par ce qu'il est le produit de l'aliénation universelle de toutes les autres marchandises. »[140]

Enfin Marx montre que l'argent s'autonomise définitivement et devient ce en quoi les différentes marchandises doivent se transformer, car l'argent représente la valeur : « *Dés que la production marchande a atteint un certain* [niveau] *de développement, chaque producteur doit faire provision d'argent. C'est alors le "gage social", le nervus rerum, le nerf des choses.* »[141]

L'argent se fait ainsi désiré et se déconnecte du coup de son origine sociale, on ne désire l'argent que pour l'argent. Ainsi, apparaissent nécessairement des crises. Pour Marx, dans ce changement de fonction où on passe de la thésaurisation au mode de payement, l'argent édifie selon ses propres caprices les fondements d'un échange de grandeur nature : il établit ce sur quoi doit se fonder un marché mondial, un commerce international. L'argent, en édifiant les bases d'un commerce international, acquiert une fonction gigantesque sans commune mesure : en devenant le moyen des échanges mondiaux, il se déconnecte de ses origines et devient une puissance autonome qui créée le marché mondial selon ses propres lois. L'argent unifie tout et abolit les barrières commerciales : « *La monnaie universelle remplit les trois fonctions de moyen de payement, de moyen d'achat et de matière sociale de la richesse en général (universal wealth). Quand il s'agit de solder les balances internationales, la première fonction prédomine. De là le mot d'ordre du système mercantile – balance de commerce. L'or et l'argent servant essentiellement de moyen d'achat international toutes les fois que l'équilibre ordinaire dans l'échange des matières entre diverses nations se dérange. Enfin, ils fonctionnent comme forme absolue de la richesse, quand il ne s'agit plus ni d'achat ni de payement, mais d'un transfert de richesse d'un pays à un autre, et que ce transfert, sous forme de marchandise, est empêché, soit par*

---

[140] *Ibid.*, pp. 92-94.
[141] *Ibid.*, p. 107.

les éventualités du marché soit par le but même qu'on veut atteindre. »[142]

La fonction de monnaie au sens total est celle que l'argent assume entièrement quand sa forme métallique ou symbolique incarne la valeur parfaite. Elle assume une telle fonction aussi bien dans la thésaurisation que dans le cadre des payements marqués par une distinction nette entre achat et vente. L'argent devient important du fait que le crédit domine le commerce. Cette importance devient accrue durant les moments de crise. L'argent ou l'or devient la seule garantie aussi bien sur le marché que dans les échanges internationaux.

La théorie marxienne de la monnaie permet d'apercevoir le caractère double de la monnaie : la monnaie est d'une part, un fait de marché et d'autre part, elle est le résultat d'une organisation étatique[143]. La relation Etat/monnaie peut poser problème pour la théorie marxiste qui définit l'Etat en fonction des rapports de classes sociales. Une telle relation fait apparaître un concept d'Etat assez original chez Marx, un concept qui définit un Etat avant le concept de classe, car Marx, dans la Section I, ne considère que les rapports entre échangistes. L'argent, dans cette organisation étatique, devient un signe effectif qui porte un nom. Cet Etat assure la réglementation des échanges, il assure l'organisation de la reproduction sociale. Cet Etat[144] qui ne se définit pas en fonction des rapports de classes, est ce

---

[142] *Ibid.*, p. 114.
[143] Tran Hai Hac, (*Relire « Le Capital »* Tome 1, *op.cit*) dans une magnifique analyse qui remet en cause aussi bien la théorie hétérodoxe que celle métalliste, met en relief une conception fort originale de la monnaie. Il note avec vigueur et pertinence que l' « *"acte social" par lequel une marchandise accède à la fonction d'équivalent, général ne peut être qu'un acte de l'Etat en tant que représentant de la société* », p. 128. La conception de Tran Hai Hac rejette la théorie hétérodoxe et la théorie métalliste afin d'éviter de tomber dans la fausse idée qui consiste à croire que la monnaie ne résulte que d'un autodéveloppement de la marchandise alors qu'elle nécessite plutôt une légitimation sociale étatique : « *Que la nature du procès d'élection – exclusion constitutif de l'équivalent général, soit fondamentalement étatique signifie que la monnaie est fondée sur une violence institutionnalisée, ou encore que la souveraineté politique est constitutive de la souveraineté monétaire* », *Ibidem*. Pour d'amples explications sur cette conception défendue avec vigueur par Hai Hac (*Cf. Relire « Le Capital »* Tome1, pp. 126-132.).
[144] Cet Etat est un *Etat métastructurel* ou un *Etat marchand* pour reprendre la terminologie bidetienne, c'est-à-dire un Etat défini dans le moment de l'abstraction totale. Un tel Etat, défini avant la structure de classes, pose de redoutables questions

par quoi les sujets illusoirement libres, se reconnaissent comme dominés par l'ordre marchand existant. L'Etat fixe l'étalon métallique qui valide la valeur marchande. L'argent est le principe de l'échange universel, de l'échange garanti par l'Etat, lequel Etat garantit la puissance de la monnaie, c'est-à-dire la puissance de la valeur de la monnaie. Un tel Etat, favorisant de façon contraignante une forme bien définie de la monnaie, devient une réalité supérieure, une instance de socialisation des rapports marchands effectifs, une réalité supérieure aux intérêts privés et singuliers. L'Etat, en tant que représentant de la société, fait accéder une marchandise unique au rang d'équivalent général. En un mot, le politique est constitutif de l'économique. La monnaie ne résulte pas du simple développement de la marchandise, elle suppose aussi une validation sociale. On ne saurait opposer la monnaie comme signe et la monnaie comme marchandise. Ce que Marx met en relief c'est l'impossibilité de penser l'argent (le marché) sans l'Etat, car il y a une connexion forte entre le politique et l'économique. La monnaie suppose une relation avec autre chose, avec l'Etat qui organise tout l'ordre marchand. En termes clairs, sans Etat, la monnaie ne saurait exister, car c'est l'Etat qui lui confère une validité, une légalité : la monnaie devient un signe symbolique garantissant un rapport d'échange équitable entre divers produits grâce à l'Etat. La monnaie est alors l'incarnation de l'Etat, Etat entendu au sens d'instrument garantissant des rapports entre les producteurs marchands. Ainsi, l'Etat existe du fait qu'il est l'instrument capable de garantir la réalité de la validité d'un signe.

---

théoriques pour le marxisme classique : comment peut-il continuer à exister dans une société de classes ? Quel sera son statut dans une telle société ? Bidet apporte des réponses assez rigoureuses et satisfaisantes à de telles interrogations en mettant en évidence la coimbrication entre ce qu'il nomme la métastructure (qui est le moment de l'abstraction dans la théorie de Marx et qui concerne l'étude de la production marchande, c'est-à-dire la Section I du premier livre du *Capital*) et la structure concernant la Section III et le reste de l'ouvrage qui porte sur ce qui est propre au système capitaliste, le salariat privé et l'accumulation de la plus-value. En effet, pour Bidet, un tel Etat métastructurel que Marx étudie dans l'abstraction, c'est-à-dire bien avant les classes sociales, ne doit pas être considéré comme une simple sphère qui impose aux capitalistes particuliers des lois et des règles. Il est plutôt une organisation posée par le rapport de classe moderne entre tous les membres de la société. Un tel Etat qui intervient dans l'organisation monétaire est l'instrument d'un ordre juridique qui considère les échangistes comme des sujets libres, comme des individus égaux et non comme des individus appartenant à des classes différentes. Bidet souligne que « *l'Etat "structurel" ne se conçoit qu'à partir de l'Etat "métastructurel"* », Explication et reconstruction du Capital, op.cit., p. 97.

La critique de l'argent montre d'une certaine manière la façon dont Marx réélabore avec beaucoup de subtilité certaines argumentations de la thématique des *Manuscrits parisiens*. Cependant, une telle réélaboration ne se fait nullement de manière linéaire et simpliste dans l'œuvre de la maturité, il ne s'agit pas d'une reprise intégrale de la thématique de jeunesse. Il s'agit plutôt d'une reprise bien maîtrisée, ce qui suppose un abandon de certains éléments et une élévation à un niveau supérieur d'autres éléments qui persistent ou résistent à l'analyse[145]. En un mot, il y a une évolution manifeste caractérisée par l'abandon de certains éléments de 1844 qui risquaient d'alourdir le texte du *Capital* ou d'en faire la copie conforme des *Manuscrits de 1844*. Le Marx du *Capital* évite certainement de faire de l'argent, c'est-à-dire de l'échange marchand, dont l'argent est le médium, l'unique source de toutes les dépossessions humaines. Marx essaie d'établir dans *Le Chapitre III de la section I* les fondements d'une critique, sans aucun doute, du système qui se propage : le capitalisme. La critique élaborée ne se focalise plus comme ce fut le cas en 1844 sur une certaine extorsion, mais sur le rapport marchand qui se généralise dans la vie de tous les jours, sur la puissance de la valeur d'échange qui fait disparaître la valeur d'usage des produits. Une telle critique montre que l'argent, abstraction qui acquiert une existence hyperpuissante, impose ses caprices à toute la vie économique. Ainsi, Marx fait persister certains éléments de la critique de l'argent de 1844, mais en leur octroyant cette fois-ci un contenu beaucoup plus riche et fourni. Cependant, *la section I* montre que cette critique de l'argent n'est nullement satisfaisante, ce qui fait qu'elle est supplantée par la mutation de l'argent en capital, car une telle critique dans *la section I*

---

[145] Ce qu'illustrent fort bien les propos de Bidet, citons les in extenso : « *Il faut seulement se demander pourquoi cette thématique de l'aliénation, avec tout son environnement philosophique, se trouve, dans la version définitive du paragraphe III, à ce point, atténuée, marginalisée. La réponse à cette question est, me semble-t-il, à chercher dans le progrès de la rédaction de 1867 à 1873, qui se manifeste en effet précisément dans la seconde édition par cette organisation plus accentuée en deux temps : paragraphe II, consacré à la genèse rationnelle de l'argent, paragraphe IV, consacré au fétichisme du marché, lequel, dans la première édition, figurait comme une "particularité de la forme valeur". Le thème du fétichisme de l'argent n'est pas écarté : évoqué, au paragraphe IV alinéa 153, il sera au centre du chapitre 2 " Des échanges". Il garde toute la pertinence, dans le contexte plus général du marché, à partir duquel doit être engagée l'analyse du fétichisme. Et il est donc tout à fait légitime d'honorer en ce sens la première version du paragraphe III, et d'y recueillir les éléments d'une critique de l'argent, de la marchandise et de la marchandisation* », Explication et reconstruction du Capital, op.cit., pp. 69-70.

ne saurait suffire pour remettre en cause le système capitaliste et le comprendre dans sa globalité.

Dans les *Manuscrits de 1844*, la critique de l'argent pouvait laisser entrevoir l'existence de liens stricts entre l'argent et le capital, ce qui n'est pas dans *Le Capital*. Autrement dit, dans les *Manuscrits de 1844*, l'aliénation était déclinée sous deux aspects : l'aspect subjectif et l'aspect objectif. D'une part, Marx parlait de l'aliénation pour montrer le côté assez misérable de l'existence des ouvriers, la diminution de la capacité d'agir de l'humain. D'autre part, il parlait de l'aliénation pour montrer non seulement l'autonomie du produit, mais aussi l'autonomisation d'un système mécanique qui obéit à ses propres caprices et subjugue du coup les ouvriers. L'argent symbolisait une telle sorte d'aliénation. Ainsi, dans les *Manuscrits*, même si Marx ne raccorde pas les deux sortes d'aliénation, leur rapport semble pourtant couler de source. Le travail aliéné expliquait les deux aspects de l'aliénation décrits ; l'aliénation du travail était manifeste dans l'abstraction que constitue l'argent.

Cependant, dans *Le Capital*, il semble qu'il existe une certaine prise de distance par rapport à ce rapport qui semblait exister entre deux sortes d'aliénation, une telle prise de distance, on pouvait l'apercevoir dés *L'Idéologie allemande* où Marx n'analysait nullement la dimension subjective de l'aliénation, mais mettait plutôt l'accent sur la dimension objective de l'aliénation à savoir l'autonomisation des forces productives. En effet dans *Le Capital*, la critique du système capitaliste devient beaucoup plus mûre et assise sur des bases solides, car Marx se lance dans une analyse profonde des caractéristiques d'un tel système et des crises qui le minent.

L'élaboration de la fameuse théorie de l'exploitation qui parcourt *Le Capital*, quasiment absente dans les *Manuscrits de 1844*, permet à Marx de montrer scientifiquement le côté désastreux des conditions de travail des ouvriers sans pour autant essayer de tout systématiser et sans aussi se projeter dans un futur théorico-hypothétique où l'homme récupérera ses attributs, c'est-à-dire sa nature réelle, celle qu'il avait perdue à cause du travail aliéné. C'est en cela que consiste d'ailleurs l'originalité du *Capital* et son progrès par rapport aux brouillons de 1844 aussi éclatés qu'imprécis. Mais, posons-nous la question essentielle : est-ce qu'une telle originalité conduit à rupture radicale avec les notes de lecture de 1844 ? La réponse est sans équivoque, négative. Car, à lire de près les deux textes (les *Manuscrits* et *Le Capital*), on note une certaine continuité même si celle-ci n'est nullement linéaire et ne se laisse nullement apercevoir au premier coup d'œil. Cette continuité, entre les *Manuscrits* et *Le Capital*, est davantage attestée par le fait que Marx dans ses analyses essaie aussi de montrer que les marchandises qui semblent posséder un caractère social lié à leur nature matérielle, une autonomie, n'en n'ont pas. L'existence des marchandises suppose d'abord l'existence d'agents de la production capables échanger leurs produits divers et différents, elle suppose aussi l'institutionnalisation d'une réalité capable de rendre possibles les échanges : le marché[146]. Ainsi, les échanges marchands n'ont d'autonomie qu'illusoire, car ils ne reflètent que des rapports existant concrètement. Le fait d'exposer les différents rapports réels permet à Marx de montrer que la théorie de l'argent n'est pas une abstraction.

La société où l'argent acquiert une puissance autonome est aliénée et une telle aliénation affecte tous les secteurs de la vie. La critique de l'argent prend ainsi en charge la thématique de 1844 tout en lui fixant des limites assez strictes, elle l'épure. Cette épuration qui prend en charge la thématique de 1844 est davantage mise en relief par le

---

[146] Dans le *Chapitre II de la Section I*, Marx fait apparaître les agents qui échangent leurs marchandises. Ce *Chapitre II* qui porte sur les échanges prépare sans aucun doute celui qui porte sur la monnaie (*Chapitre III*). Ainsi, l'abstraction qui existe au début de la *Section I* (absence d'agents, de producteurs échangistes) qui stipule que les marchandises possèdent une certaine autonomie inhérente à leur nature et s'échangent toutes seules, est levée : « *Si l'ouvrage* [Le Capital] *débute par l'étude de la marchandise et de l'argent, avant la définition du capital, c'est, on l'a vu, que ces concepts sont des préalables indispensables à l'étude du capital* », Jacques Bidet et Gérard Duménil, *Altermarxisme. Un autre marxisme pour un autre monde*, Paris, PUF, 2007, p. 41. Marx en mettant en évidence les agents réels, permet de comprendre les formes d'action liées aux échanges marchands. Ce *Chapitre II* permet de comprendre que la théorie sur l'argent n'est pas une simple abstraction, elle met plutôt en place des cadres d'échange bien définis : « *Marx passe d'une théorie de la structure sociale à une théorie de l'action ou de l'agent* », Jacques Bidet, *Explication et reconstruction du Capital, op.cit.*, p. 85. Avec l'introduction des agents de la production dans son analyse, Marx fait persister la thématique de l'aliénation. En effet, le rapport juridique échangiste n'est rien d'autre que le reflet de celui économique, du rapport de production marchand. Autrement dit, les personnes qui agissent ne sont pas libres, leurs échanges de marchandises sont imposés par l'ordre marchand existant. En un mot, l'action des échangistes n'est pas libre, elle est dictée par les impératifs du marché. Les producteurs n'ont pas pris une distance assez critique par rapport à la loi du marché, ils demeurent passifs.

« fétichisme de la marchandise ». Une telle théorie du fétichisme montre, comme nous l'avons souligné dans nos propos, que dans l'échange marchand tout est faussé, l'activité humaine échappe au contrôle et à la maîtrise des hommes. La théorie du fétichisme[147] n'est

---

[147] Le thème fondamental du fétichisme de la marchandise peut être résumé comme suit : les rapports interhumains se transforment en rapports entre choses. Autrement dit, il y a un renversement qui fait que d'une part, les rapports entre individus apparaissent comme rapports entre choses et d'autre part, les rapports entre personnes deviennent effectivement des rapports entre choses. Il y a une relation dialectique entre la chose que l'on se représente et la chose réelle. Dans la thématique du fétichisme, Marx montre que les agents de la production entrent dans l'échange (marché) sans savoir que leurs rapports sont des rapports entre divers travaux, des rapports sociaux. Ils n'entrent en contact que par le marché, lieu de l'échange, et ne sont intéressés que par la valeur de leurs produits qu'ils ne fixent pas. Autrement dit, les échangistes ne coordonnant pas le système du marché, le mécanisme marchand leur échappe. Le mouvement des marchandises détermine tout comme semble l'affirmer Bidet : « *Marx appréhende ici le marché en tant que système d'information : les prix de marché apportent toute l'information dont les producteurs échangistes ont besoin, ils leurs fournissent le concept pratique. Marx se dégage ainsi de l'ambiguïté liée au thème philosophique de l'aliénation en tant qu'elle vise à la fois et parfois dans les mêmes termes l'être et l'apparaître* », *Explication et reconstruction du Capital*, *op.cit.*, p. 77. Marx relie ainsi deux choses : une certaine théorie du non savoir (les agents ignorent le caractère social de leur production) et une théorie du savoir (l'échangiste connaît le prix du marché, il en est informé) qui lui permet de montrer la réelle amélioration par rapport à la thématique de 1844 dont l'analyse souffrait de l'absence de connaissances économiques rigoureuses : « *A la catégorie globalisante d'aliénation, Marx substitue une problématique qui suit la discontinuité des niveaux d'analyse de la structure. Et ce travail commence dès le moment le plus abstrait, celui du commencement : le rapport marchand de production* », Bidet, *op.cit.*, pp. 77-78. L'aliénation, même si elle passe le relais à un autre paradigme dans *Le Capital*, demeure. Le nouveau discours qui émerge, celui de la « représentation » n'élimine pas celui de l'individu aliéné.
Ce fétichisme ne peut ainsi disparaître qu'avec la dissolution de l'ordre de production capitaliste. La découverte scientifique ne saurait conduire à la fin du fétichisme, citons in extenso Marx : « *La découverte scientifique faite plus tard que les produits du travail, en tant que valeurs, sont l'expression pure et simple du travail humain dépensé dans leur production, marque une époque de l'histoire du développement de l'humanité, mais ne dissipe point la fantasmagorie qui fait apparaître le caractère social du travail comme un caractère des choses, des produits eux-mêmes. Ce qui n'est vrai que pour cette forme de production particulière, la production marchande, à savoir : que le caractère social des travaux les plus divers consiste dans leur égalité comme travail humain, et que ce caractère social spécifique revêt une forme objective, la forme valeur des produits du travail, ce fait, pour l'homme engrené dans les rouages et les rapports de la production des marchandises, paraît après comme avant, la découverte de la nature de la valeur,*

tout aussi invariable et d'un ordre tout aussi naturel que la forme gazeuse de l'air qui est restée la même après comme avant la découverte de ses éléments chimiques », *Le Capital I, op.cit.*, pp. 70-71. La solution proposée comme fin du fétichisme à savoir le communisme, permet de comprendre d'une certaine manière les conditions qui peuvent rendre possible le fétichisme. Une telle solution permet de comprendre que l'autonomie des choses et leur pouvoir sur les hommes, ne sont possibles qu'avec l'existence du marché. Le fétichisme appartiendrait à un mode de production dont les jours sont comptés même si c'est en siècles. Autrement dit, le fétichisme n'appartient pas au mode de travail de façon générale. Ce qui définit de manière spécifique la forme marchande, c'est le fait que l'égalité des travaux sociaux considérés comme dépense de force de travail devient la valeur des produits des travaux humains. Avant de mettre en évidence la spécificité du mode de production capitaliste, visitons Robinson dans son île. A travers cet exemple, Marx considère le travail comme activité, comme mode d'activité différent d'autres modes d'activité comme la prière (qui n'est qu'une simple distraction). Le travail considéré comme mode d'activité est articulé entre travail concret (travail utile ou produisant des valeurs d'usage) et travail humain abstrait, c'est-à-dire l'expression d'une force de travail pendant un moment déterminé : *« Son inventaire contient le détail des objets utiles qu'il possède, des différents modes de travail exigés par leur production, et enfin du temps de travail que lui coûtent en moyenne des qualités déterminées de ces divers produits. Tous les rapports entre Robinson et les choses, qui forment la richesse qu'il s'est créée lui-même sont tellement simples et transparents* [...]. *Et cependant toutes les déterminations essentielles de la valeur y sont contenues »*, *Ibid.*, p. 72. Ce que Marx essaie montre, c'est non seulement le rapport intime qui existe entre travail concret et travail abstrait, mais surtout qu'on ne saurait analyser les autres sociétés ou modes de production qu'à partir du couple travail concret/travail abstrait. Un tel couple permet à Marx d'analyser d'autres rapports de production différents pour mettre en évidence la spécificité de la forme de production marchande. Il y a d'abord le mode de production féodal où malgré l'existence de la dépendance et de la corvée, les rapports sont transparents et demeurent des rapports entre personnes : *« La forme naturelle du travail, sa particularité – et non sa généralité, son caractère abstrait, comme dans la production marchande – en est aussi la forme sociale. La corvée est tout aussi bien mesurée par le temps que le travail qui produit des marchandises ; mais chaque corvéable sait fort bien, sans recourir à un Adam Smith, que c'est une quantité déterminée de sa force personnelle qu'il dépense au service de son maître* [...]. *De quelque manière donc qu'on juge les masques que portent les hommes de cette société, les rapports sociaux des personnes dans leurs travaux respectifs s'affirment nettement comme leurs propres rapports personnels, au lieu de se déguiser en rapports sociaux des choses, des produits du travail »*, *Ibid.*, p. 73. Ensuite, Marx analyse le mode de production patriarcal où tout tourne autour de la famille qui organise la répartition commune des tâches : *« Les différents travaux d'où dérivent ces produits, agriculture, élève du bétail, tissage, confection de vêtements, etc., possèdent de prime abord la forme de fonctions sociales, parce qu'ils sont des fonctions de la famille qui a sa division de travail tout aussi bien que la production marchande* [...]. *La mesure de la dépense des forces individuelles par le temps de travail apparaît ici directement comme caractère social des travaux eux-mêmes,*

pas de moindre importance et ne saurait être considérée comme une passive reprise de la théorie de l'idéologie[148].

Marx montre que le monde humain est dominé et déterminé par les choses. Les rapports humains n'apparaissent pas comme tels, ils ne se manifestent pas comme des rapports établis par les hommes, mais comme des réalités déterminées par un système autonome, aveugle et contraignant. Avec le fétichisme, des réalités humaines transitent par

---

parce que les forces de travail individuelles ne fonctionnent que comme organes de la force commune de la famille », Ibidem. Enfin, Marx met en évidence le mode de production socialiste où le temps de travail (le travail abstrait humain) déterminera, tout aussi bien la rétribution de l'individu que sa fonction dans le travail, dans la totale transparence : « *Le temps de travail jouerait ainsi un double rôle. D'un côté, sa distribution dans la société règle le rapport exact des diverses fonctions aux divers humains ; de l'autre, il mesure la part individuelle de chaque producteur dans le travail commun, et en même temps la position qui lui revient dans la partie du produit commun réservée à la consommation. Les rapports sociaux des hommes dans leurs travaux et avec les objets utiles qui en proviennent restent ici simples et transparents dans la production aussi bien que dans la distribution* », Ibid., p. 74.
Les analyses de ces différents modes de production montrent que pour Marx, la spécificité du mode de production capitaliste ne réside pas dans le fait que le travail s'y manifeste comme travail humain abstrait (temps de travail), car il s'y manifeste comme tel dans les autres modes de production. La spécificité demeure dans le fait que la valeur ne convient ou n'apparaît qu'avec la forme marchande capitaliste. Le marché fait apparaître les rapports entre les divers travaux sociaux comme rapports entre pures choses et comme étant les valeurs des marchandises. Le marché n'est pas une réalité transhistorique, c'est une forme économique déterminée. En termes clairs, Marx ne prophétise pas la fin du travail comme mode d'activité, mais celle du fétichisme dont il a dégagé les conditions de possibilité et de dissolution.
[148] Une telle idée est défendue sous des formes assez différentes par Emmanuel Renault dans *Marx et l'idée de critique* chap. 3 de même que par Isabelle Garo dans *L'idéologie ou la pensée embarquée*, op.cit. Etienne Balibar voyait, quant à lui, dans un des ses textes classiques, dans la thématique du fétichisme, un simple retour de la problématique de l'idéologie. Il notait avec vigueur : « *Dans Le travail de Marx sur ce point, il n'y a pas eu, même dans* Le Capital, *de rupture objective et définitive avec cette idéologie (et donc avec l'idéalisme qu'elle contient, et qui en commande en dernière analyse les effets), mais seulement un changement de forme de cette idéologie, la découverte d'une forme de "critique" interne de l'idéalisme* », Cinq études du le matérialisme historique, Paris, François Maspero, 1974, p. 220. Plus loin, dans le même texte, il radicalise sa conception en ces termes : « *La théorie du fétichisme reste donc encore, dans* Le Capital, *une genèse (philosophique) du sujet, comparable à d'autres qu'on peut trouver dans une philosophie classique, mais avec cette variante "critique" (qui joua un rôle historique décisif, en produisant dans la conjoncture théorique d'alors des effets matérialistes immédiats) : c'est une genèse du sujet "aliéné". C'est une genèse ou théorie de la connaissance en tant que méconnaissance* », p. 223.

des choses. Ainsi, le fétichisme est une manière de faire persister certains schémas de 1844 tout en leur fixant des marges indépassables, en supprimant leur relent philosophico-anthropologique englobant. La théorie du fétichisme, loin d'être un enjolivement de la part de Marx, dégage plutôt un nouveau cadre théorico-critique intéressant.

Tran Hai Hac, s'insurgeant contre le scientisme d'Althusser, défend une telle idée. Pour lui, la domination de la chose sur les humains qu'élabore la théorie du fétichisme devient réellement effective dans l'étude de la monnaie. Ce qui revient à dire, de manière assez nette, que la thématique de l'aliénation réapparaît avec le fétichisme[149]. Ainsi, l'argent n'est rien d'autre que la manière dont les produits acquièrent une existence sociale. La valeur d'échange n'est que l'aliénation[150] de la vie humaine.

Cependant, une telle possibilité de lecture ne saurait, elle aussi, emporter la conviction. Car, à en croire Bidet, en radicalisant cette lecture, on risque de ne pas faire la différence qui existe entre la théorie de l'argent et celle du capital, on risque de les confondre ou de raccorder l'une sur l'autre. La théorie de l'argent, dans *Le Capital*, obéit

---

[149] Une telle conception était autrefois défendue par Isaak Roubine, qui subtilement, établit une articulation entre le fétichisme et la théorie de la valeur. Pour Roubine, le fait que l'organisation sociale échappe au contrôle humain et passe par les lois du marché, constitue le fondement de l'opacité sociale. Un tel fait explique la primauté des objets échangés qui ne font en réalité qu'exprimer l'irrationalité du système productif. Roubine réélabore à sa façon le propos de Marx en faisant de la monnaie l'expression effective du système capitaliste, c'est-à-dire de la situation tout aussi bien du capitaliste que de l'ouvrier : « *La théorie du fétichisme est per se, la base de tout le système économique de Marx et, en particulier, de sa théorie de la valeur.* […]. *La théorie du fétichisme de la marchandise se transforme en une théorie générale des rapports de production, de l'économie marchande, en une propédeutique de l'économie politique* », Essais sur la théorie de la valeur de Marx, Paris, Maspero, 1978, pp. 22-23. Le juriste soviétique et fervent théoricien du dépérissement de l'Etat, Pasukanis, partant sensiblement des mêmes approches que Roubine, affirme que l'abstraction juridique ne reflète que le phénomène réificationnel tel qu'il existe dans le rapport marchand : « *De même que la richesse de la société capitaliste revêt la forme d'une accumulation énorme de marchandises, la société dans son ensemble se présente comme une chaîne ininterrompue de rapports juridiques* […]. *Le rapport juridique entre les sujets n'est que l'envers du rapport entre les produits du travail devenu marchandises* […]. *Le droit en tant qu'ensemble de normes n'est, par contre, qu'une abstraction sans vie* », La théorie générale du droit et le marxisme, Paris, EDI, 1970, p. 75.
[150] Le dicton « l'argent n'a pas de maître » montre la puissance impersonnelle de l'argent

à ses propres normes[151]. Il est évident que la théorie du fétichisme malgré ses similitudes avec la théorie de l'aliénation, ne saurait être une totale réintégration de cette dernière, car elle ne saurait à elle seule assurer la persistance de la thématique de l'aliénation. Elle ne fait aucune référence à la dimension subjective de l'aliénation qui était pourtant le noyau de la thématique de 1844, or on sait qu'une telle dimension hante toujours Marx.

Toute lecture qui ne verrait dans la thématique du fétichisme que le retour idéal et intégral de la thématique de l'aliénation, serait insatisfaisante et restrictive. Car, dans *Le Capital*, les catégories anthropologiques de l'aliénation de 1844, disparaissent pour laisser placer à des catégories économiquement fondées comme le confirme Bidet, citons in extenso ses propos : « *Dans les* Manuscrits de 1844*, la problématique de l'aliénation concerne indistinctement ces trois termes* [marché/argent/capital]. *Par contre, les* Grundrisse *s'organisent significativement en deux parties, l'une consacrée à l'argent, l'autre au capital. Le fétichisme y est d'abord élaboré à partir de l'analyse de l'argent. Dans* Le Capital*, Marx ayant [...], découvert son vrai point de départ, qui n'est pas l'argent, mais la "valeur" c'est-à-dire, on l'a montré, la production marchande, affecte d'abord le fétichisme au marché, et dans le contexte de celui-ci à l'argent, clôture fonctionnelle de la forme marchande. Et le thème va se déployer ensuite, à partir de là à tous les niveaux de la configuration structurelle "capital", qui elle-même se constitue "logiquement" à partir du marché. D'où la question de la signification et de la pertinence diverses des catégories de fétichisme et d'aliénation à ces différents niveaux. On ne peut se contenter de dire que c'est cela tout ensemble qui forme le fétichisme, car le dispositif central du* Capital *est l'articulation entre la théorie du marché, objet de la* Section I*, et la théorie du capital comme survaleur (plus-value), qui gouverne, à partir de la* Section III*, le reste de*

---

[151] Bidet note avec justesse ce qui suit : « *La forme, spécifiquement structuraliste, que prend ici l'analyse marxienne du fétichisme condamne d'avance tout commentaire qui chercherait à coaguler marché et capital dans le thème de la domination de la valeur en tant que domination de l'abstraction. L'éclatement des moments du marché et du capital entraîne celui, postmétaphysique, du "sujet", de la "conscience aliénée"* », Explication et reconstruction du Capital, op.cit., p. 83. Dans un autre ouvrage collectif, il donne beaucoup plus de profondeur à une telle idée : « *Marx distingue strictement la logique du marché et celle du capital, puisqu'il est en mesure d'exposer la première sans dire encore un seul mot de la seconde* », Altermarxisme. Un autre marxisme pour un autre monde, op.cit., p. 51.

l'exposé. Mais cette articulation implique précisément une séparation entre les moments et donc un discernement de ce qui appartient en propre à chacun. Il ne s'agit donc pas seulement de savoir si le concept d'aliénation fait ou non retour dans Le Capital. *On ne peut régler ainsi la question de la coupure épistémologique, la neutraliser par la mise en évidence de la continuité de la pensée de Marx. »*[152]

Cependant, il faut souligner que même si la théorie marxienne de la monnaie et son rapport à la thématique de l'aliénation fait sortir davantage la dimension de l'aliénation objective, il n'en demeure pas moins que dans *Le Capital*, Marx ne néglige pas de mettre en relief la dimension de l'aliénation subjective, car si tel n'était pas le cas, on serait tenté de dire que les limites de la conception de l'aliénation qui se trouvent dans *L'Idéologie allemande et dans Histoire et conscience de classe* de Lukács, limites dues au fait que de telles œuvres ne mettent l'accent que sur l'autonomisation d'un pouvoir social, sur la dimension de l'aliénation objective, se retrouvent dans *Le Capital*.

f) Correction d'une anomalie : l'irruption de la dimension subjective de l'aliénation

En affirmant, ce qui apparaît d'ailleurs dans les textes, que Marx est toujours resté dans une logique de pensée qui met en évidence la vie tragico-dramatique de l'ouvrier moderne, on peut donner beaucoup plus de rigueur à l'idée selon laquelle il existe une certaine continuité, pas linéaire bien sûr, entre les intuitions souvent imprécises et hâtives de 1844 et les analyses de 1867. En effet, dans *Le Capital*, les allusions assez nombreuses et répétées au côté négatif du système capitaliste n'y sont pas présentes pour la pure beauté du texte : elles nous enseignent beaucoup de choses. Il est vrai que le thème de l'exploitation qui met souvent en relief l'extorsion de la plus-value a tendance à faire disparaître ses autres modalités d'existence. Elle, l'exploitation, touche la vie même du sujet et empêche au sujet de pouvoir agir en tant que tel, elle réduit la vitalité de l'ouvrier. Ainsi, même si Marx n'élabore pas comme il le faisait dans ses intuitions de jeunesse de 1844, une théorie de l'aliénation, il n'en demeure pas moins que la thématique de l'aliénation subjective (impossibilité d'agir de l'humain) reste collée

---

[152] Jacques Bidet, *Explication et reconstruction du Capital*, *op.cit.*, pp. 82-83.

aux basques de la théorie de l'exploitation. En un mot, la thématique de l'exploitation prend en charge celle de l'aliénation subjective, car les expériences négatives et tragiques de la classe ouvrière dans *Le Capital* rappellent sans cesse celles des ouvriers des *Manuscrits de 1844*.

En 1844, la thématique de l'aliénation permettait de décrire deux phénomènes d'une même réalité (?), l'aliénation subjective entendue comme diminution de la capacité d'agir du sujet, la perte de soi (expériences négatives) et l'aliénation objective entendue comme la domination d'un pouvoir mécanique sur les humains. Dans *Le Capital*, sans pour autant être systématisés, les deux aspects de l'aliénation refont surface. L'aliénation subjective y apparaît quand Marx s'engage dans une analyse stricte des conséquences de l'exploitation capitaliste : avec les mécanismes d'exploitation capitalistes, les ouvriers se retrouvent dépossédés de leur capacité d'agir. L'aliénation objective y apparaît avec l'analyse de deux grandes puissances à savoir la monnaie et la marchandise dans la Section I.

Ce que l'on peut dégager de telles analyses, c'est que malgré la distance par rapport à la thématique de 1844, malgré la volonté marxienne de fournir dans *Le Capital* un discours économique beaucoup plus rigoureux, il apparaît parfois dans le même texte, une certaine tentative de raccorder les deux aspects de l'aliénation. Ainsi, dans *Le Capital*, même si la tendance unifiante des *Manuscrits* disparaît, Marx ne cesse de penser l'aliénation sous ses différentes formes. Quelques unes de ses analyses font apparaître une certaine volonté de montrer que l'aliénation subjective est liée à l'existence d'un pouvoir mécanique. Que veulent dire de telles idées ébauchées ? Elles veulent dire que l'aliénation objective permet de comprendre celle subjective, les deux semblent être liées et inséparables comme ce fut le cas vingt ans plus tôt. La théorie de l'exploitation permet de montrer la dimension subjective de l'aliénation. Avec l'analyse du travail, permettant de concevoir l'aliénation subjective, on peut dégager les rapports entre les deux aspects de l'aliénation.

Marx, penseur de l'aliénation au sens large, prend en charge la souffrance vécue du travailleur. Ainsi, la tentative de réduire l'aliénation à une unique dimension ne saurait emporter entièrement la conviction. *L'Idéologie allemande*, texte polémique à souhait, avait fait les frais d'une telle tentative. *Le Capital*, sans le nommer, rectifie les erreurs de *L'Idéologie allemande* dues sans doute à la volonté affichée de remettre la philosophie allemande aliénée sur le droit chemin. *Le Capital* prend en charge la souffrance ouvrière, il fait fonctionner les deux aspects de l'aliénation côte à côte. Plus précisément, la réification ne saurait faire ressortir les rapports complexes entre les *Manuscrits de 1844* et *Le Capital*, car n'étudiant pas l'aliénation dans sa globalité. Ainsi, même si l'analyse de l'argent fait penser à la réification ; elle ne saurait mettre en relief la souffrance ouvrière et la perte de vitalité. Ce qui fait d'ailleurs qu'elle est supplantée par une analyse approfondie des mécanismes du système capitaliste qui seule permet de penser les expériences négatives. L'analyse de l'argent doit laisser la place à une analyse plus fondamentale pour faire ressortir les rapports entre *Le Capital* et les *Manuscrits de 1844*. La réification symbolisée par l'argent ne permet pas une réactualisation de la thématique de 1844. Une telle thématique semble être rebelle à toute prise en charge par la théorie réification.

En définitive, on peut affirmer que l'analyse de l'argent permet d'une part, une persistance de la notion d'aliénation par son explication de l'origine de la mécanisation de l'argent, d'autre part, sentant qu'elle ne saurait permettre une persistance d'autres thèmes de 1844, elle laisse la place à l'avènement d'une explication rigoureuse des autres aspects de l'aliénation.

Concernant, les nombreuses ressemblances/dissemblances entre les *Manuscrits de 1844* et *Le Capital*, on peut rigoureusement affirmer que le texte du *Capital* semble par moments ne pas s'intéresser à la problématique de l'aliénation de 1844 pour analyser de manière inaugurale ou nouvelle le système capitaliste en tendant à mettre à nu les limites ascientifiques de la problématique de 1844 (les pages énigmatiques du fétichisme ont tendance à raffermir une telle possibilité de lecture). En plus, la problématique de l'exploitation semble supplanter celle de l'aliénation ou être une de ses manifestations. Enfin, l'aliénation semble ne plus pouvoir être nommée, Marx préférant l'analyse des faits concrets que la tentative de conceptualisation. On peut dire que le texte de Marx semble être marqué par une série de ressemblances/dissemblances qui ouvre une brèche à toute sorte d'interprétation ou d'approche. Marx semble ne pas vouloir adopter une méthode définitive et radicale, c'est sans doute aussi ce qui alimente les vives discussions sur les textes de Marx et conduit à une floraison d'interprétation de la problématique de l'aliénation comme celle non moins célèbre de Lukács.

Chapitre II

Lukács ou le triomphe controversé de l'aliénation objective

« L'aliénation est trop vaste pour pouvoir constituer un concept scientifique opératoire, tandis que la réification est plus précise. »[153]

Avec la notion lukacsienne de réification, on assiste à une manière fort originale de théoriser sur de nouvelles bases la problématique de la dépossession aliénante où ce que Marx a tenté tant bien que mal de mettre en relief dans la thématique du fétichisme de la marchandise. Cependant, il faut d'emblée souligner que dans sa tentative de conceptualiser la thématique de l'aliénation, Lukács, au-delà de son interprétation dialectique du *Capital*[154], fait des emprunts aux sociologues Georg Simmel et Max Weber[155] qui, dans certains de leurs

---

[153] Lucien Goldmann, *Lukács et Heidegger*, Paris, Editions Denoël, 1973, p. 168.
[154] Dans *Histoire et conscience de classe* et notamment dans l'article intitulé *« qu'est ce que le marxisme orthodoxe»*, Lukács montre que ce qui fait la grandeur du *Capital*, c'est sa forme dialectique. Pour Lukács si, dans la Postface du *livre I du Capital*, Marx s'appesantit sur le côté révolutionnaire de la dialectique, c'est parce que pour lui, connaître l'essence du mouvement réel et historique, c'est connaître ses contradictions. La connaissance du réel, en énonçant le réel, énonce du coup sa destruction probable conformément à la dialectique. Ainsi, les économistes ne connaissent pas la rationalité des contradictions, car ils ne voient que le côté conservateur du mouvement historique. Cette approche lukacsienne fait de la dialectique le moyen par excellence de la connaissance et de la critique de la réalité. Cependant, en se rapportant aux fameuses *Lettres sur Le Capital*, on voit que la dialectique considérée comme achevée n'était qu'à l'état de projet, Marx formulant lui-même la volonté si le temps le lui permet d'en esquisser quelques pages : « *Si jamais j'ai un jour de nouveau du temps pour ce genre de travail, j'aurais grande envie, en deux ou trois placards d'imprimerie, de rendre accessible aux hommes de bon sens, le fond rationnel de la méthode que Hegel* [la dialectique] *a découverte, mais en même temps mystifiée* », Karl Marx, « lettre à Engels , 14 Janvier 1858 », in Karl Marx et Friedrich Engels, *Lettres sur Le Capital*, Paris, Editions Sociales, 1964, p. 83.
[155] Il est certes évident que Lukács, dans sa problématique de la réification, emprunte certains arguments à Simmel, mais on ne saurait ignorer que l'analyse wébérienne de l'absence du sentiment de fraternité qui favorise l'existence d'un monde réifié est également très importante dans l'élargissement de la problématique lukacsienne de la dépossession. Weber, dans la *Sociologie des religions,* essaie d'analyser l'aliénation à

textes notamment la *Philosophie de l'argent* et *La tragédie de la culture*, *L'éthique protestante et l'esprit du capitalisme* et *Sociologie des religions*, consacraient le triomphe d'un versant de l'aliénation, le triomphe de l'aliénation objective.

En effet, pour rappel, Marx, dans son fameux texte éclaté, *Le Capital*, accentuait sa réflexion sur l'exploitation et faisait du capitalisme la caractéristique de l'époque moderne. Simmel, malgré ses distances par rapport aux idées centrales de Marx et refusant de faire du capitalisme la caractéristique de l'époque moderne, réactualise la thématique de la dépossession aliénante, cœur de la pensée marxienne du *Capital*. Il essaie d'analyser sur des bases assez élargies les méfaits qui existent dans la société moderne. Ce qu'il tente de remettre en cause dans son analyse, c'est la perte de valeur d'une société incapable de créer et d'innover : il critique la « Culture », la stratification de la société. Ainsi, en lieu et place du binôme marxien,

---

partir du sentiment d'inauthenticité que ressentent les individus. Il essaie d'analyser les raisons qui font que les individus deviennent assez distants par rapport au monde. Il analyse les raisons qui font que les individus ne considèrent pas le monde comme le leur propre et ne s'y reconnaissent pas. Pour Weber, l'autonomisation des sphères sociales conduit à une impuissance totale de l'individu dans le monde. Ce sentiment humain, à l'intérieur de la religion, est considéré comme la source de l'aliénation de l'époque moderne. La véritable origine du sentiment d'aliénation n'est rien d'autre que cette distance du monde social par rapport à une certaine valeur : la fraternité. Le monde social se détournant d'une telle valeur, se dépossède et devient étranger par rapport à lui-même. Si le monde se dépossède par le fait de se détourner, c'est parce que la fraternité est universelle et a mis fin aux valeurs singulières de l'ethnie et de la tribu. La fraternité est universelle et permet d'étendre l'amour et le respect au-delà de la simple appartenance ethnique ou clanique : « *Quand la prophétie de salut-délivrance a créé des communautés* (Gemeinschaften) *sur une base purement religieuse, la première puissance avec laquelle elle est entrée en conflit, et qui devait craindre d'être dévalorisée par une telle prophétie, a été la communauté naturelle de la* parentèle (Sippe). *Celui qui ne peut se heurter aux siens, à son père et à sa mère, ne peut être un disciple de Jésus* », Max Weber « Considération intermédiaire : théorie des degrés et des orientations du refus religieux du monde », in Max Weber : *Sociologie des religions*, Paris, Gallimard, 1966, p. 418. Au fond, ce que Weber tente de montrer, c'est qu'avec la rationalisation du monde et du développement capitaliste, la fraternité disparaît petit à petit et laisse place à une existence réifiée et l'individu se sent étranger dans le monde malgré l'abondance qui y règne. Cependant, il faut noter que chez Weber, la pensée de l'aliénation qui se lit souvent entre les lignes de certaines de ses analyses n'est nullement harmonisée ou systématisée : il n'y a pas de théorie de l'aliénation chez Weber. Weber, sans pour autant la théoriser, ne fait que penser d'une certaine manière l'aliénation qui résulte de la tentative de rationalisation du monde.

exploitation/domination qui caractérisait la société capitaliste, on assiste à une remise en cause de la civilisation, à un bilan de la civilisation. Le langage de la souffrance ne peut plus permettre de décrire tous les maux de la société moderne. L'accent est mis sur la fixation des sphères sociales et sur le nivellement de la société. Autrement dit, on assiste à une nouvelle manière de réinvestir la critique marxienne en une critique de la culture de l'époque moderne. La domination et l'exploitation, caractéristiques du vocabulaire de Marx, sont supplantées par une rigoureuse critique de la civilisation.

Dès lors, ne réduisant plus la modernité au capitalisme et le capitalisme à la simple exploitation, Simmel et Weber, bien que n'étant pas fidèles au modèle marxien, continuent d'une certaine manière la pensée de l'aliénation. Ils essaient de situer les méfaits du système capitaliste dans une analyse sociologique beaucoup plus élargie. Plus précisément, leur volonté manifeste est de légitimer, pour la théorie sociale, certains thèmes critiques issus de la critique de la civilisation. Plus précisément, au lieu de se focaliser sur le fameux binôme capitalisme/exploitation, ils remettent en cause le monde contemporain dans son ensemble. On passe alors d'une remise en cause de la souffrance, de la domination (paradigmes marxiens) à un élargissement de la notion d'aliénation. Car les pathologies ouvrières, les désastreuses conditions d'existence de vie des ouvriers, leur situation qui frise le tragique, ne peuvent à elles seules légitimer l'usage de la notion d'aliénation : il faut repenser et élargir une telle notion. De nouvelles notions telles que perte de liberté et perte d'autonomie surgissent. Simmel et Weber, ne remettant pas totalement en cause les paradigmes marxiens, tentent de refondre la critique de l'aliénation en une critique de la « Kultur ».

Cependant, il faut souligner que le jeune Marx ou plutôt le Marx de 1844 rendait déjà possible l'élargissement de la notion d'aliénation. Il permettait de ne plus réduire l'aliénation à l'exploitation et à la souffrance. Les possibilités d'élargissement de la notion d'aliénation présentes dans la pensée du jeune Marx mais non développées ou à peine mentionnées dans les œuvres de maturité, seront exploitées par Simmel et Weber en vue d'une critique globale de la civilisation. C'est d'ailleurs fort de ce constat que Lukács va considérer la réification comme un concept opératoire pouvant permettre de conceptualiser à nouveaux frais la notion d'aliénation et de l'élargir. Lukács, fortement influencé par Simmel et Weber, substitue l'aliénation à la réification, plus capable, à l'en croire, de prendre en charge les critiques aussi diverses que pertinentes de la civilisation, de la culture et de la modernité. Cette tentative lukacsienne montre d'une certaine manière les liens qui existent entre la pensée sociologique de Simmel et de Weber et la pensée marxienne, les liens qui existent entre la pensée sociologique et celle philosophique.

Notons que l'apport non négligeable de Lukács ne se réduit nullement à une unique et malheureuse tentative de réinvestissement de la thématique du « fétichisme de la marchandise » effleurée dans *Le Capital*. En effet, en essayant tant bien que mal de repenser certains phénomènes dépossessifs à partir de certains schémas d'analyse du *Capital*, Lukács rend logiquement possible un élargissement de la pensée de l'aliénation qui certes emprunte ses points forts à Marx ou plutôt à certaines hypothèses de Marx, mais qui ne saurait néanmoins négliger l'apport considérable de la pensée sociologique. Dans les pages qui suivent, nous essaierons, autant que faire se peut, de mettre en évidence non seulement les apports de la pensée sociologique dans l'analyse de la thématique de l'aliénation, mais nous essaierons également de montrer qu'une telle pensée malgré ses mérites n'a pas réussi à dépasser les cadres d'analyse des *Manuscrits parisiens*.

1) Simmel : la mutation de la critique de l'aliénation en une critique de la « Culture »

Dans certains de ses écrits, Simmel analyse la perte de soi de l'individu, son étrangéreté et sa souffrance dans la société. Une telle analyse fait ressortir les rapports que certaines thématiques simmeliennes entretiennent avec la thématique de l'aliénation. La souffrance de l'individu et son étrangéreté dans son propre monde, permettent de voir l'importance que constituent les travaux de Simmel dans l'analyse de la thématique de l'aliénation qu'il semble n'accorder aucune importance. Autrement dit, à y regarder de très près, on serait tenté de dire que ce qu'analysait Marx ne diffère pas profondément de ce que décrit Simmel. Cependant, par opposition à Marx qui essayait tant bien que mal d'homogénéiser son analyse et de rendre compte par un concept opératoire les faits qu'il analysait, Simmel ne lie non seulement pas les faits qu'il analyse à la société moderne, au capitalisme, mais il ne les rend pas par un concept opératoire. Il comprendra au contraire la « Vie » comme une réalité créatrice (ontologie vitaliste) de nombreuses formes et qui dans son cheminement toujours créatif dépose des sédiments de son activité. De tels sédiments laissés ou déposés par la « Vie » peuvent être observés de manière concrète. Cette analyse empiriste de l'ontologie vitaliste permet de mettre en évidence certains points fondamentaux de la thématique de l'aliénation.

Pour Simmel, les différents sédiments déposés par la « Vie », constituant la « Culture », sont aussi des phénomènes dépossessifs ou contraignants. La «Vie» minée par la tension entre la création et ce qui est délaissé, entraîne une dépossession. Il y a naturellement aliénation du fait que la «Vie» qui devrait être créatrice, ne se reconnaît plus dans sa création, dans ses produits, l'objet créé par le sujet, s'oppose à lui. Cette analyse de l'aliénation fondée sur une ontologie vitaliste ne saurait totalement exprimer la souffrance du corps et de l'humain. Voulant trop s'éloigner d'une théorie réductrice de l'aliénation à l'exploitation, à la modernité, au capitalisme, elle semble négliger la dimension subjective de l'aliénation. Néanmoins, dans certains de ses textes illustratifs (comme les essais regroupés dans *La tragédie de la culture*), Simmel essayera de mettre en relief la perte d'agir de l'humain, de mettre en relief la dimension subjective de l'aliénation.

Dans la *Philosophie de l'argent*, les analyses simmeliennes sont quasiment similaires à celles de Marx, aussi bien à celles du Marx des *Manuscrits parisiens* qu'à celles du Marx du *Capital*. Simmel voit dans l'argent l'unique moyen de donner de la valeur aux choses (Marx ne disait pas autre chose dans ses analyses). De telles analyses qui peuvent être considérées comme de réels pamphlets contre les critiques de l'argent, montrent que l'argent supprime la singularité des choses pour les élever à une dimension purement universelle. Sans l'argent, les choses ne posséderaient aucune valeur, l'argent fait du monde un monde objectif et supprime la subjectivité. Simmel semble montrer par opposition aux critiques de l'argent que l'argent permet d'octroyer de la valeur aux choses, permet de donner une valeur sociale aux choses. Simmel semble faire l'apologie de la monnaie. L'argent joue, à l'en croire, un rôle non négligeable dans le monde moderne, car permettant d'unifier le monde : l'argent est la mesure de tous les biens. L'objectivité du monde n'est effective et réelle que grâce à la monnaie qui élève toutes les choses à une dimension universelle : « *Cette objectivité de la constitution de la vie ressort précisément elle aussi de sa relation à l'argent [...]. Le fait que les diverses personnalités aient cependant les rapports internes à l'argent les plus divers prouve bien, justement, qu'il se situe au-delà de toute particularité subjective ; et il a cela en commun avec les autres grandes forces historiques, pareilles à de vastes lacs où l'on peut puiser, sur chaque rive, tout ce que la forme et la taille du récipient apporté permet de puiser. L'objectivité dans le comportement réciproque des humains, cette objectivité-là trouve dans les intérêts purement économico-monétaires son expression la plus intégrale.* »[156]

Au-delà des formules apparentes qui semblent aller dans le sens d'une glorification sans ambages de la modernité, Simmel essaie de mettre à nu dans son texte les pathologies de la marchandisation dont l'argent est la source, le porte étendard. Pour Simmel, avec l'argent, le produit (Marx l'avait remarqué en 1844) domine le sujet créateur. La floraison des objets créés pour tout le monde conduit à la perte de la possibilité créatrice de l'humain. Avec une telle floraison, les objets deviennent maîtres des humains. Les objets créés par les hommes les dominent et leur font perdre leur autonomie et leur capacité créatrice[157]. Simmel essaie ainsi d'élargir la thématique de l'aliénation pour prendre en charge les nombreuses pathologies sociales (perte d'objet, perte de soi, suprématie de l'objet). Autrement dit, les analyses flatteuses qui semblent aller dans le sens d'une glorification de la monnaie comme a tendance à le faire la pensée libérale, remettent en cause les méfaits de l'argent. Simmel montre les effets assez pervers de l'argent dans la société moderne dans les termes qui sont quasiment ceux utilisés par Marx pour décrire l'aliénation : le sujet perd son autonomie au profit de l'objet, la multitude des objets met un frein à la capacité créatrice de l'homme et conduit à une domination des personnes par les objets. Les humains sont ainsi dominés ou aliénés par les créations humaines ou sociales qui ne cessent de leur faire perdre leur dignité. L'analyse simmelienne fondée sur une ontologie vitaliste, en apparence opposée à

---

[156] Georg Simmel, *Philosophie de l'argent*, Paris, PUF, 1987, pp. 554-555.

[157] Simmel affirme ce qui suit : « *Si la division du travail a jusqu'ici passé pour une spécialisation des activités personnelles, la spécialisation des objets eux-mêmes ne contribue pas moins à les mettre à cette distance du sujet qui paraît traduire l'autonomie de l'objet, l'incapacité du sujet à s'assimiler celui-ci et à le soumettre à son propre rythme. Cela s'applique d'abord aux moyens du travail. Plus ils se différencient et se constituent d'un grand nombre de parties spéciales, moins pourra s'exprimer à travers eux la personnalité du travailleur, moins sa main se reconnaîtra dans le produit* », Ibid., p. 587.

celle de Marx, peut prendre en charge certaines formes historiques d'aliénation : « *La pluralité des objets très spécifiquement façonnés, à elle seule, rend déjà difficile le rapport étroit, quasi personnel, aux singularités : un petit nombre d'ustensiles élémentaires est plus facilement assimilable par la personnalité, tandis qu'une multiplicité profuse se constitue pour ainsi dire en parti face au moi ; le fait s'exprime dans les plaintes des ménagères, déplorant que l'entretien de leur intérieur exige d'elles un service fétichiste, aussi bien que dans la haine, explosant à l'occasion, de natures plus graves et plus profondes envers les innombrables détails dont nous garnissons notre vie.* »[158]

Dans son analyse, Simmel ne met nullement l'accent sur l'exploitation pour caractériser l'époque moderne mais plutôt sur l'abondance d'objets qui fait que le consommateur devient un homme aliéné, car vivant dans un monde où toute la production est totalement standardisée. On voit surgir dans l'analyse simmelienne une remise en cause de la « société de consommation ». Une telle remise en cause permet de ne plus réduire la thématique de la dépossession à une pure critique de l'exploitation et de la souffrance ouvrières. Cependant, force est de constater que la tentative simmelienne d'élargir la thématique de la dépossession est assez limitée. Elle n'accorde nullement une certaine importance à l'aliénation effective, à la situation injuste et inhumaine de l'ouvrier : l'analyse de l'aliénation objective se préoccupe plutôt du milieu social et ne montre pas ce qu'une telle aliénation fait perdre à l'humain. Au lieu d'approfondir rigoureusement les pathologies sociales dues à une telle aliénation, Simmel montre plutôt que si les objets s'autonomisent, c'est parce qu'il y a une confusion entre les fins et les moyens et une telle confusion fait perdre aux humains une valeur fondamentale : la spiritualité : «*De même que nous sommes devenus d'un côté les esclaves du processus de production, de même sommes-nous, de l'autre côté, ceux des produits ; c'est-à-dire : ce que la nature nous livre du dehors, par le truchement de la technique, par mille accoutumances, milles distractions, milles besoins extérieurs, a pris le dessus sur l'appartenance à soi même, sur la spiritualité centripète de la vie. Ainsi la domination des moyens s'est emparée non seulement de buts particuliers mais du siège même des buts, du point où tous les buts convergent parce que dans la mesure où ceux-ci sont vraiment des buts finaux, ils ne peuvent jaillir que de lui. Et l'homme est comme éloigné*

---

[158] *Ibid.*, p. 589.

de lui-même, entre lui et ce qu'il a de plus authentique, de plus essentiel s'est glissé un insurmontable de médiatisations, d'acquis techniques, de savoir-faire, de possibilités de jouissance. »[159]

La perspective simmelienne, ne considérant pas la dépossession humaine comme relevant du développement historique, reste assez limitée. La critique de la dépossession, faute d'être bien systématisée, considère l'aliénation comme une simple autonomisation d'objets due à leur abondance. Autrement dit, la cause de la dépossession aliénante est la mauvaise stratification du matériel et du spirituel : l'aliénation n'est pas analysée comme un fait intimement lié à la société capitaliste. De telles limites dans la tentative simmelienne, notées dans la *Philosophie de l'argent*, d'élargir la thématique de la dépossession vont être corrigées dans les essais de Simmel regroupés dans *La tragédie de la culture*. Dans ce texte, Simmel semble davantage plus proche de la thématique de la dépossession aliénante telle que conçue par Marx qu'il ne l'était dans sa *Philosophie de l'argent*.

Dans *La tragédie de la culture*, Simmel oriente sa pensée vers une critique de la « Culture ». Pour lui, au cours du développement de l'esprit objectif, c'est-à-dire dans la « Culture », l'individu s'aliène car ne pouvant pas dans sa tentative de réalisation en tant qu'individu particulier, faire coïncider son individualité avec les objets extérieurs qu'il a créés et qui s'opposent à lui (les normes, les représentations, le savoir, les outils) : « *C'est ici une forme fondamentale de la souffrance que nous infligent notre propre passé, notre propre dogme, nos propres fantasmes. La discrépance entre l'état de la matière, pourrait-on dire, qui caractérise la vie intérieure et celui de ses contenus, se trouve dans une certaine mesure rationalisée, rendue beaucoup moins aiguë, du fait que l'être humain – dans son activité créatrice, théorique et pratique – pose et voit en face de lui ces produits et ces contenus de son psychisme en tant qu'univers de l'esprit objectivé, en un certain sens autonome.* »[160]

L'aliénation est conçue comme une réalité liée au processus historique. L'esprit objectif, de par son activité, crée plusieurs richesses mais ne s'y retrouve plus. Ainsi, le progrès de la « Culture » (l'esprit

---

[159] *Ibid.*, pp. 621-622.
[160] Georg Simmel, *La tragédie de la culture et autres essais*, Paris, Editions Rivages, 1988, p. 186.

objectif) au lieu de conduire à une harmonie entre l'individu et l'universel, conduit plutôt à une totale frustration[161], à une totale disharmonie : l'homme demeure dans un total inassouvissement malgré les richesses abondantes créées. Il y a déchirement entre l'esprit objectif et le sujet.

Au fond, Simmel essaie de montrer que le progrès de la « Culture » n'est pas sans créer des difficultés. Il essaie dans un tel texte de concevoir l'aliénation comme phénomène lié au développement, au progrès. Il met en lumière les nombreuses frustrations de l'humain malgré la plénitude et la richesse de son monde. Le progrès de l'esprit objectif ou de la « Culture » au lieu de conduire à l'identification de l'humain et de l'universel, conduit plutôt à une existence singulière et enfermée. L'aliénation du sujet est due à l'esprit objectif avec lequel le sujet ne peut plus coïncider. L'aliénation, semble dire Simmel, créée par l'esprit objectif, est une chose anodine : le fait de ne pas pouvoir coïncider avec l'esprit objectif, de perdre sa puissance d'agir dans un monde pourtant riche, relèverait de la banalité la plus ordinaire. Le développement de l'esprit objectif aliène l'homme : « *La grande entreprise de l'esprit : surmonter l'objet comme tel en se créant lui-même en tant qu'objet, pour ensuite revenir à lui-même enrichi de cette création, réussit d'innombrables fois ; mais il lui faut payer cet accomplissement de soi par le risque tragique de voir s'engendrer, dans l'autonomie du monde créé par lui et qui en est la condition, une logique et une dynamique détournant, à une rapidité toujours accélérée et à une grande distance toujours plus grande, les contenus de la culture de la finalité même de la culture.* »[162]

---

[161] Les propos de Simmel qui mettent en évidence un certain pessimisme du développement culturel sont davantage attestés par ce qui suit : « *Cette réserve d'esprit objectif, se développant à l'infini, pose des exigences au sujet, éveille des velléités en lui, l'accable du sentiment de sa propre insuffisance et de sa propre impuissance, l'intrique dans des relations d'ensemble, à la totalité desquelles il ne peut se soustraire, même s'il n'est pas capable d'en maîtriser les contenus particuliers. Ainsi naît la situation problématique, si caractéristique de l'homme moderne : ce sentiment d'être entouré d'une multitude d'éléments culturels, qui, sans être dépourvus de signification pour lui, ne sont pas non plus, au fond, signifiants ; éléments qui, en masse, ont quelque chose d'accablant, car il ne peut les assimiler intérieurement tous en particulier, ni non plus les refuser purement et simplement, parce qu'ils entrent pour ainsi dire potentiellement dans la sphère de son évolution culturelle* », Ibid., pp. 212-213.
[162] *Ibid.*, pp. 216-217.

Pour Simmel, l'esprit objectif est créateur. Un tel esprit s'objective et crée des produits qui avec le temps lui deviennent étrangers. L'esprit créateur ne se reconnaît plus dans ses propres produits. De tels produits, bien qu'étant des créations de l'esprit objectif, finissent par acquérir une certaine indépendance et une certaine autonomie. La vie perd ainsi son sens le plus profond, car considérant des choses intermédiaires et singulières pour des fins ultimes. L'esprit objectif se perd dans ses propres créations dotées d'une autonomie fantomatique comme le soulignent ces propos : « *L'objet peut, plus radicalement qu'on ne l'a indiqué jusqu'ici, se départir de sa signification de médiateur et couper ainsi les ponts par où passait le chemin d'acculturation. C'est d'abord par rapport aux sujets créateurs, en raison de la division du travail, qu'il entre de la sorte en isolement et en aliénation.* »[163]

Simmel, comme on le voit, tente tant bien que mal d'élargir la problématique de l'aliénation chez Marx en une critique de l'époque moderne, une telle critique n'est plus limitée à l'analyse des méfaits du capitalisme, elle s'étend à tout. L'allusion dans son texte à la problématique du fétichisme[164] est éloquente et montre sa volonté non seulement d'élargir la thématique de l'aliénation mais aussi de dégager les conditions d'une réconciliation entre le sujet et l'universel, les conditions d'une harmonie qui passe par la suppression de la fixation et la suppression de l'autonomisation de l'activité sociale qui sont les faits

---

[163] *Ibid.*, pp. 203-204. Quelques passages avant, Simmel affirme : « *Une fois créés certains motifs initiaux du droit, de l'art, de la coutume – peut être en conformité avec notre spontanéité la plus propre et la plus intime – nous ne sommes absolument plus maîtres des créations particulières qu'ils vont donner ; en les produisant ou en les accueillant, nous suivons bien plutôt le fil conducteur d'une nécessité idéelle, qui est complètement objective, non moins insoucieuse des exigences de notre individualité, si centrales soient-elles, que les forces physiques et les lois qui les régissent* », pp. 200-201.

[164] Simmel fait une « coquetterie » parlante avec la terminologie marxienne : « La valeur de fétiche [c'est nous qui soulignons] *que Marx attribue aux objets économiques à l'ère de la production marchande, n'est qu'un cas particulier, un peu différent, dans ce destin universel de nos contenus culturels. Ces contenus tombent sous le coup du paradoxe suivant – et cela de plus en plus, avec l'accroissement de la "culture" – : ils sont certes créés par des sujets et destinés à des sujets, mais dans le stade intermédiaire de la forme objective qu'ils prennent au-delà et en deçà de ces instances, ils évoluent suivant une logique immanente, et deviennent par là même étrangers à leur origine comme à leur fin. Ce ne sont pas en effet des nécessités physiques qui entreraient ici en ligne de compte, mais réellement des nécessités culturelles pures, lesquelles, assurément, ne peuvent pas sauter par-dessus les contraintes physiques* », pp. 207-208.

marquants de l'époque moderne. Simmel cherche sans s'en rendre compte à trouver une solution à une énigme du *Capital* : il analyse les phénomènes qui permettent d'identifier les maux de la modernité afin de pouvoir non seulement les expliquer mais aussi de pouvoir les comprendre. Il veut mettre en place une analyse minutieuse afin de comprendre les causes des maux sociaux et leurs effets sur les humains. En un mot, Simmel semble montrer que les schémas qui font souvent penser à l'aliénation ne sont nullement négligeables. Il rejoint ainsi l'intuition marxienne qui décrivait la dépossession aliénante comme constitution d'un pouvoir autonome et comme perte d'un sujet. Cependant, même si Simmel semble partager une telle conviction marxienne, il ne fait nullement référence à une analyse de la thématique de l'exploitation, à une analyse de la dimension du travail. Pour lui, il faut sans doute analyser l'esprit objectif et ses objectivations pour réinvestir la notion d'aliénation.

Rappelons que Marx, dans sa problématique du « fétichisme de la marchandise », tentait tant bien que mal de rendre, par un concept assez faible d'ailleurs, tous les effets pervers de la société capitaliste. Simmel, dans son fameux texte, *La tragédie de la culture*, essaie de poursuivre une telle tentative marxienne : il essaie de dégager tous les éléments qui peuvent caractériser les maux de l'époque moderne. Mais il faut souligner que même si Simmel considère, la dépossession, tout comme Marx d'ailleurs, comme une objectivation altérée, il ne fait nullement référence, comme ce fut le cas de Marx, au vocabulaire de la souffrance, de la domination. Les effets physiques du système capitaliste ne sont pas mentionnés dans son analyse. Il ne s'inscrit pas dans une étude purement économique des sociétés modernes, car à l'en croire, pour élargir la problématique de l'aliénation, il faut plutôt porter un regard critique sur la « Culture » afin de voir comment les objectivations de l'esprit objectif finissent par devenir des réalités autonomes animées d'une vie chimérique.

Cette perspective simmelienne, en plus de négliger les souffrances individuelles et collectives, les effets directs (physiques, psychiques) de l'aliénation sur les humains (travailleurs, ouvriers), fait de l'aliénation objective le seul versant de l'aliénation, la caractéristique fondamentale de l'aliénation. C'est comme si, pour Simmel, seule l'aliénation objective est digne d'être étudiée, seules les objectivations devenues des réalités sociales étrangères méritent d'être analysées. Voilà d'ailleurs un point fondamental sur lequel Weber tentera d'accentuer sa réflexion sur la thématique de la dépossession aliénante.

2) Weber : aliénation comme effet pervers de la rationalisation du monde

On peut d'emblée affirmer sans risque de nous tromper que certaines analyses wébériennes entretiennent des accointances avec la thématique aussi bien marxienne que celle simmelienne de la dépossession aliénante. De telles analyses font sans aucun doute penser à certaines articulations qui structurent la thématique de l'aliénation mise en relief dans les *Manuscrits de 1844* : l'aliénation subjective et l'aliénation objective. Dans les ultimes pages de son fameux ouvrage, *L'Ethique protestante et l'esprit du capitalisme*, Weber, voulant mettre en évidence le rôle du puritain dans le rayonnement du capitalisme, le rapport entre protestantisme et capitalisme[165](fondements religieux de l'ascèse intramondaine), affirme sans ambages ce qui suit : « *Le puritain voulait être un homme de la profession-vocation ; nous sommes contraints de l'être. En effet, en passant des cellules monacales dans la vie professionnelle et en commençant à dominer la moralité intramondaine, l'ascèse a contribué [,pour sa part,] à édifier le puissant cosmos de l'ordre économique moderne qui, lié aux conditions techniques et économiques de la production mécanique et machiniste, détermine aujourd'hui, avec une force contraignante irrésistible, le style de vie de tous les individus qui naissent au sein de la machinerie – et pas seulement de ceux qui gagnent leur vie en exerçant directement une activité économique. Peut-être le déterminera-t-il, jusqu'à ce que le dernier quintal de carburant fossile soit consumé. Aux yeux de Baxter, le souci des biens extérieurs ne devait peser sur les épaules de ses saints que comme "un manteau léger que l'on pourrait rejeter à tout instant". Mais la fatalité a fait que le manteau est devenu un habitacle dur comme l'acier (Stahlhartes Gehäuse). Tandis que l'ascèse entreprenait de transformer le monde et d'y être agissante, les biens extérieurs de ce monde acquéraient sur les hommes une puissance*

---

[165] « *L'un des éléments constitutifs de l'esprit capitaliste* [moderne]*, et pas seulement de ce dernier, mais de la culture moderne, à savoir la conduite de vie rationnelle sur la base de l'idée de la profession-vocation (Beruf), est né – c'est ce que se proposaient de montrer ces études – de l'esprit de l'ascèse chrétienne* ». Max Weber, *L'Ethique protestante et l'esprit du capitalisme*, Editions Gallimard, 2003, p. 249.

croissante et finalement inexorable, comme jamais auparavant dans l'histoire. »[166]

Ce très long passage, tiré de l'ouvrage de Weber, met en évidence d'une certaine manière deux choses importantes dans l'analyse de la thématique de l'aliénation : la remise en cause d'un système aliénant qui écrase les humains, la domination du produit sur le sujet ou sur l'homme. Ainsi, même si Weber semble s'éloigner de la thématique marxienne, son analyse qui fait ressortir les deux choses mentionnées ci-dessus, relève sans nul doute de la pensée de l'aliénation. Weber pense, tout comme Marx le faisait en 1844, l'aliénation à partir du paradigme du produit qui domine et écrase son créateur, du produit qui se retourne contre son propre créateur. Cependant, il faut souligner que si Weber fait usage d'un tel paradigme que dans les ultimes pages de son ouvrage, c'est parce qu'en suivant son analyse, un tel paradigme ne saurait être un point de départ pour comprendre les méfaits et autres effets très pervers du capitalisme. Par conséquent, la prudence théorique voudrait qu'on ne force pas l'interprétation au risque de faire dire autre chose aux propos de Weber susnommés.

Pour Weber, il ne s'agit plus comme Simmel de comprendre l'aliénation comme le fait de ne pas reconnaître les produits créés par l'esprit objectif comme nôtres. Il s'agit plutôt de mettre en relief les effets néfastes sur les humains de certaines décisions antérieures ou passées : on ne peut comprendre l'aliénation que comme la répercussion de certaines décisions prises par les hommes pour donner un certain sens à leur existence. Ce que Weber analyse ou décrit, peut être compris non comme une perte de soi de l'esprit objectif mais comme les effets pervers subis par les hommes suite à certaines décisions des hommes du passé. En un mot, Weber est assez éloigné du rapport sujet/objet qui domine dans certaines conceptions classiques de l'aliénation. Ce qu'il cherche à comprendre c'est comment le changement, consistant à chercher la moralité non dans la vie céleste mais dans la vie pratique ou intramondaine, affecte le comportement et la vie des générations postérieures. Il analyse le fait que les décisions de certains hommes du passé continuent d'influencer la vie de nos jours.

En résumé, Weber analyse le fait que les hommes de l'époque moderne continuent de subir les conséquences des choix des hommes providentiels du passé. Aussi bien les hommes qui exercent une activité

---

[166] *Ibid.*, pp. 250-251.

économique que ceux qui ne l'exercent pas subissent de manière contraignante les contrecoups de certaines décisions du passé. En transformant le monde extérieur, on crée des objets dont la puissance ne cesse de s'accroître, des objets qui finissent par dominer les humains. Ce que décrit Weber à la fin de son ouvrage peut logiquement être considéré comme une succincte analyse des effets négatifs sur l'humain de l'ascèse intramondaine et non comme une élaboration d'une théorie de l'aliénation. Toutefois cette interprétation assez réductrice qui pousse trop à la prudence peut faire perdre de vue certaines analyses wébériennes qui rappellent sous certains angles les analyses marxiennes de la thématique de l'aliénation.

En effet, dans son fameux texte *Sociologie des religions* et dans la partie intitulée *« Considération intermédiaire »*, Weber, analysant le refus religieux du monde, met en place les termes qui permettent de penser la théorie de l'aliénation. Weber essaie d'analyser l'aliénation non à partir des expériences négatives comme la souffrance, la perte de la puissance d'agir, la mortification des travailleurs, mais plutôt à partir du sentiment d'inauthenticité. Un tel sentiment consiste dans le fait que l'homme se sent étranger dans son monde, dans le fait qu'il éprouve une certaine distance par rapport au monde dans lequel il vit et qui l'entoure. Ainsi, par opposition à Marx qui considère dans les fameux *Manuscrits parisiens* que le sentiment d'inauthenticité de l'humain est une conséquence logique de la dépossession humaine, des expériences négatives vécues au quotidien, Weber fait d'un tel sentiment une réalité sociale. Il analyse d'une façon originale les origines du sentiment humain d'étrangéreté, le fait que le monde semble écraser les hommes qui ne s'y reconnaissent plus. Ce qui fait que les humains se sentent étrangers, seuls et impuissants dans leur propre monde, c'est l'autonomisation importante des différentes sphères sociales. Une telle autonomisation des sphères sociales que l'on trouve également dans les différentes religions est à l'origine du sentiment d'inauthenticité ou d'aliénation. Ainsi, à suivre la logique wébérienne, le sentiment d'aliénation naît de la prise de conscience des individus de l'éloignement du monde par rapport à une valeur incontournable : la fraternité. Le fait que le monde s'écarte de la fraternité est, selon Weber, la source ou l'une des sources du sentiment d'étrangéreté ou d'aliénation.

Pour comprendre pourquoi l'éloignement du monde par rapport à la fraternité constitue une source de sentiment de perte, il faut comprendre que pour Weber, la fraternité est la valeur grâce à laquelle et par laquelle l'humanité dépasse les valeurs particulières et tribales pour entrer dans un mode de vie supérieur et hautement humain : « *Il est certain que les religions, dans leur écrasante majorité, ont réglementé les liens de piété de ce monde. Pourtant, que le sauveur, le prophète, le prêtre, le confesseur ou le frère dans la foi dû être en définitive plus proche du croyant que ne l'étaient la parenté naturelle ou la communauté conjugale envisagées comme telles allait d'autant plus de soi que la finalité du salut-délivrance était plus étendue et plus intériorisée. Tout en dévalorisant du moins relativement, ces relations, et en faisant éclater les liens magiques qui enferment les hommes dans la sphère exclusive des parentèles, la prophétie créait une nouvelle communauté sociale, surtout là où elle devenait une religiosité sotériologique de groupement communautaire (Gemeinde-reliogisität), et elle y développait alors une éthique religieuse de la fraternité.* »[167]

Pour Weber, le développement du capitalisme contribue à l'oubli de la fraternité qui est une valeur hautement importante pour une existence pacifique et conviviale. Le développement social ou plutôt le progrès contribue au pessimisme car mettant sous l'éteignoir la fraternité. Ainsi, avec l'apparition des comportements antifraternels, l'humain traite son semblable comme simple chose, comme simple instrument à sa merci, d'où l'avènement d'une certaine réification.

La tentative de rationalisation du monde par cette valeur qu'est la fraternité est reléguée au second plan par de nouveaux modes de rationalisation qui ont pour ultime conséquence de faire sentir l'humain une distance, une étrangéreté par rapport au monde environnant. L'existence humaine est marquée par la tension entre la valeur de la fraternité et la rigidité du processus économique. Une telle tension finit par rendre l'homme étranger dans son propre monde. L'homme devient aliéné dans son monde, le monde lui échappe et l'écrase : « *En effet, la rationalisation et la sublimation consciente des relations de l'homme avec les différentes sphères de biens, externes et internes, religieux et profanes, ont conduit alors à rendre conscientes les logiques intrinsèques (Eigengesetzlichkeiten) des différentes sphères, dans leurs cohérences internes, et par-là à faire apparaître entre elles des tensions qui étaient ignorées dans les temps primitifs, tant que régnaient des rapports ingénus avec le monde extérieur. Il s'agit là d'une*

---

[167] Max Weber, *Sociologie des religions*, Editions Gallimard, 1996, p. 418.

conséquence tout à fait générale, et très importante pour l'histoire des religions, de l'évolution qui conduit la possession des biens (dans le monde et hors du monde) vers la rationalité et la recherche consciente, vers la sublimation par le savoir. »[168]

Notons que l'absence d'une théorie véritable de l'aliénation dans les œuvres de Weber, ne facilite pas une compréhension réelle et effective de certaines idées éparses et distillées qui font penser à la dépossession aliénante. On ne sait réellement pas quel statut conférer à de telles idées. Et, dans ce cas, on peut affirmer que Weber s'inscrit dans le sillage du Marx du *Capital* qui refusait d'homogénéiser ou de conceptualiser certaines de ses analyses. Cependant, si chez Marx cette option théorique qui consiste à ne pas rendre par un seul concept opératoire les maux du capitalisme, peut être fort défendable, elle peut être problématique chez Weber. Car, en suivant la logique de l'analyse wébérienne, on serait tenté de dire que le système capitaliste remet en cause autre chose que la fraternité, le capitalisme, qui est une autre manière de rationaliser le monde, remet en cause des choses beaucoup plus profondes et importantes qu'une simple valeur qui permet de dépasser les modes de vie tribal et ethnique. Mais il faut s'empresser de souligner que Weber, et tout à son avantage d'ailleurs, ne saurait conférer un statut théorique ni même nommer l'aliénation résultant de la volonté de rationaliser le monde moderne.

La thématique de la fraternité n'étant pas accolée à une étude anthropologique rigoureuse qui pourrait lui donner une certaine légitimité, semble faire irruption de manière inattendue. Elle semble isolée et séparée de toute anthropologie. Ce qui fait que Weber au lieu de tirer toutes les conséquences théoriques de la thématique de la fraternité, ne fait qu'effleurer certaines de ses conséquences. Ainsi, on peut souvent considérer, et à juste d'ailleurs, Weber comme un sociologue qui analyse docilement la réification du monde moderne qui est une des nombreuses conséquences du capitalisme. Néanmoins, il faut aussi noter que Weber analyse réellement la dépossession effective et concrète, fruit des effets pervers de la rationalisation du monde. Suivant la logique de Weber, la rationalisation est susceptible de créer certains effets pervers sur les humains. Mais, à l'en croire, il n'est pas nécessaire à partir d'un tel constat, d'élaborer une théorie de cette aliénation en dehors de la sociologie des religions qui étudie les raisons

---

[168] *Ibid.*, pp. 417-418.

qui font que le monde s'éloigne toujours du sentiment religieux. Ainsi, suivant en cela Marx, le Marx du *Capital*, Weber pense l'aliénation comme réalité effective sans la conceptualiser. Il pense la dépossession aliénante qui résulte de la rationalisation sociale, de l'autonomisation des sphères sociales, sans éprouver le besoin d'élaborer une théorie qui puisse la prendre en charge. C'est fort de tous ces différents acquis de la pensée sociologique de Simmel et de Weber que Lukács va forger un concept fort original pour élargir et réinvestir la thématique de l'aliénation de Marx : le concept de réification.

3) Histoire et conscience de classe[169] : une originalité dans la thématique marxienne de la dépossession aliénante

« *Le problème de la réification est étroitement liée à la théorie de Marx sur le caractère " fétiche" de la marchandise.* »[170]

Lukács, sans doute influencé par les approches simmeliennes et wébériennes[171], tente d'élaborer une conception originale de la pensée

---

[169] *Histoire et conscience de classe*, l'ouvrage dans lequel le jeune Lukács expose l'essentiel de ses idées sur la réification a été considéré à un certain moment par le même Lukács comme démodé. Lukács, à l'époque, influencé par l'idéalisme hégélien, aboutit à une analyse assez idéalisante de la réification. Ce qui fait que *Geschichte und Klassenbewusstsein* n'a été ni traduit ni réimprimé. La place que la réification occupe dans l'interprétation lukacsienne de Marx, justifie le choix porté sur l'apport lukacsien dans la conception de l'aliénation chez Marx. On ne saurait exposer toutes les grandes idées développées par Lukács dans son livre, on ne peut que résumer l'essentiel. Lukács voit dans la théorie du « fétichisme de la marchandise », le noyau de la pensée de Marx, sa théorie est d'ailleurs liée à un tel présupposé. Pour Lukács, le caractère humain des catégories économiques qui est purement historique ou transitoire est esquivé par la matérialité du capital, ce qui fait qu'un tel caractère acquiert un statut d'éternité qui ne lui est pas propre. En un mot, les catégories économiques soumises à la dialectique historique acquièrent un statut d'éternité. L'homme qui demeure dans l'univers réifié est déconnecté de l'essence des choses et de son monde ; il perd son caractère humain. Lukács met en relief la fameuse idée selon laquelle le travail atomise tout et la vie en tant que telle subit elle-même cette loi d'atomisation. L'homme du monde réifié se trouve en face d'un monde totalement hostile où les produits de son travail se dressent en face de lui et le dominent. Cette existence réifiée est une véritable condition inhumaine où l'aspect quantitatif est le seul aspect important, seul le travail quantitatif et la valeur d'échange comptent. Une telle situation conduit à une réelle impossibilité de pénétrer l'essence de l'histoire, l'histoire ne peut être comprise par une conscience réifiée.
[170] Joseph Gabel, *La réification*, Paris, Editions Allia, 2009, p. 10.

[171] Dans son texte, Lukács développe certains aspects du *Capital* de Marx : la conception du « fétichisme de la marchandise », la théorie de la réification des rapports sociaux, la théorie de la valeur. Il essaie de rendre compte des phénomènes du mode de production capitaliste qu'il avait esquissés de manière superficielle dans *La Théorie du roman*. Pour Lukács, la réification, étant la structure de base du mode de production capitaliste, donne à la conscience un statut purement théorique : la conscience subit les effets du système capitaliste sans pour autant pouvoir les penser à partir d'une praxis effective ou historique. Le phénomène de la réification généralisé permet à Lukács de montrer les obstacles et les limites de la société bourgeoise et de sa pensée. Dans un essai important d'*Histoire et conscience de classe*, « la réification et la conscience du prolétariat », Lukács généralise le phénomène de réification à tous les niveaux de la société bourgeoise tel qu'il peut être compris du point de vue du prolétariat qui veut mettre en place d'autres rapports sociaux, et tel qu'il s'impose à la structure de la pensée et de l'être.

Dans sa *Philosophie de l'argent*, Georg Simmel emploie la réification et ses dérivées pour expliquer certains phénomènes de la société capitaliste et les imputer à l'existence de l'échange et de l'argent comme expression de la capacité d'échange des objets. Il s'inspire sans doute de Marx. Pour Simmel, dans l'échange, la valeur s'objective et produit une séparation entre l'individu et la chose. C'est ainsi que s'opère selon lui la nette distanciation ou séparation entre le sujet et l'objet dans la communication des valeurs. L'argent, résultat d'un rapport social d'échange, devient le but de l'échange et crée un monde objectif que les humains ne maîtrisent plus et que seul l'entendement peut comprendre. Dans un tel monde totalement réifié où s'opposent l'objet et l'entendement, l'homme ne peut se réaliser que dans le monde pur des sentiments. Simmel malgré la validité de ses analyses, n'explique pas selon Lukács le phénomène de la réification par l'existence économique qui seule permet de le saisir et de le comprendre. En effet, Simmel ne se limite qu'à la circulation marchande qu'il considère comme « forme naturelle » de tout échange. Il refuse le concept de « travail abstrait » alors que pour Lukács la valeur dont le contenu objectif est dissimulé devient dans l'échange la seule qualité inhérente à toutes les choses échangeables. De telles choses demeurent, durant le procès de circulation où les hommes deviennent de simples supports, identiques à elles-mêmes. Lorsque le travail abstrait est vendu par le travailleur comme propriété, le capital, par l'usage de cette propriété, inaugure sur une grande échelle son cycle de production et de reproduction. Ainsi, avec cette apparition du travail-marchandise, la production se généralise et la société capitaliste s'homogénéise par son mode de production : il en résulte la réification des rapports sociaux de production.

Simmel essaie de montrer dans sa *Philosophie de l'argent* dans quelle mesure l'extension des relations médiatisées par le marché va de pair avec une certaine indifférence à l'égard des partenaires des relations. Pour lui, les dispositions spécifiques d'autrui perdent leur sens du moment où celui-ci devient un partenaire d'échange médiatisé par l'argent. Lukács rend équivalents un tel processus de réification analysé par Simmel et le processus de réification sociale sans s'appesantir sur la différence entre les deux processus. Pour Simmel dans un rapport social dépersonnalisé autrui est porteur des caractéristiques qui sont celles des personnes en général afin de pouvoir être considéré comme un partenaire fiable d'échange alors que la réification de la personne signifie la négation de ses qualités d'être

de la dépossession aliénante. Cependant, il ne s'agit nullement dans la nouvelle perspective lukacsienne de réchauffer les analyses de Simmel et de Weber, il s'agit plutôt de réinvestir la thématique de la dépossession dans une perspective marxienne en y incorporant l'héritage de la pensée sociologique. Ce que Lukács cherche à faire, c'est, à partir d'une position marxiste, intégrer au sein de sa propre conception, les acquis de la pensée de la dépossession aliénante, observés chez Simmel et Weber. En un mot, les acquis de la sociologie post-marxienne de Simmel et Weber sont ressaisis en vue d'une analyse beaucoup rigoureuse et élargie.

Lukács élargit, à l'aide des acquis de la pensée sociologique, la thématique marxienne de l'aliénation. De ce fait, Lukács, tout en ignorant tout des *Manuscrits parisiens*, retrouve dans ses analyses, le fondement anthropologico-éthique de tels brouillons : les thèmes de 1844 semblent être pris en charge par la réification lukacsienne. En effet, Marx, Simmel et Weber voulaient dans une certaine mesure, trouver tant bien que mal un concept opératoire qui puisse rendre compte de la dépossession de façon globale. La conception lukacsienne à l'intersection de la pensée marxienne et de celle sociologique, tirant toute la richesse de ces deux influences, fait atteindre à la théorie de l'aliénation un niveau supérieur et insoupçonné. Avec Lukács, qui radicalise l'aliénation objective, la thématique de l'*Entfremdung* se muant en une thématique de *Verdinglichung* atteint son point culminant. Le concept d'*Entfremdung* semble passer d'un statut théorico-spéculatif à un statut plus précis et maîtrisable.

Dans son controversé texte, *Histoire et conscience de classe*, Lukács réactualise d'une certaine manière la problématique des *Manuscrits de 1844* tout en n'ayant pas lu de tels brouillons, de telles notes de lecture de Marx. Pour le philosophe hongrois, ce que Marx tentait de saisir de même que Simmel dans l'analyse des processus dépossessifs peut être rendu par un unique concept : la réification. Ainsi, avec ce concept fort original, on assiste inévitablement au triomphe de l'aliénation objective par la combinaison de l'héritage

---

humain. Ce qui veut dire que la dépersonnalisation n'est pas la réification, car elle a pour préalable la reconnaissance préalable de l'autre anonyme, l'autre humain, alors que la réification consiste dans l'oubli de la reconnaissance de l'autre. L'équivalence lukacsienne entre la dépersonnalisation et la réification pose problème.

marxien et de celui simmelien et wébérien : Lukács absolutise l'aliénation objective. De manière plus rigoureuse, avec la théorie de la réification, Lukács voulait faire la synthèse de la critique sociale fondée sur l'exploitation et de la critique de la civilisation ou de la culture axée sur le côté négatif du progrès, de l'instrumentalisation de l'existence. Il voulait, avec le concept de réification, montrer en quoi les effets négatifs de l'hyperindustrialisation sont certes liés à la production, mais aussi à l'exploitation.

Avec le concept de réification, Lukács, dans *Histoire et conscience de classe,* ne connaissant pas les écrits de jeunesse de Marx notamment les *Manuscrits de 1844* qui n'étaient pas encore publiés en 1923, date de publication du livre de Lukács, essaie de montrer que l'autonomisation des objets est une réalité effective liée à la société capitaliste dans son ensemble. Cependant, il faut souligner que le concept opératoire de Lukács apparaissait déjà chez Marx, dans les travaux de Marx notamment dans les *Grundrisse*[172] où distinguer aliénation, fétichisme et réification s'avère difficile, car Marx n'ayant sans doute pas à l'époque les moyens théoriques nécessaires, mélange les trois concepts.

Dans les *Grundrisse*, Marx tentant tant bien que mal d'analyser certains phénomènes liés au système capitaliste (exploitation, domination, domination du travail mort sur le travail vivant), laisse entrevoir une confusion entre aliénation, fétichisme et réification. Ce qui veut dire qu'aussi bien le concept que le thème de la réification ne sont pas étrangers à la pensée de Marx. Dans son analyse de la monnaie dans les mêmes *Grundrisse*, Marx montre que la monnaie symbolise la réification des rapports sociaux : « *C'est lorsque l'argent revêt la forme de moyen d'échange – et non lorsqu'il sert d'étalon – que les économistes s'aperçoivent qu'il implique l'objectivation des relations sociales ; cela les frappe surtout lorsqu'il se présente comme le gage qu'un individu dépose auprès d'un en échange d'une*

---

[172] Marx note ce qui suit : « *Les rapports réifiés de dépendance révèlent que les rapports sociaux – donc les conditions de production – sont autonomes en face des individus apparemment autonomes. Contrairement aux rapports de dépendance personnels, où un individu est subordonné à un autre, les rapports réifiés de dépendance éveillent l'impression que les individus sont dominés par des abstractions, bien que ces rapports soient, en dernière analyse, eux aussi, des rapports de dépendance bien déterminés et dépouillés de toute illusion*», *Grundrisse*, « Chapitre de l'argent », *op.cit.*, pp. 166-167.

marchandise. Les économistes reconnaissent alors que les hommes préfèrent se fier à la chose (argent) plutôt qu'aux hommes. Pourquoi donc ? N'est-ce pas de toute évidence parce que les rapports entre individus se sont figés dans les choses, parce que la valeur d'échange est de nature matérielle et n'est qu'une relation aliénée de l'activité productive entre les personnes. Un gage peut être utile à son détenteur, mais l'argent ne l'est qu'à titre de "gage de force sociale", et cela, il ne le peut qu'en vertu de sa propriété sociale (symbolique) ; or, l'argent a uniquement cette propriété nouvelle parce que les individus aliènent leur relation sociale sous forme d'objet. »[173] Toutefois, il faut noter que Marx ne met nullement l'accent sur une probable relation entre les trois concepts encore moins entre la réification et le fétichisme (dans son analyse du fétichisme le concept de réification n'est nullement mentionné) comme le fera Lukács.

Lukács, dans *Histoire et conscience de classe,* identifie clairement fétichisme et réification, c'est comme si les deux concepts étaient équivalents et voulaient dire la même chose. Dans sa tentative d'analyse du « fétichisme de la marchandise », il essaie de mettre en relief les caractéristiques de la réification. En effet, le fétichisme consiste dans l'échange marchand à l'oubli du caractère social des objets échangés. Dans un tel échange, les échangistes croient que ce sont les choses qui s'échangent mutuellement, de telles choses finissent alors par se substituer aux réalités sociales. Au lieu de voir dans les échanges, des rapports purement sociaux, on aperçoit qu'un simple échange entre choses, les individus échangeant les choses passent au second plan. Lukács qualifie un tel processus fétichiste de réification : *«Toutefois, avant que le problème puisse être traité pour lui-même, il nous faut commencer à voir clairement que le problème du fétichisme de la marchandise est un problème de notre époque moderne. Le trafic marchand et les relations marchandes correspondantes, subjectives et objectives, ont déjà existé, on le sait à des étapes très primitives de l'évolution de la société. »*[174]

Pour Lukács, la réification n'affecte pas seulement la production marchande. Elle affecte toute la société capitaliste dans son ensemble. Autrement dit, il est dans la nature du système capitaliste de rendre

---

[173] *Ibid.*, p. 160.
[174] Georg Lukács, *Histoire et conscience de classe*, Paris, Editions de Minuit, 1960, p. 110.

toutes les sphères de la vie réifiantes, la réification ne serait pas liée uniquement à la forme marchande. On voit que, par opposition à Marx qui faisait du fétichisme la caractéristique de la production marchande, Lukács fait de la réification une donnée de la société moderne. Généralisant la réification, Lukács considère le système capitaliste comme une réalité qui transforme tout en objets ou en choses. A l'en croire, la loi historique du capitalisme tend à réduire toutes choses au rang d'objets manipulables, même ce qui ne relève pas de la sphère marchande est considéré comme simple chose. Plus précisément, dans la sphère capitaliste, les choses ne sont nullement analysées en fonction de la valeur qui leur est inhérente, mais en tant que simples choses, en tant qu'objets maniables et utilisables.

Le « fétichisme de la marchandise » dans la perspective lukacsienne ne reflète pas seulement une réalité propre à la forme marchandise, elle reflète aussi une réalité propre à la structure du mode de production capitaliste, ce que confirment les propos suivants : *«La forme marchande doit pour cela – comme on l'a souligné plus haut – pénétrer l'ensemble des manifestations vitales de la société et les transformer à son image, au lieu de lier seulement de l'extérieur des processus par eux-mêmes indépendants d'elle et orientés vers la production de valeurs d'usage [...]. Et cette évolution de la forme marchande en forme de domination réelle sur l'ensemble de sa société n'a surgi qu'avec le capitalisme moderne. »*[175]

Pour Lukács, dans la société capitaliste, tout est considéré comme chose utilisable à merci. L'ensemble de la société est réifié, tout y est considéré sous l'angle de l'utile. Cette organisation sociale réifiée ne laisse pas intacte la subjectivité, l'agent lui-même est réifié. L'agent est dépossédé de certaines de ses capacités intrinsèques. En un mot, en réduisant tout à l'état de chose, l'activité de l'agent se trouve réifiée et soumise aux exigences d'un mode de vie purement instrumental. Dit en d'autres termes, loin de considérer la réification comme une simple illusion du monde marchand, Lukács la considère comme la distorsion réelle d'un certain rapport : la réification permet de saisir toutes les pathologies de la société moderne (fixation des sphères sociales, conditions de vie des ouvriers, relations sociales biaisées). De telles pathologies sociales font naître un sentiment de perte dans le monde, une existence biaisée, un malaise total dans notre propre civilisation.

---

[175] *Ibid.*, p. 112.

La réification s'étend à l'ensemble de la société. Pour Lukács, toute la société dans son ensemble vit dans la réification : les représentations idéologiques, le droit, la morale, la philosophie, tout est réifié. La réification affecte tous les secteurs d'activité, ce qui fait qu'une vision de la totalité, seule possibilité d'une compréhension du sens historique, est quasiment impossible du point de vue bourgeois.

L'intérêt lukacsien porte sur les phénomènes analysés par Marx sous le vocable de «fétichisme de la marchandise »[176], mais il l'étend

---

[176] Il y a une différence fondamentale entre ce que Marx nomme fétichisme et ce que Lukács entend par réification même si la lecture lukacsienne tend à confondre les deux concepts. Le « fétichisme de la marchandise » rend naturelle la force de travail. Les lois de l'échange masquent le rapport réel de classes dans l'apparition de la marchandise. Le rapport social fétichisé transforme le produit en marchandise, le travail abstrait en marchandise et détermine les conditions de travail devenues indépendantes du travailleur. La séparation ou l'aliénation du producteur et des instruments devient effective (séparation du sujet et de l'objet). La réification entamée dans la circulation devient constitutive de la production, elle se généralise en accomplissant le renversement du monde en un monde de relations entre choses à travers lesquelles les rapports sociaux de production dominent ceux qui les reproduisent dans le travail. Lukács met en valeur le caractère historique de la réification, elle est, à l'en croire, constitutive du mode de production capitaliste, du travail qui produit de la plus-value. Ce qui fait que ce phénomène de réification se trouve dans toutes les sphères de la société capitaliste : Etat, droit, science, philosophie.
Pour augmenter sa plus-value et augmenter la production en tant que telle et réduire le coût de la production, le mode de production capitaliste du fait de la concurrence, rationalise les éléments de la production. Le travail parcellaire accomplit ainsi des objets prédéterminés par l'objectivité des moyens de production. Ainsi, adviennent l'opposition entre sujet et objet, la séparation du produit et du producteur, la transformation des qualités du travail et des objets en choses. Le monde objectif fait face à un monde technique. Le travail-abstrait qui produit de la plus-value détermine le comportement aussi bien de l'ouvrier que celui du capital ; c'est un tel travail qu'il faut supprimer, ce travail produit et essaie d'éterniser la réification et toutes les formes de représentation.
On peut affirmer et contre Lukács que Marx ne dit nullement que les personnes cesseraient d'être des personnes en étant dominées par des choses, elles sont des personnes qui n'ont simplement plus de relations interpersonnelles dans leur travail. Marx met en évidence des personnes dont les relations transitent par des choses. Autrement dit, les choses n'imposent pas aux hommes un mode d'être de choses, mais ce sont les relations humaines qui ont besoin de la médiation des choses pour exister : un mode d'être des choses n'est pas imposé aux hommes, mais une relation humaine est transférée aux choses. Ce que Marx dit, c'est que les choses permettent aux hommes d'entretenir des relations sociales. Marx met en valeur l'idée selon laquelle le travail humain a un caractère social, le travail social résulte d'une

aussitôt à toutes les sphères de la vie de l'époque capitaliste : il analyse toutes les conséquences de la réification à l'époque moderne,

---

coordination sociale, il établit entre les hommes des rapports sociaux, chaque travailleur étant en relation avec son semblable, car de par son travail il accomplit une fonction sociale. Ce qui signifie que ce ne sont nullement les produits qui mettent les humains en relation, mais la production elle-même : « *L'affirmation que, dans le livre I du Capital, le capital est défini comme une chose et non comme un rapport social n'a même pas à être réfutée tant elle contredit le contenu de tout l'ouvrage* [...]. *Les marchandises, tout autant que le capital, cachent sous une forme matérielle des rapports sociaux. Le fétichisme des marchandises comme le fétichisme du capital qui en découle sont au même titre dans la société capitaliste* », Isaak Roubine, *Essais sur la théorie de la valeur de Marx, op.cit.*, p. 83. Autrement dit, le travail a un caractère qui ne se perd pas dans la forme marchandise et qui n'émane pas de cette même forme marchandise. Le caractère social est plutôt maintenu dans la forme marchandise qui porte dorénavant une réalité qui ne lui est pas inhérente. Pour Marx, dans la forme marchandise, les marchandises apparaissent comme ayant de manière naturelle des caractères sociaux alors que seul le travail a un caractère social de manière naturelle. Mais sous le règne de la forme marchandise, tout n'apparaît plus dans l'ordre normal des choses, tout semble inversé. Les marchandises sont porteuses de rapports sociaux car elles sont les produits d'une dépense d'une quantité bien déterminée de travail humain : les marchandises expriment le caractère social de leur objectivité en s'échangeant dans un espace nommé marché. Ainsi, le rapport social entre marchandises existe réellement, ce n'est pas une illusion de dire qu'un tel rapport existe. L'illusion n'advient qu'au moment où les humains ne sont plus conscients du fait que les marchandises expriment une réalité sociale bien donnée et croient qu'elles ont des caractères sociaux liés à leur nature de marchandises. Ce qu'on aperçoit dans l'analyse marxienne, c'est que la thématique de la réification ne saurait épuiser celle de l'aliénation assez vaste quand même. Chez Lukács, il s'agissait sans aucun doute de se réapproprier quelque chose en mettant fin à la superpuissance des marchandises. Il fallait libérer l'homme de la domination de la marchandise, chez Marx il s'agit de se réapproprier les caractères sociaux que les marchandises portent. En gros et en moyenne, le problème n'est pas dans le fait que les humains soient dominés par des choses ou soient même transformés en choses, le problème réside dans le fait que de telles choses s'affirment comme étant les supports des rapports sociaux, comme porteuses de choses spécifiquement humaines. Dans la problématique de Marx, le fond du problème ne réside pas dans le fait que des choses imposent aux hommes leur mode d'être de choses, mais que de telles choses croient avoir des qualités liées à leur nature. Lukács voulait supprimer la domination des objets sur les hommes alors que Marx voulait que les hommes puissent se réapproprier les caractères humains prêtés aux choses et portés par elles. En définitive, le fétichisme montre que les choses peuvent effectivement porter des caractères sociaux et que l'objectivité est le lieu où l'homme peut se socialiser, car il n'y a plus opposition entre monde objectif et monde subjectif ; le monde objectif est le lieu où l'homme se réalise pleinement, le monde subjectif ne peut se réaliser que dans celui dit objectif.

il généralise la réification. Les hommes inscrits dans le système capitaliste perçoivent non seulement le monde à partir de la réification, mais se perçoivent eux-mêmes selon les principes de la réification.

Dans la société moderne, tout est chosifié (personnes, objets, même les sentiments n'échappent pas à cette chosification). La réification n'affecte pas seulement les dimensions économiques. Pour mettre en évidence une telle idée, Lukács, après avoir axé sa réflexion sur les objets, accentue dans certaines parties de son texte, sa réflexion sur les changements qui s'opèrent chez l'individu du fait de la réification. Les séquelles du monde de l'échange affectent le rapport de l'humain à son environnement. L'individu, loin de participer de manière active aux procédés par lesquels il agit sur le monde objectif, demeure un atome isolé : il devient un simple contemplateur, un observateur passif et subjectif : « *L'attitude contemplative vis-à-vis d'un processus mécaniquement conforme à des lois et qui se déroule indépendamment de la conscience et sans l'influence possible d'une activité humaine, qui, autrement dit, se manifeste comme un système achevé et clos, transforme aussi les catégories fondamentales de l'attitude immédiate des hommes vis-à-vis du monde : elle ramène l'espace et le temps à un même dénominateur, elle ramène le temps au niveau de l'espace.* »[177]

Tous les éléments de la vie de l'individu sont réifiés, car les objets de l'échange, les partenaires de l'échange, les dispositions de l'individu, ne sont jugés qu'en fonction de leur valeur utilitaire. Une telle attitude détermine les conduites humaines dans toutes les sphères de la vie. Pour Lukács, tous les membres de la société capitaliste ont un rapport purement instrumental entre eux : « *Ainsi, ce que Lukács entend sous le terme de "réification", c'est la disposition (Habitus) ou encore l'habitude correspondant à l'attitude simplement contemplative par laquelle l'environnement naturel, le monde social,*

---

[177] *Ibid.*, p. 117. Ces propos de Gabel donnent beaucoup plus de valeur à la conception lukacsienne : « *Installé dans un monde où le passé domine le présent et l'avenir, et dans lequel l'espace a pris la place de la durée, l'homme du monde réifié ne peut pas comprendre l'histoire dans ce qu'elle a de créativité et de spontanéité* », *La réification*, *op.cit.*, p. 14.

ainsi que les capacités du sujet, sont saisis d'une manière désintéressée et affectivement neutre, à la manière de choses. »[178]

Lukács, dans sa perspective, essaie de fournir un concept qui puisse prendre en charge les dépossessions aliénantes de la société moderne mises en relief par Marx sans être conceptualisées. La réification existe pour lui dans toutes les sphères de la société, elle est la source de toutes les pathologies de l'époque moderne capitaliste. Toutes les pathologies sociales seraient des effets du phénomène réificationnel. La stratification des différentes sphères sociales autonomes ne résulte que de cette volonté humaine de manipuler tout.

La théorie lukacsienne de la dépossession aliénante prend en charge les différentes pathologies sociales de la société moderne. Avec cette nouvelle façon d'analyser la dépossession aliénante et de rendre par un concept unique les pathologies sociales, Lukács apporte une touche particulière dans l'analyse de la thématique de l'aliénation. Il cherche à homogénéiser ou à conceptualiser de manière très originale tous les phénomènes dépossessifs que Marx avait mentionnés sans élaborer un concept qui puisse en rendre compte. Il intègre également dans son analyse les acquis de la pensée sociologique allemande. La réification, étant considérée comme la source des diverses pathologies modernes, existe aussi bien dans la production que dans la culture[179]. Elle est à en croire l'analyse

---

[178] Axel Honneth, *La réification, petit traité de théorie critique*, Paris, Gallimard, 2007, p. 27.

[179] Un auteur comme Adorno dans un de ses magnifiques textes, *Le caractère fétiche dans la musique*, Paris, Editions Allia, 2001, 2010 tentera de faire intervenir dans une critique de la culture, la thématique aussi bien du fétichisme que de celle de la réification. Pour Adorno, l'époque contemporaine fait fausse route : elle favorise la divinisation des artistes et le culte des instruments de musique. Il y a ainsi fétichisme dans la mesure où les gens vouent un culte ou un respect quasi religieux à des choses de pure distraction. Il y a réification car la création musicale elle-même est un obstacle pour comprendre l'art musical. Tout ceci résulte, à suivre la logique argumentative d'Adorno, de la dimension commerciale de la musique. Car l'essentiel maintenant ne réside nullement dans la satisfaction réelle, mais dans l'augmentation du profit (industrie du disque). Le fétichisme, c'est cette folle divinisation de la valeur d'échange au détriment de la valeur d'usage. Adorno montre que la commercialisation à outrance de l'art constitue l'apogée de ce que Marx nommait « fétichisme de la marchandise». Cette adoration de la commercialisation de l'art offre une spiritualité à une société mutilée où tout est réduit à l'état de marchandise, où tout est commercialisé. Ainsi, on peut affirmer que la réification qu'Adorno analyse de façon lapidaire, est un moyen de critiquer le

lukacsienne la cause des maux remis en cause par la *Kulturkritik* et par la pensée sociologique. La réduction de l'existence à une dimension purement instrumentale pousse les humains à stratifier la vie en plusieurs sphères indépendantes et autonomes par opposition aux buts initiaux. C'est comme qui dirait que la théorie de la dépossession aliénante mise en évidence par Lukács ne se soucie guère de l'existence inhumaine des classes victimes de l'exploitation et de tous les effets pervers nés de l'hyperindustrialisation[180].

La pensée de la dépossession, héritée du jeune Marx, est réélaborée par Lukács. Dans une telle tentative de réélaboration, Lukács essaie de montrer que ce qu'il y a de dangereux dans la société, ce n'est nullement le fait de perdre une nature quelconque, mais le fait que l'activité sociale soit inauthentique. L'analyse est davantage accentuée sur les réalités qui font perdre à l'activité toute son authenticité que sur l'humain qui dans l'acte d'objectivation se désobjective. Le sujet semble par moments ne plus être le centre de gravité de l'analyse lukacsienne de la dépossession. Lukács, avec son concept de réification, réforme de façon magistrale la pensée de la dépossession de Marx. Il élabore les nouvelles bases théoriques de la dépossession aliénante afin d'éviter le dilemme entre la pensée subjectiviste et classique de l'aliénation et celle qui tout en prenant ses distances avec une telle pensée n'arrive tout de même pas à fonder théoriquement la pensée de la dépossession aliénante. Ainsi, pour Lukács, ce qui est

---

culte de la marchandisation et de la commercialisation. Des choses importantes et ayant une réelle valeur deviennent réifiées dés qu'elles sont soumises aux fameuses lois du marché : « *Le changement de fonction de la musique touche aux éléments constitutifs du rapport de l'art et de la société. Plus le principe de la valeur d'échange prive inexorablement l'homme de la valeur d'usage, plus la valeur d'échange cherche à se faire passer pour un objet de plaisir. On s'est demandé quel était le ciment qui faisait encore tenir la société marchande. Ce transfert de la valeur d'usage des marchandises de consommation à leur valeur d'échange peut contribuer à créer une situation dans laquelle le plaisir, s'émancipant de la valeur d'échange, finit par présenter des caractères subversifs »*, pp. 30-31.

[180] Pour Lukács, il faut approfondir la critique du monde marchand et analyser au-delà de la simple exploitation, les effets pervers du système capitaliste. La réification permet de mettre en place une analyse rigoureuse de ce que *Le Capital* de Marx ne faisait que suggérer. Pour lui, ce qui est important dans l'analyse du capitalisme, ce n'est pas de dire froidement qu'il est un système qui exploite les travailleurs, qui martyrise les travailleurs, ce qui est important, c'est de voir comment un tel système prive l'humain de l'exercice d'une réelle activité authentique et l'empêche de maîtriser réellement les conditions de sa propre existence. Cette option théorique le poussera à réduire l'aliénation à une unique dimension : la dimension objective.

réifiant, ce n'est pas le fait que le sujet perde une quelconque essence, mais le fait que son activité devienne inauthentique.

La perspective lukacsienne, au-delà de l'aliénation qui mettait l'accent sur la perte du sujet, analyse les raisons qui font que l'activité de l'agent se trouve faussée. Ce n'est pas l'analyse d'une perte du sujet dans l'objet qui importe, mais celle qui essaie de découvrir les causes de l'inauthenticité de l'activité. Cependant, malgré cette tentative de mettre l'accent davantage sur l'activité faussée plutôt que sur un sujet qui perd son essence, le modèle de 1844 refait surface : la réification fait la part belle à l'aliénation objective et à un sujet qui perd son essence dans son objectivation : « *De ce phénomène structurel fondamental, il faut avant tout retenir qu'il fait s'opposer à l'homme sa propre activité, son propre travail comme quelque chose d'objectif, d'indépendant de lui et qui le domine par des lois propres, étrangères à l'homme. Et cela se produit tant sur le plan objectif que sur le plan subjectif. Objectivement, un monde de choses achevées et de relations entre choses (le monde des marchandises et de leur mouvement sur le marché) surgit, dont les lois sont, certes, peu à peu reconnues par les hommes, mais qui, même dans ce cas, leur sont opposées comme autant de puissances insurmontables produisant d'elles mêmes tout leur effet [...]. Subjectivement, l'activité de l'homme – dans une économie marchande achevée – s'objective par rapport à lui, devient une marchandise qui est soumise à l'objectivité, étrangère aux hommes, des lois sociales naturelles, et doit accomplir ses mouvements tout aussi indépendamment des hommes que n'importe quel bien, destiné à la satisfaction des besoins, devenu chose marchande.* »[181]

Dans son analyse du système capitaliste, Marx mettait l'accent sur les aliénations que subissait l'ouvrier du fait de la domination et de l'exploitation : l'accent était mis sur les nombreuses souffrances ouvrières (morales, physiques, corporelles entre autres), sur la dimension de la souffrance qui semblait faire oublier l'aliénation objective.

Par contre pour Lukács, il semble que ce qui est fondamental dans le capitalisme, c'est la dimension objective de l'aliénation ; la réification absolutise l'aliénation objective : « *L'autonomisation*

---

[181] Georg Lukács, *Histoire et conscience de classe*, *op.cit.*, pp. 113-114.

technique des manipulations partielles et productives s'exprime, économiquement aussi, dans la capitalisation radicale de la société, par l'accès à l'autonomie des opérations partielles, par la relativisation croissante du caractère marchand d'un produit aux différentes étapes de sa production [...]. L'homme n'apparaît, ni objectivement, ni dans son comportement à l'égard du processus du travail comme le véritable porteur de ce processus, il est incorporé comme partie mécanisée dans un système mécanique qu'il trouve devant lui, achevé et fonctionnant dans une totale indépendance par rapport à lui, aux lois duquel il doit se soumettre. »[182]

Il est évident que dans *Le Capital* tout semble tourner autour de la problématique de l'exploitation. Malgré les différentes problématiques qui viennent se greffer sur la thématique de l'exploitation, le cœur de l'analyse marxienne dans *Le Capital*, demeure la problématique de l'exploitation. Lukács semble, quant à lui, suggérer que Marx dans, son ouvrage, *Le Capital* laisse en suspens certains sujets non moins importants à savoir les contrecoups de la production marchande. Ce qui est fondamental dans le système capitaliste, ce n'est nullement l'exploitation, mais la mécanisation de toute la vie qui fait que l'humain devient un simple atome isolé. La réification fait perdre à toutes choses ses valeurs, aussi bien les personnes que les choses (autonomie, liberté). Le monde entier devient un monde marchand où tout perd sa valeur intrinsèque, tout est chosifié, la vie perd sa valeur[183].

---

[182] *Ibid.*, pp. 116-117.
[183] Honneth dégage les présuppositions théoriques qui mobilisent les arguments de Lukács. Si la société est réifiée c'est parce que la « reconnaissance réciproque » est bafouée, c'est parce que l'individu est considéré simplement comme instrument ou comme moyen utilisable à merci. L'instrumentalisation de la société est à l'origine de la chosification de toute l'existence. Pour Honneth, Lukács, dans sa problématique de la réification, cherche à rendre compte d'une certaine forme de vie de la pratique humaine, d'une forme de vie biaisée. Selon Honneth, toutes les réifications (subjective, objective, intersubjective) sont liées à l'oubli de la reconnaissance. L'observation passive par exemple du travailleur dans le monde marchand, dans ses rapports avec ses semblables ou avec la nature, en est une preuve. Une telle attitude est une conséquence logique de l'échange marchand. Les sujets accomplissent leurs relations sociales sous la forme de l'échange marchand. Ils perçoivent leurs partenaires et les produits de l'échange sur l'image des objets. L'oubli de la reconnaissance des partenaires de l'interaction conduit à la réification des hommes : *« Lukács a tendance, de façon extrêmement problématique, à poser*

De l'analyse lukacsienne, on peut noter une chose non moins importante : une telle analyse considère la réification comme un processus de mécanisation et d'autonomisation[184] qui transforme tout en « choses » dotées d'une objectivité purement fantomatique. La réification ne serait rien d'autre que l'expression d'une société où tout est considéré comme choses, tout est atomisé, elle est l'expression d'une société dominée par ses propres objectivations[185]. Cette analyse

---

une équivalence entre le processus de dépersonnalisation des relations sociales et le processus de réification », p. 109. Honneth tente, après Adorno, de réactualiser et de reconstruire la catégorie de la réification, en se fondant non plus sur une critique des effets pervers de la civilisation, du capitalisme, mais sur la déchéance de l'homme due à une existence purement instrumentale. Pour Honneth, Lukács dans sa vocation imprécise de mettre en cause le système capitaliste, ne met pas en évidence les fondements réels de son argumentation. Ainsi, éclaircissant la position lukacsienne, Honneth met en place les fondements et autres bases qui peuvent permettre de comprendre la réification lukacsienne. En effet, pour Honneth, il y a réification à partir du moment où on ne s'ouvre pas à autrui et à soi, c'est-à-dire à partir du moment où on oublie la « reconnaissance ». L' « attitude de reconnaissance » met fin à une existence réifiée, car permettant à autrui et à soi de mettre en place les conditions d'une participation effective et partagée. On ne commence à adopter une attitude réifiante que lorsque nous traitons les autres comme simples instruments et dés que nous oublions que l'instrumentalisation de la vie ne doit nullement annuler l' « attitude de reconnaissance ».

Pour Honneth, Lukács, dans son fameux ouvrage, essaie de remettre en cause le fait de considérer les personnes comme simples objets, comme simples choses en ne prenant pas en compte leur valeur intrinsèque. L'analyse de Honneth met en lumière des phénomènes dépossessifs analysés par Lukács mais qui de nos jours prennent une ampleur beaucoup plus considérables : l'instrumentalisation des relations sociales, la non prise en considération de son semblable, l'auto-réification de l'individu qui s'efforce toujours de se conformer aux lois et exigences du marché, aux lois aveugles du marché : « *Sitôt que les sujets se voient contraints d'accomplir leurs interactions sociales sous la forme prédominante de l'échange économique de marchandises, ils seraient conduits à se percevoir ainsi qu'à percevoir les partenaires de leurs interactions et les biens de l'échange sur le modèle d'objets, et donc à se rapporter à leur monde environnant d'une façon qui, là encore, est uniquement celle de l'observation »*, Ibid., p. 107.

[184] « *La mécanisation de la production fait d'eux* [ouvriers], *à cet égard aussi, des atomes isolés et abstraits que l'accomplissement de leur travail ne réunit plus de façon immédiate et organique et dont la cohésion est bien plutôt, dans une mesure sans cesse croissante, médiatisée exclusivement par les lois abstraites du mécanisme auquel ils sont intégrés »*, Lukács, *op.cit*, p. 118.

[185] Les analyses d'Adorno et de Honneth dégagent chacune un point fondamental de la thématique lukacsienne : Adorno met l'accent sur la réification des valeurs alors que Honneth accentue sa réflexion sur la réification des personnes dans la société. Lukács considérait dans son analyse de telles réifications comme découlant de la stratification de la société en différentes sphères autonomes. La réification était

lukacsienne est sans aucun doute un élargissement de la conception du Marx de 1844. Car, Lukács, sans l'exprimer ouvertement, fait de l'aliénation objective la seule possibilité de penser l'aliénation, il réduit l'aliénation à la dimension purement objective.

La transmutation de la théorie de l'aliénation en une théorie de la réification[186] n'est pas sans conséquences chez Lukács. Elle permet à

---

considérée comme l'effet pervers de la rationalisation à outrance de la société (Weber avait relevé cela). En résumé, on peut dire que telle que décrite par Lukács, l'analyse de la réification ne diffère foncièrement pas de la description marxienne, de la description que le jeune Marx fait du système capitaliste. En un mot, la réification ne saurait se réduire à la simple marchandisation comme l'analyse d'Adorno a tendance à le faire croire ni à la pure relation instrumentale de l'existence (Honneth). Pour Lukács, la réification consiste en une autonomisation des sphères sociales qui réduisent le monde au statut de pure chose : elle est le résultat de la volonté aveugle de la rationalisation du monde. Ainsi, l'activité humaine au lieu d'être authentique et de manifester les possibilités d'agir de l'humain, devient faussée. Avec son concept de réification pour rendre compte des phénomènes dépossessifs, Lukács radicalise l'aliénation objective analysée dans les *Manuscrits parisiens*. Il légitime ainsi ce que le jeune Marx avait analysé dans ses brouillons de lecture : l'autonomisation des sphères sociales qui détruisent les possibilités de l'humain.

[186] Ce que Lukács gagne dans le réinvestissement de la problématique de l'aliénation en une problématique de la réification, c'est sans nul doute l'absolutisation de l'aliénation objective et la relégation au second plan de l'héritage Jeune-hégélienne de la dimension de l'aliénation axée sur un sujet quelconque qui maîtriserait la différence. La fin de l'aliénation, à travers les lignes du texte de Marx, conduit à une transparence entre les relations interhumaines, mais aussi à une certaine maîtrise humaine de la nature, du monde extérieur. Or pour Lukács, la fin de la réification symbolise la fin des relations purement instrumentales, elle est l'avènement d'une société où les humains acquièrent la maîtrise de l'activité qui deviendrait du coup une activité authentique. Une telle orientation lukacsienne semble porter un coup au modèle du sujet nommé ci-dessus. : le modèle d'un sujet qui se perd dans son objectivation mais qui normalement devrait sans nul doute retrouver tout ce qu'il avait perdu dans un monde totalement transparent. Cependant, il faut souligner que tel n'est pas le cas, car dans ses analyses politiques, le modèle d'un sujet qui maîtriserait son extériorisation et le monde objectif, refait surface : le prolétariat serait le sujet de l'histoire qui mettrait fin à la réification en maîtrisant toutes les objectivations et toutes les activités. Le prolétariat, du fait de sa position dans la sphère sociale, perçoit le sens de l'Histoire et agit en fonction de cette perception. La connaissance de sa situation est en même temps une connaissance de l'ordre social dans sa totalité. La conscience prolétarienne doit mener au changement, c'est sa mission historique. La perception de la vérité est immédiate chez le prolétariat qui agit en fonction de cette vérité perçue : le prolétariat est le sujet de l'Histoire. Etre sujet veut dire que le prolétariat comprend le mouvement de l'Histoire qui ne signifie rien d'autre que l'émancipation de l'homme.

Lukács de prendre une distance par rapport à la conception selon laquelle après la fin de l'aliénation le sujet récupère tout bonnement ses attributs autrefois perdus et met fin à toute opacité de la vie socio-économique. Avec une telle théorie de la réification, l'accent n'est plus mis sur une quelconque réappropriation des objets dans un futur probable. Dans la situation normale, c'est-à-dire après la suppression de la réification, le rapport purement instrumental entre humains et

---

Soulignons aussi que la réduction de la réification à l'aliénation fait ressortir une contradiction assez nette dans la pensée lukacsienne. Lukács affirme en termes très clairs que la réification se généralise et atteint son paroxysme dans la société marchande, ce qui veut dire que le travailleur est réifié dès le départ et il est considéré comme objet et non comme sujet, il est marchandise : « *La dualité des formes d'apparition vient manifestement de ce que, pour l'ouvrier, la durée du travail n'est pas seulement la forme objective de la marchandise qu'il vend, de sa force de travail, mais en même temps la forme déterminant son existence comme sujet, comme homme* », Histoire et conscience de classe, op.cit, p. 209. Cependant et paradoxalement d'ailleurs, c'est dans cette réduction de l'ouvrier à l'état de pur objet, c'est-à-dire dans la totale réification que Lukács perçoit la possible suppression de cette même réification : contradiction ? Naturellement oui. Pour Lukács, il faut que l'homme soit totalement réduit au statut d'objet, c'est-à-dire réifié pour que le sujet puisse mettre fin à ce même statut d'objet : c'est dans la réification que le sujet libérateur émerge. Le travailleur ne peut accéder à la conscience de soi que s'il est totalement réifié, que s'il est objet : « *La métamorphose de l'ouvrier en simple objet du processus de production s'effectue, certes, définitivement, par le mode de production capitaliste (par opposition à l'esclavage et au servage), par le fait que le travailleur est contraint d'objectiver sa force de travail par rapport à l'ensemble de sa personnalité et de la vendre comme une marchandise lui appartenant. En même temps, cependant, la scission qui naît, précisément ici, dans l'homme s'objectivant comme marchandise, entre objectivité et subjectivité, permet que cette situation devienne consciente* », Ibid., p. 209. Le travailleur ne peut prendre conscience de sa situation que s'il est transformé entièrement en force de travail, en objet. Le travailleur devient force de travail, marchandise, objet, mais cette réification de son être lui permet de prendre conscience de sa situation. Lukács suppose sans pour autant le dire en termes explicites que le travailleur n'est pas totalement réifié (il faut nécessairement qu'une certaine partie puisse échapper à la réification). Et contre Lukács, nous affirmons que pour qu'il y ait déjà réification, il faut que le travailleur ne soit pas automatiquement objet mais sujet et sujet libre comme les principes illusoires, de liberté, égalité, rationalité, de l'économie le posent. Ainsi, nous affirmons sans ambages et contre Lukács, que le fait de devenir sujet n'est pas une condition de mise à terme de la réification, mais la condition de possibilité. Le fait d'exister en tant que sujet conscient, libre et disposant entièrement de toutes ses facultés, est la condition sine qua non de la réification, il faut pouvoir exister en tant que sujet pour pouvoir être réduit au statut de chose et de marchandise. L'aliénation n'est possible que si le travailleur existe d'abord comme sujet.

celui entre les humains et le monde disparaît, l'humain se rapportera de manière authentique à l'activité sociale.

Le réinvestissement de la thématique de l'*Entfremdung* en une thématique de *Verdinglichung* peut pousser à croire que Lukács rompt avec le fondement théorico-spéculatif de la thématique de l'aliénation. En effet, quand on parle de l'aliénation, on suppose que le sujet qui s'est perdu, récupérera au fil du temps toute sa richesse extériorisée, quand on parle de réification, on a tendance à remettre en cause le subjectivisme philosophique afin d'analyser l'activité de l'agent. Cependant, force est de constater que la volonté non affichée de mettre à distance le sujet est problématique. Car dans les analyses politiques de son texte, Lukács fait intervenir le sujet, le modèle relégué souvent au second plan réapparaît : le prolétariat considéré comme sujet qui doit faire l'histoire en maîtrisant la réalité historique, montre la difficulté de mettre hors-circuit le sujet. En un mot, dans les dernières parties de son ouvrage, la notion de « sujet de l'histoire » permet d'apercevoir à quel point il est difficile pour Lukács de dépasser le modèle du sujet qui maîtrise l'extérieur : la théorie de la réification finit par être reliée au subjectivisme philosophique dans les analyses politiques. Lukács n'est pas par conséquent resté fidèle au modèle de l'aliénation objective.

Pour Lukács, suivant sans doute en cela Marx, le prolétariat est la seule classe capable de parvenir à une connaissance de la totalité, car il ne défend nullement des intérêts particuliers il n'en a d'ailleurs pas, ses intérêts sont ceux de tous, ceci se justifie par sa position et sa situation : le prolétariat n'a rien à préserver[187]. C'est le prolétariat dans

---

[187] Marx affirme ce qui suit : « *Où réside donc la possibilité positive de l'émancipation allemande ? Réponse : dans la formation d'une classe aux chaînes radicales, d'une classe de la société civile qui ne soit pas une classe de la société civile-bourgeoise, d'un état social qui soit la dissolution de tous les états sociaux, d'une sphère qui possède un caractère d'universalité par l'universalité de ses souffrances et ne revendique pas de droit particulier, parce qu'on lui fait subir non une injustice particulière mais l'injustice tout court, qui ne puisse plus se targuer d'un titre historique, mais seulement du titre humain...* », Karl Marx « *Contribution à la critique de la philosophie du droit de Hegel. Introduction* » in : Karl Marx, *Critique du droit politique hégélien*, op.cit., p. 211. Cependant, cette conception marxienne d'un prolétariat doté d'une mission historique et universelle et qui agit non en fonction des intérêts particuliers mais en fonction de sa position privilégiée dont Lukács s'inspire, disparaîtra dans les œuvres politiques de la maturité de Marx.

sa mission révolutionnaire qui mettra fin à la réification ou au fléau social. La saisie de l'universel est étroitement liée à la position d'exploité, à la position du prolétariat. Le prolétariat est le seul sujet capable d'avoir une compréhension scientifique du réel car « *la connaissance de soi est donc en même temps pour le prolétariat la connaissance objective de l'essence de la société.* »[188]

Le prolétariat par opposition à la bourgeoisie qui ne saurait parvenir à la totalité, la vision du monde bourgeoise est étriquée, perçoit la réalité dans son entièreté et agit en fonction de cette compréhension de la situation historique et non en fonction des impératifs d'ordre, de moral ou de justice : la conscience de classe prolétarienne est la conscience historique d'un sujet historique. Se comprendre revient pour le prolétariat à comprendre tout l'ordre social. C'est comme qui dirait que la révolution que doit mener le prolétariat relève d'une nécessité, qu'il le veuille ou non il fera la révolution. La conscience prolétarienne s'oriente naturellement vers la totalité. Le prolétariat prend conscience de la réalité dont la transformation lui revient, une telle prise conscience devient pratique. Le désir de révolution ne reflète nullement la volonté de supprimer un ordre économique opprimant ou aliénant, il reflète plutôt l'auto-compréhension de la réalité. Le prolétariat saisit le sens de l'histoire

---

Dans les œuvres de la maturité, le prolétariat agit en ayant conscience de ses tâches, son action est motivée par des objectifs bien définis.

[188] Georg Lukács, *op.cit.*, p. 189. Lukács montre que le prolétariat en se désaliénant, désaliène en même temps la société, car sa situation n'est que le reflet de la situation sociale existant. Il y a une identité entre le sujet connaissant et l'objet de sa connaissance : le prolétariat ne peut objectivement se connaître qu'en connaissant la totalité sociale existant, car sa situation est déterminée par la totalité : « *Le destin de l'ouvrier devient le destin général de toute la société, puisque la généralisation de ce destin est la condition nécessaire pour que le processus de travail dans les entreprises modèles se modèle selon cette norme* », p. 119. La connaissance de la société comme totalité est plus qu'importante pour le prolétariat, car seule une telle connaissance lui permet de comprendre que la réalité sociale n'est pas figée, mais soumise à la dialectique, au devenir historique, tout ordre n'étant qu'une phase dans le processus de réalisation de la société humaine. La bourgeoisie ne saurait parvenir à une connaissance de la société comme totalité, elle n'a qu'une connaissance immédiate de la société du fait de ses intérêts de classe particuliers ; sa connaissance recouvrant des intérêts de classe est fausse : « *Pour le prolétariat, c'est une question de vie ou de mort que de prendre conscience de l'essence dialectique de son essence, tandis que la bourgeoisie recouvre dans la vie quotidienne la structure dialectique du processus historique par les catégories réflexives abstraites de la quantification, de la progression infinie* », p. 206.

considérée comme totalité et agit naturellement en fonction de cela. Etant « sujet-objet » de l'Histoire, le prolétariat est la principale victime du processus réificationnel.

La révolution s'impose au prolétariat et ne relève pas de desseins de justice, d'ordre. Le prolétariat, à suivre la logique de Lukács, serait comme un messie qui s'ignore mais qui est poussé vers une mission historique dont le mobile n'est autre que la Vérité. Il comprend l'Histoire et doit agir en conséquence. Tous les aspects de la vie étant réifiés, toute l'existence étant soumise à un mode de vie purement instrumental, le prolétariat, étant au cœur du processus réificationnel, aperçoit mieux que quiconque l'effectivité de la contradiction. Il saisit mieux que quiconque le sens de l'Histoire qui est son accomplissement, l'accomplissement de l'homme. La compréhension de l'Histoire par le prolétariat, loin d'être singulière et particulière, est une compréhension globale de la société. Le prolétariat a une vision claire, globale et nette de l'histoire : *« C'est justement parce que le prolétariat ne peut se libérer comme classe qu'en supprimant la société de classes en général, que sa conscience, la dernière conscience de classe dans l'histoire de l'humanité, doit coïncider d'une part avec le dévoilement de l'essence de la société et, d'autre part, devenir une unité toujours plus intime de la théorie et de la praxis. »*[189]

La position privilégiée dans la société réifiée fait nécessairement et naturellement du prolétariat le sujet de l'Histoire, une telle position fait du prolétariat le sujet connaissant et ayant accès à la totalité.

En effet, le prolétariat subissant, plus que n'importe quelle catégorie, la réification comprend mieux que n'importe quelle catégorie le mouvement historique. Une telle compréhension le pousse nécessairement à l'expression d'une volonté émancipatrice qui libère tous les membres de la société de l'univers réifié. Le point de vue du prolétariat est le point de vue de la totalité, du sens de l'Histoire. La conscience prolétarienne est la conscience qui seule peut échapper aux intérêts purement particuliers pour mettre fin à la dépossession humaine : la mission prolétarienne a un caractère universel. Avec la fin de la réification, toutes les relations passent de l'opacité à la transparence symbolisant la sortie de l'ère capitaliste.

---

[189] *Ibid.*, p. 95.

Dans la logique argumentative de Lukács, ce qui s'oppose à la conscience réifiée anhistorique, c'est la conscience de classe. La conscience de classe, par opposition à la conscience qui obéit au principe d'autonomisation, obéit au principe de la totalité. Autrement dit, l'action historique de la classe prolétarienne restitue l'unité de la théorie et de la pratique, du sujet et de l'objet. Une telle classe, en changeant totalement la réalité réifiée, arrive à une connaissance effective de la dialectique historique, reconstitue l'unité disloquée de l'action et de la pensée : « *Le point de vue de la totalité ne détermine cependant pas seulement l'objet, il détermine aussi le sujet de la connaissance […]. La totalité ne peut être posée que si le sujet qui la pose est lui-même une totalité ; si donc, pour se penser lui-même, il est contraint de penser l'objet comme totalité.* »[190]

Le sujet lukacsien de l'action humaine est en même temps objet, car comprenant et agissant sur et dans la société dont il fait partie, il se comprend lui-même. Le sujet est un groupe, une classe qui progresse vers la réorganisation de la société. Il est un sujet pluriel. La séparation entre sujet et objet est apparue selon Lukács avec le développement de la bourgeoisie et avec l'expansion de la production pour le marché, en un mot avec la réification. Le monde déterminé par la réification devient un objet qu'on étudie du dehors et l'homme devient un simple élément du monde. La totalité ne peut plus être perçue et les rapports interhumains n'existent qu'à travers le marché, les prix. La rupture entre sujet et objet est une illusion née de la réification de toute philosophie qui pose le Je comme début de tout. Pour Lukács, l'initiation de l'action révolutionnaire se trouve non seulement dans l'être pensant et agissant, dans la théorie, mais aussi du côté de l'objet que le sujet pensant est entrain de modifier[191]. Le dépassement de la réification ne peut émaner que du processus par lequel la classe ouvrière prend conscience de sa situation. C'est parce que le prolétariat vit dans un monde totalement réifié que la connaissance objective qui permet de voir dans les objets sociaux non

---

[190] *Ibid.*, pp. 48-49.
[191] Cette position lukacsienne est une remise en cause de celle d'Engels, dans *Antidühring,* qui faisait office de bible du marxisme vulgaire et dogmatique. Lukács remet en cause la non-mise en évidence de la relation dialectique sujet/objet, la seule mise en avant de la causalité unilatérale. Lukács voit dans une telle position le fondement du pseudo-marxisme positiviste où la relation dialectique du sujet et de l'objet est absente, il raille ainsi toute théorie positiviste, déterministe à la limite fataliste.

des choses mais la matérialisation des relations sociales, doit émaner de lui-même.

Il faut noter que dans les analyses politiques lukacsiennes, le statut de la conscience de classe du prolétariat varie du fait sans doute des hésitations du philosophe hongrois[192]. Dans un premier temps, Lukács semble dire que la conscience de classe résulte du développement du mode de production capitaliste et qu'elle est simplement spontanée. Dans un second temps, il affirme qu'une telle conscience de classe n'est que la conscience du Parti, le Parti est « *le porteur de la conscience de classe du prolétariat, la conscience de sa mission historique.* »[193] Pour lui, seul le Parti, avec tout ce que cela comporte en matière d'autoritarisme et d'oligarchie, peut orienter la conscience de classe, la classe ouvrière. Sans le Parti, les intérêts subjectifs mineraient une telle classe. Le Parti est l'instance suprême qui décide de tout.

---

[192] On sait que dans *Histoire et conscience de classe*, Lukács, dans certains endroits dudit texte, exprime des positions politiques qu'il supplantera par d'autres à la fin de son texte. Dans « *Rosa Luxembourg, marxiste* » et « *Remarques critiques sur la critique de la révolution russe de Rosa Luxembourg* », consacrés à Rosa Luxembourg, grande théoricienne du prolétariat et auteur de « *L'accumulation primitive* », Lukács radicalise les positions de Luxembourg. Rosa Luxembourg a mis au centre de sa théorie le concept de prolétariat révolutionnaire. Pour elle, aucune classe en dehors du prolétariat qui par nature tend de manière spontanée vers la prise de conscience, ne peut atteindre la conscience révolutionnaire. Toutes les autres classes rejoignent le prolétariat en l'absence de crise fondamentale, mais elles se désolidarisent de lui quand les crises éclatent. La révolution n'émane ainsi que de la conscience de classe spontanée du prolétariat. Lukács et Korsch (*Marxisme et philosophie*, Les Editions de Minuit, 1964) étaient à un moment les représentants philosophiques des idées de Rosa Luxembourg. En insistant sur l'utilité de la spontanéité, Lukács met en relief le danger que constitue la mutation du prolétariat en accessoire. De telles perspectives luxemburgistes mettaient le livre de Lukács dans une perspective erronée. Il faut alors se poser la question suivante : qu'est ce qui explique la prise de conscience du prolétariat ? On sait que Lénine parlait dans son *Que Faire ?* d'aristocratie ouvrière pour rendre compte du réformisme. La thèse léniniste s'oppose à celle luxemburgiste. Pour Lénine, sans une conscience révolutionnaire introduite de l'extérieur par les intellectuels, le prolétariat se dirigerait spontanément vers l'économisme et le réformisme. Lukács a, par la suite, influencé sans doute par les positions de Lénine, tempéré le radicalisme des positions de Rosa Luxembourg en revenant dans « *Remarques méthodologiques sur la question de l'organisation* » sur la notion de Parti comme effectivité de la conscience de classe prolétarienne.
[193] Georg Lukács, *op.cit.*, p. 63.

En effet, dans certaines parties de son texte notamment dans l'article intitulé *« la conscience de classe »*, Lukács semble affirmer que dans une situation de révolution, les Conseils ouvriers peuvent permettre une nette adéquation de la conscience prolétarienne (résultant du processus capitaliste) avec sa véritable conscience. Les Conseils permettent de découvrir la vérité. Ce sont des cadres d'éducation et d'instruction de tous les membres du Parti.

Cependant, dans les dernières analyses de son livre notamment dans l'article intitulé *«Remarques méthodologiques sur la question de l'organisation »*, Lukács met en place une conception assez élitiste et sélective du Parti, conception qui s'explique par son ralliement à la conception léniniste. Le Parti devient le seul moyen de diriger la classe ouvrière, le guide qui lui permet d'échapper aux luttes partisanes et particulières. Cette conception autoritaire du Parti est considérée par Lukács comme une étape provisoire et non définitive. Le Parti est un moyen fondamental dans les luttes politiques contradictoires, tout le monde doit s'y conformer. Dans ce sens, on peut s'interroger sur le rôle que peuvent jouer les masses ? Pour Lukács, les masses jouent un rôle non moins important. Elles empêchent l'organisation politique de se figer en une dictature autoritaire qui se croirait tout permis. Les masses sont des sentinelles de la démocratie (démocratie très suspecte), elles empêchent que la corruption puisse se répandre au sein des membres de l'organisation politique. Elles utilisent à en croire Lukács la violence afin d'empêcher à la bureaucratie de se figer mais aussi pour réprimer les dissidents qui menacent le Parti.

Cette conception lukacsienne peut pousser à s'interroger sur le réel statut du sujet de l'histoire : le sujet ne serait-il en fin de compte que le Parti ? Répondre à une telle question semble difficile. Cependant, on peut tenter de dire que la notion de Parti que Lukács élève à une dimension suprême purement autoritaire dans ses analyses politiques peut se comprendre par son ralliement à certaines positions léninistes susmentionnées. Un tel ralliement ne fait nullement disparaître l'influence Jeune-hégélienne d'un sujet qui à la fin du processus historique se retrouvera, le sujet s'incarne désormais dans le Parti. Autrement dit, avec l'apologie du Parti, on voit à quel point il est difficile pour Lukács de se départir du subjectivisme philosophique de l'aliénation que la thématique de la réification semblait royalement ignorer. Il y a donc un sujet concret et réel qui peut permettre à l'homme de s'accomplir réellement, d'affirmer pleinement sa liberté et qui au fil du temps retrouve son extériorisation en mettant fin aux différentes réifications. Un tel sujet s'incarne dans le Parti avec toute sa dose d'oligarchie et d'autoritarisme. Le sujet devient un groupe bien organisé, bien structuré qui maîtrise le monde extérieur et qui supprime la différence et l'opacité.

On peut affirmer pour conclure définitivement que le modèle d'un sujet qui maîtriserait l'extériorité que la réification semblait ignorer, ne disparaît pas. Lukács continue d'une manière ou d'une autre les perspectives de lecture de la problématique de l'aliénation ouvertes par Marx dans les *Manuscrits de 1844* : la réduction de la problématique de l'aliénation à une unique dimension : celle objective dont l'attrait d'un sujet qui maîtriserait l'extériorité accompagne tant bien que mal. En un mot, avec l'idée d'un sujet qui est censé maîtriser le monde extérieur, supprimer la différence, on peut donc logiquement affirmer que Lukács n'a jamais remis en cause les schémas subjectivistes de 1844. Malgré ses positions philosophiques tranchées, Lukács reste, sans le savoir, fidèle au schéma de 1844 : il fait de l'aliénation objective la seule dimension de l'aliénation et explique une telle dépossession aliénante en empruntant les schémas du langage du subjectivisme philosophique.

S'il est vrai que dans son fameux ouvrage controversé, *Histoire et conscience de classe*, Lukács avait totalement identifié la réification et le fétichisme, il serait aussi injuste de ne pas montrer que cette identification que rien ne semblait justifier ou ne permettait de justifier, sera remise en cause par le même Lukács lorsqu'il aura accès aux brouillons parisiens. En quels termes Lukács se corrigera t-il ? Lukács montre dans *Le jeune Hegel* que l'objectivité et l'objectivation ont un caractère positif chez Marx. Ce qui revient à dire que l'objectivation n'est pas l'aliénation comme les restrictives et limitées lectures d'*Histoire et conscience de classe* le laissaient supposer.

L'objectivation est propre au travail, car sans la transformation d'un quelconque objet, il n'y a pas de travail. Le sujet hégélien pour parvenir à sa vérité devait nier l'immédiateté (l'objectivité), alors que chez Marx l'objectivation est un réel processus d'affirmation du sujet. L'aliénation ne réside pas ainsi dans le devenir-objet, dans l'objectivation du sujet. Lukács distingue nettement ce qu'autrefois il avait identifié. Il distingue, objectivation et réification, devenir-objet et chosification.

Précisons que, et selon l'analyse lukacsienne, Hegel, dans sa thématique de l'aliénation, montre de manière manifeste qu'il y a une certaine perte de l'objet de la part du sujet. Une telle perte de l'objet est nécessaire pour le sujet, elle permet à ce dernier de se reconnaître dans ce qui lui semble étranger et qui semble s'opposer à toute réintégration ou réappropriation. Le sujet se perd dans l'objet, c'est-à-dire dans le travail (objectivation) mais ce même objet est par la suite perdu par le sujet : il y a l'idée d'une séparation de l'objet avec son créateur (la conception trinitaire montre que l'Esprit ne peut advenir que de la perte du Père dans le Fils et du sacrifice du Fils lui-même, c'est-à-dire de sa perte).

Le sujet ne peut parvenir à sa propre vérité qu'en se perdant totalement et en perdant son objet. Il se perd dans l'objet et perd l'objet dans lequel il s'est objectivé. Une telle double perte est la condition même de l'affirmation. Ceci permet de comprendre pourquoi Lukács voit, sur le tard, dans la conception hégélienne de l'aliénation un réel accomplissement, une authentique objectivation. Pour Lukács, la conception hégélienne de l'aliénation montre d'un côté des attributs positifs et d'un autre côté des attributs négatifs. Le côté positif montre le caractère positif que Hegel attribue à l'objectivation dans le travail. Pour lui, il faut voir dans l'objectivation une réalisation du sujet. Le côté négatif apparaît lorsque l'objectivation est comprise comme une négation, comme le moyen par lequel le sujet qui s'objective se nie en même temps. Une telle objectivation loin d'être un accomplissement est une négation, une perte du sujet s'objectivant dans l'objet objectivé. Ce que Lukács essaie de montrer, c'est qu'il y a sans doute d'un côté, une mauvaise réalisation du sujet qui est l'objectivation immédiate du sujet dans l'objet et d'un autre côté, une bonne réalisation qui consiste non seulement dans la perte du sujet dans l'objet, mais dans la perte de l'objet dans lequel il s'est objectivé et perdu. Ainsi pour Lukács, l'aliénation comme extériorisation, comme séparation avec l'objet a un sens positif, car perdre l'objet dans lequel on s'est objectivé et dans lequel on s'est perdu, l'objet nous devenant étranger, est une pleine affirmation du sujet.

On trouverait chez Hegel, selon Lukács, une conception de l'aliénation qui peut favoriser deux possibilités de lecture assez différentes : il y a une conception de l'aliénation comme perte du sujet dans l'objet et une conception de l'aliénation comme perte totale de l'objet : « *Le travail chez Hegel ne fait pas seulement de l'homme un homme, il ne fait pas seulement advenir la société dans sa diversité incalculable et dans sa systématicité unitaire, mais il fait en même temps du monde de l'homme un monde " aliéné", étranger. Ici, nous pouvons considérer la conception hégélienne de l'"aliénation" au sein de son domaine originaire – les connexions économiques -, le double caractère de l'"aliénation" apparaît d'une manière particulièrement claire. Alors que l'ancienne conception de la "positivité" avait souligné unilatéralement et rigidement l'aspect mort et étranger de ces connexions, avec l'aliénation, Hegel en arrive à la conviction que ce monde de l'économie qui domine l'homme, auquel l'individu est livré impuissant, est en même temps lui-même : il est inséparablement, et selon son essence, le produit de l'homme. Dans cette ambivalence repose l'idée profonde de l'"aliénation".* »[194]

Cette conception de l'aliénation qui mobilise une conception du travail comme extériorisation d'un objet, comme perte de l'objet produit, est inscrite par Hegel dans un cadre assez vaste qui fait intervenir d'autres notions (Esprit, Substance). Hegel montre que l'Esprit ne parvient à sa propre vérité qu'en s'objectivant, qu'en se perdant et en perdant en même temps l'objet dans lequel il s'est objectivé ou perdu. L'Esprit parvient à la fin de son processus à récupérer l'altérité, à s'y reconnaître et à la réintégrer. Le sujet n'est pas ainsi une abstraction qui se replie dans sa pure intériorité. Il s'objective, ce qui suppose un non repli sur soi-même. Le sujet en se séparant de son intériorité est aussi appelé à se séparer de l'objectivité, c'est-à-dire de son produit afin de pouvoir le considérer comme quelque chose qui lui est propre. Le sujet en s'objectivant se perd d'une part, dans l'objectivité et d'autre part, il est contraint en même temps de perdre cette objectivité. Cette objectivité lui est comme retirée, une telle objectivité lui permet en même temps de s'approprier l'objectivité, le dehors. L'extériorisation ou l'objectivation est la condition de possibilité de la suppression de l'objectivité aliénante et de sa reconnaissance par le sujet comme sa propre objectivité.

---

[194] Georges Lukács, *Le jeune Hegel II*, Paris, Gallimard, 1981, pp. 70-71.

Autrement dit, pour que le sujet puisse considérer l'objet comme sien, il faut qu'il se sépare de lui-même. Pour qu'il y ait réappropriation ou identification, il faut qu'il y ait tout d'abord une séparation totale. Plus précisément, l'Esprit ne parvient à la plénitude que par l'aliénation. En termes plus clairs, l'Esprit ne peut parvenir à sa réalisation que par la perte de lui-même dans l'objet et par sa séparation avec ce même objet, par une autonomie et une indépendance de son produit. Une telle double perte permet de mettre fin à l'objectivité aliénante, de supprimer ce qui ne semble pas appartenir au sujet et qui pourtant lui appartient.

Ainsi, Lukács qui identifiait l'objectivation et l'aliénation, ayant bien sûr accès aux brouillons de 1844 de Marx, affirme que l'objectivation n'a rien à voir avec l'aliénation, l'objectivation est au contraire une affirmation : « *L'aliénation est ici* [dans les brouillons de 1844] *séparée de la façon la plus nette de l'objectivité même, de l'objectivation dans le travail. Cette dernière est un trait caractéristique du travail en général, de la relation de la praxis humaine avec les objets du monde extérieur, tandis que l'aliénation est un phénomène qui résulte de la division sociale du travail au sein du capitalisme, de la naissance du soi-disant travailleur libre qui doit travailler avec des moyens de production étrangers, et auquel font donc face tant ces moyens de production étrangers que son propre produit, comme une puissance étrangère et indépendante.* »[195]

Ce qu'on doit donc retenir chez Lukács, c'est que d'*Histoire et conscience de classe* au *Jeune Hegel* et même dans la Postface de son tant discuté ouvrage où il affirme que « *le rapport objectivement social d'aliénation et toutes les marques subjectives de l'aliénation intérieure qui en sont la conséquence nécessaire ne surgissent que lorsque les formes objectivées assument dans la société des fonctions qui mettent l'essence de l'homme en opposition avec son être, qui oppriment, déforment, défigurent l'essence de l'homme par l'être social*. Or cette dualité n'a pas été vue dans Histoire et conscience de classe. D'où ce qu'il y a de faux et de bancal dans sa conception de la philosophie de l'histoire. (On notera en passant que le phénomène de la réification, étroitement apparenté à l'aliénation, sans lui être identique ni socialement ni conceptuellement, a été également

---

[195] *Ibid.*, p. 361.

employé comme son synonyme), »[196] Lukács, d'une identification de l'aliénation à l'objectivation, passe à une position différente et plus féconde. L'objectivation n'étant plus considérée comme une simple négation, on ne saurait ainsi réduire l'aliénation à la réification, le devenir-objet devient quelque chose de positif chez Marx, un processus d'affirmation et d'accomplissement de l'homme. Créer un objet, revient à se réaliser. Ainsi, ce qui est aliénant, ce n'est nullement la création d'un objet, ce sont plutôt les rapports dans lesquels on produit.

L'objectivation est une caractéristique du travail, l'aliénation consiste dans la façon de travailler : les conditions de travail font apparaître l'aliénation. Il y a aliénation parce qu'il y a une nette séparation non seulement entre le travailleur libre et les conditions de travail, mais aussi une séparation entre ce même travailleur et les produits créés par son activité. L'aliénation ne réside pas dans l'objectivation du travailleur, elle n'est donc pas une réification. La réification situait l'aliénation dans l'objectivation, l'aliénation consiste réellement dans la séparation de l'ouvrier avec les forces productives et dans la perte de l'objet du travail : en termes clairs et précis, l'aliénation est due au fait que la force de travail ne peut s'objectiver qu'en étant séparée des moyens de production et des objets créés par cette même force de travail. L'objectivité en tant que telle n'a rien d'aliénant pour les hommes, elle devient une aliénation lorsqu'elle porte des caractères humains, des caractères qui ne devraient appartenir qu'aux hommes.

---

[196] Georg Lukács, *Histoire et conscience de classe*, *op.cit.*, p. 401. Dans la Postface de son livre, Lukács regrette que la postérité n'ait pas tenu compte de la mise entre parenthèses de la notion d'aliénation qu'il avait pourtant mise en évidence dans son ouvrage. Il regrette l'identification de l'aliénation à la réification. Cela reviendrait à dire comme Goldmann l'avait remarqué dans son ouvrage, *Lukács et Heidegger*, que la réification devrait sans nul doute prendre en considération pour Lukács, les intentions du jeune Marx tout en prenant ses distances par rapport à certaines positions du jeune Marx (influence jeune-hégélienne).

Conclusion

Le concept d'aliénation, élevé rigoureusement à une dimension philosophique à partir des *Manuscrits de 1844* de Marx, permet au-delà de toute tentative réductrice, de comprendre la société moderne, de comprendre les différentes pathologies et dépossessions socio-humaines qui caractérisent la modernité.

Dans les *Manuscrits de 1844*, il est vrai, la thématique de l'aliénation s'articulait rigidement autour de deux idées : l'aliénation objective qui désignait chez Marx l'autonomie d'un pouvoir social créé par les hommes et qui en retour les domine, l'aliénation subjective qui en plus de mettre en relief les souffrances des ouvriers/travailleurs, permettait de comprendre la diminution des capacités d'agir de l'humain. Cette dimension, nous semble t-il, était le noyau de la thématique de 1844 et permettait d'une manière ou d'une autre de comprendre la première dimension objective de l'aliénation. Car sans l'existence de sujets souffrants, de sujets/ouvriers qui créent une richesse autonome, le pouvoir social dominant et indépendant n'existerait pas. Elle permettait de comprendre l'origine sociale et humaine de l'existence d'un pouvoir social autonome et systémique. L'aliénation désignait une certaine misère qui affecterait le corps humain et empêcherait du coup à l'homme d'exprimer ses capacités d'agir et de créer un monde humain.

Cependant, notons que dans le texte de Marx, les deux dimensions fonctionnent côte à côte, semblent être liées même si Marx ne fournit pas les raisons théoriques qui peuvent légitimer l'emploi simultané des deux dimensions de l'aliénation. Tout semble couler de source pour Marx. Ce que semble dire Marx, c'est que les pathologies et les dépossessions sociales ne peuvent prendre fin que si l'humain se réapproprie une certaine réalité dont il a été dépossédée (tendance hégélienne et subjectiviste). Cette imprécision à souhait, de la part de Marx, poussera un marxiste comme Althusser à voir dans les brouillons de 1844 l'immaturité de la pensée marxienne et à déclarer qu'aussi bien le terme que la thématique de l'aliénation disparaissent après 1844. Cependant, comme nous l'avons montré avec vigueur, il existe une certaine rareté du terme au fur et à mesure que Marx enrichit sa pensée de découvertes économiques, mais paradoxalement une telle rareté coïncide en même temps avec un réinvestissement et un enrichissement fort originaux : en un mot, il y a une certaine reprise de la thématique de l'aliénation même si c'est souvent de manière originale et différente.

Que faut-il entendre par là ? Ce que nous voulons dire en insistant sur la permanence de la thématique de l'aliénation permet, au-delà de l'analyse marxienne, de comprendre que l'aliénation permet d'une manière ou d'une autre de comprendre les phénomènes dépossessifs de la modernité : le consumérisme à grande vitesse, les nombreuses influences idéologiques. En un mot, l'analyse de certains phénomènes modernes et dépossessifs permet de ne jamais rompre les amarres avec la thématique de l'aliénation : elle ne saurait être mise hors jeu ou en marge (on chasse le naturel mais il revient toujours au galop). Autrement dit, les nombreuses réinterprétations de l'aliénation (Baudrillard, Debord, Lukács entre autres) n'attesteraient en fin de compte que de l'impossible disparition de celle-ci. Nous voulons affirmer que le fait que Marx accentue sa réflexion sur la misère ouvrière pour caractériser l'aliénation peut ne pas être théoriquement et pratiquement valable. Il est manifeste que le système capitaliste va de pair avec une amélioration sensible des conditions de vie des ouvriers.

Cependant, cela ne reviendrait nullement à affirmer que les analyses marxiennes ne sont ni légitimes ni valides telles qu'elles furent exposées en 1844. Elles permettaient de comprendre la dépossession humaine et de mettre en place une réflexion sur la dépossession qui est toujours aussi vivace qu'actuelle. En un mot, le concept d'aliénation peut logiquement être utilisé afin de remettre en cause la consommation à tout va, les idéologies multiformes, rigides et souvent violentes, les cultures égocentriques et paranoïaques. De telles formes d'aliénation loin d'être des dépassements de celles exposées par Marx en 1844, et plus tard dans *Le Capital*, entretiennent d'étroites relations avec elles.

L'aliénation est en quelque sorte transhistorique. Autrement dit, au-delà de toute subjectivité, il est évident et manifeste que les idées forgées par Marx en 1844 et une vingtaine d'années plus tard peuvent être reprises à nouveaux frais. Un tel réinvestissement est fort possible et pourrait permettre d'une certaine manière de comprendre les enjeux de certaines luttes écologiques, idéologiques, économiques, de comprendre les enjeux des luttes contre les dérives du système capitaliste et des marchés financiers qui dépossèdent l'humain de sa capacité d'agir et détruisent son rapport au monde environnant, au monde humain.

Le système capitaliste, sous sa version néolibérale, fait advenir de nouvelles formes d'aliénation. Certaines expériences inhumaines et purement dépossessives peuvent être considérées comme aliénantes. Ainsi ce qu'il faut souligner, avec vigueur d'ailleurs, c'est que l'aliénation élaborée par Marx en 1844 ouvre la possibilité de penser le monde contemporain, l'histoire de l'humain et de son monde. Que faut-il entendre par là ? Que voulons-nous dire en affirmant que l'aliénation telle qu'elle fut élaborée par Marx en 1844 peut permettre de jeter un regard assez critique sur le vécu quotidien et existentiel de l'homme moderne ? Nous voulons simplement affirmer que l'aliénation telle que forgée par Hegel et Feuerbach, mais surtout par Marx, permet de penser l'humain dans son existence aussi incertaine que précaire, de penser l'humain vivant dans un monde où il ne semble plus être le maître : l'aliénation permet de comprendre que le fameux projet cartésien d'un homme considéré « comme maître et possesseur de la nature » est fort discutable, car au lieu d'être le dominateur, et ce malgré le développement technologique fulgurant, du monde environnant qu'il crée, l'homme en est dominé par ce dernier et fait même tragiquement l'expérience de la souffrance causée par sa propre création, au lieu d'agir, l'homme semble être agi.

Reformulés autrement, nos propos reviendraient à ceci : les rapports que l'humain devrait entretenir avec ses semblables (rapports intersubjectifs, interhumains) avec la Nature au sens large (le monde environnant, les créations culturelles) semblent être biaisés ou existent plutôt de façon inauthentique. L'humain au lieu de profiter de toutes les richesses créées par lui-même (Culture), par son objectivation, semble en être dépossédé et dominé par elles. Ce qui nous fait dire que Marx, en élaborant sa critique de l'aliénation, laissait entrevoir la possibilité d'une création extraordinaire qui va en contrepartie avec une certaine inauthenticité de l'existence. En un mot, les hommes en se donnant les moyens de créer un monde vivable et humain, créent en même temps ceux qui peuvent rendre le monde inhumain, les rapports biaisés ou non transparents : l'homme ne saurait se préserver de l'aliénation, l'aliénation manifesterait alors la fragilité humaine, la précarité de l'homme. En d'autres termes, les réalités culturelles, créations de l'homme, conduisent souvent les hommes vers une existence opaque, une fausse existence, une existence non transparente et mystificatrice : le sectarisme religieux, culturel, le rejet de la différence, l'intégrisme violent, l'enfermement communautariste rigide et exclusif, l'existence de gourou sectaire qui endoctrine un nombre conséquent de personnes, peuvent être considérés comme des phénomènes aliénants. En un mot, l'homme moderne vit dans un monde où les possibilités d'aliénation existent, et, il semble être même menacé par elles.

L'homme vit dans un milieu historico-social qui peut d'une manière ou d'une autre l'affecter, il peut être affecté par un tel milieu soit en s'appropriant humainement la richesse de toutes les réalités culturelles, soit en étant dominé et subjugué par elles. Être humain, c'est accepter qu'on peut être aliéné, car les différents mondes sont assez précaires et fragiles, ce qui ouvre naturellement la possibilité de l'aliénation. L'humain peut être dépossédé de ses propres créations, il peut être aliéné. Toutefois cela ne veut nullement dire que l'homme ne saurait créer un monde humain, car tenir un tel propos relèverait d'un pessimisme historique fondamental. En définitive, l'humain peut être aliéné, mais il a aussi cette capacité de comprendre, de maîtriser ses créations, d'établir d'authentiques relations avec les différents mondes, de comprendre les causes de l'aliénation et de s'offrir la possibilité de créer des existences non-aliénées.

Affirmer que la thématique de l'aliénation telle qu'elle fut exposée par Marx depuis 1844, est incontournable pour comprendre l'homme et son monde, semble être une nouvelle perspective de lecture pour une thématique qui a subi plusieurs réinvestissements et reprises. En effet, un regard assez pointu du monde contemporain peut favoriser une telle affirmation, car les possibilités de caractériser tel ou tel phénomène d'aliénant sont assez nombreuses et diverses : domination des marchés financiers, les nombreux indignés de Grèce, de Wall Street, D'Espagne, d'Israël peuvent logiquement nous permettre de valider et de légitimer notre affirmation. Cependant, il faut reconnaître qu'il est imprudent de mettre toutes les pathologies sociales sur le dos assez large du système néolibéral. Cela reviendrait à dire que les dépossessions aliénantes ne sont apparues qu'avec un tel système qui ne cherche en vérité que le profit sans souvent prendre en compte les conséquences qui peuvent découler de sa course effrénée pour et après le profit.

En effet, des choses qui, autrefois, semblaient ne pas être prises en compte par le système capitaliste et même s'opposer à un tel système, semblent être aujourd'hui prises en compte par le capitalisme. Marx caractérisait, il est vrai, le capitalisme d'inhumain, de système qui n'est animé que par l'amassement de la richesse abstraite sans pour autant s'intéresser aux nombreuses conséquences liées à cette volonté perpétuelle de s'enrichir. Aujourd'hui, il semble par contre que le capitalisme se donne une certaine conscience morale, il semble que le capitalisme prend en compte l'humain même si ce n'est que de façade. Le monde actuel semble se mouvoir dans une interdépendance où la domination autrefois légendaire de la « périphérie » par le « centre » se dessine sous de nouveaux angles (traités de commerce, organismes internationaux pour réguler les échanges internationaux). En un mot, il semble que les humains même s'ils sont dépossédés, agissent de manière volontaire et réfléchie, la domination est institutionnalisée.

Marx, dans son analyse de la thématique de l'aliénation, expliquait et à juste titre d'ailleurs les phénomènes dépossessifs par l'existence d'un système moribond et totalement aliénant : le capitalisme qui boit tel un « Moloch son nectar dans le cerveau des vivants ». Le capitalisme était considéré comme un pouvoir mécanique et autonome qui impose sa domination qu'on le veuille ou non. Ce que l'on voudrait dire, c'est qu'aussi bien le système capitaliste que les institutions politiques qui valident sa domination favorisent l'aliénation même si c'est de manière sensiblement différente. Car, il faut le souligner, les institutions politiques favorisent une certaine dépossession, prennent des décisions qui se répercutent sur les malheureuses populations et sur le milieu environnant. L'institutionnalisation politique d'un certain ordre mondial dominant favorise certes l'expansion du capitalisme, mais peut aussi nous permettre de comprendre la situation de l'homme moderne. Elle permet de comprendre que l'homme vit dans un monde où il est devenu totalement fragile et où il peut être affecté de tout et être dépossédé de toutes ses capacités d'agir : les créations humaines semblent diriger l'homme, semblent lui échapper. Le monde contemporain semble si loin et pourtant si près de la perspective marxienne de 1844 : la non-maîtrise d'un système productif aveugle qui affecte aussi bien l'homme que son milieu, permet de réactualiser la thématique de l'aliénation.

La critique de l'aliénation ébauchée depuis 1844 par Marx peut fournir à la modernité des axes importants et non négligeables de réflexion. Elle permet, il est vrai, une compréhension d'une existence assez misérable, de questionner une telle existence et d'en chercher les causes et par voie de fait d'y obvier. Mais, au-delà de cette compréhension du côté souvent sombre de l'histoire, une telle critique peut aussi permettre de comprendre l'instrumentalisation de la raison à des fins purement techniciennes et les conséquences qui vont avec.

Réinvestir la critique de l'aliénation consisterait, comme cela apparaissait dans certains textes des théoriciens de l'Ecole de Francfort (*La dialectique de la raison* de Horkheimer et Adorno, *La technique et la science comme "idéologie"* de Habermas, et aussi dans certains écrits de Marcuse comme *L'homme unidimensionnel*), à analyser l'usage technicien de la raison et à aller au-delà de cette simple analyse pour comprendre les dépossessions et les pathologies qui semblent être le lot quotidien d'une frange importante de la population. Un tel réinvestissement permet ainsi d'analyser certaines formes d'existence souvent ratées ou inauthentiques, d'analyser la rationalisation et la banalisation d'une idéologie, les acceptations des croyances et idéologies non pas aveugles comme autrefois, mais des idéologies minutieusement construites avec une part non négligeable de clairvoyance, des idéologies aliénantes et ignorées car trop présentes et sur-existantes, à la limite banalisées. Ainsi, à l'heure actuelle où la mondialisation sous ses différentes formes et ses revers fait des ravages, il ne semble plus que ce soit l'ignorance où un tissu de mensonges bien orchestrés qui valident et légitiment les idéologies aliénantes, mais bien leur ubiquité.

Il est plus qu'utile de réactualiser la critique de l'aliénation, d'analyser les formes nouvelles sous lesquelles le système capitaliste déguise des phénomènes aliénants. En effet, en analysant le monde contemporain, on serait tenté de dire que le système capitaliste réintègre au quotidien dans son fonctionnement certaines critiques de l'aliénation. Il offre à l'humain la possibilité d'être autonome, d'étendre ses possibilités.

Le système capitaliste semble en développant les possibilités de liberté humaine à leur paroxysme, supprimer les aliénations. L'homme semble ne peut plus être figé à une activité, lié à une seule et unique identité inamovible, il a la capacité d'aspirer non seulement à tout mais surtout de devenir celui qu'il veut être. De façon plus précise, le système capitaliste semble offrir à l'humain la possibilité de mener à terme ses projets (travail à la perfection, changement de secteur d'activité) et de se défaire de tout système contraignant et rigide : il n'y a aucune identité figée, l'appartenance rigide est bannie. L'homme a la latitude de s'engager à fond dans un projet quelconque mais aussi la possibilité de se désengager totalement quand bon lui semble afin de s'engager dans autre chose. Il semble retrouver une autonomie et une liberté que le système capitaliste lui interdisait autrefois. Le système capitaliste semble permettre une pluralité de possibilité, d'existence, le rejet de toute possibilité imposée et de toute existence qui nierait l'autonomie humaine. Les exigences d'autonomie, d'indépendance, de liberté, fondements des « anciennes critiques de l'aliénation » semblent être satisfaites par le capitalisme qui comprend certaines exigences et les intègre, le capitalisme se réinvente et se réadapte au fil du temps.

En termes plus précis, pour assurer sa pérennité, le capitalisme intègre son autre, son contraire, ce qui semblait être lié à son fonctionnement, à savoir la perte d'autonomie et de liberté humaines, sont désormais prises en compte. Ce que le capitalisme brimait autrefois est devenu une condition de son fonctionnement. Ainsi, étant entendu que le capitalisme intègre les revendications humaines, toute critique de l'aliénation serait un non-sens, serait sans aucune importance, car ce sur quoi devrait porter une telle critique a été pris en compte par le capitalisme. Le capitalisme rendrait ainsi inutile toute critique de l'aliénation et valoriserait son système et son pouvoir de domination. Comme il n'y a rien d'aliénant, à quoi servirait une nouvelle critique de l'aliénation ? A rien sans doute serait-on tenter de répondre. Cependant, affirmer qu'une nouvelle critique de l'aliénation est dépourvue de sens ne saurait être accepté et serait même infondé, nous nous inscrivons en porte-à-faux contre une telle idée. En effet, si on analyse, et Marx nous l'avait déjà montré, le système capitaliste, on s'aperçoit qu'il a toujours voulu promouvoir les principes de liberté, d'égalité, de rationalité : la promotion d'un sujet libre est une des vocations du capitalisme. Ce que l'on voudrait dire, c'est qu'en mettant en place les conditions d'existence d'un sujet autonome et libre, le capitalisme renforce en même temps l'aliénation humaine.

Les phénomènes actuels attestent nos propos (Occupy Wall Street, les Indignés d'Espagne, les manifestants d'Israël, le phénomène d'indignation qui s'est généralisé, les suicides dans les grandes firmes, les nombreux plans de rigueur, les fermetures sans cesse d'entreprise). De tels phénomènes permettent au sujet moderne, défini pourtant comme totalement libre et autonome, de se rendre compte qu'il est plus que dominé par un système autonome, par des conditions qui lui semblent étrangères et qu'il a pourtant créées. En termes plus clairs, le sujet est certes défini comme totalement libre, mais les conditions qui devraient pourtant rendre effectives sa liberté lui sont étrangères et semblent lui échapper. L'autonomie, la liberté, l'égalité, principes théorisés par le capitalisme, semblent être l'arbre qui cache la forêt, semblent être de simples leurres. Comment être libre tout en sachant que les conditions objectives qui peuvent rendre effective une telle liberté nous sont extérieures ou étrangères, qu'on n'y a pas accès de manière pratique ?

Le sujet actuel libre et autonome est plus que jamais dominé par un système qu'il ne maîtrise pas et dont les aléas se font terriblement sentir. Le paradoxe de la société actuelle est le suivant : elle demande au sujet d'être libre et d'éprouver totalement sa liberté, elle intègre une telle liberté comme condition de son fonctionnement tout en privant au sujet l'accès aux conditions de sa vraie réalisation en tant que sujet libre. Le fait de s'ôter volontairement la vie, de se soustraire à l'existence, alors qu'il faudrait sans doute nécessairement exister, vivre pour pouvoir éprouver pleinement la liberté que le système capitaliste semble promouvoir, témoigne de l'impossibilité de maîtriser certaines conditions objectives qui rendraient réelles l'autonomie et la liberté humaines. Le mal-être de l'humain dans un système qui, intègre pourtant la possibilité de se délier ou de se désengager, permet la liberté et refuse la contrainte, témoigne de la persistance de l'aliénation. Ainsi, la promotion de la liberté, de l'autonomie, loin de symboliser la fin des aliénations, en serait plutôt la condition d'existence.

L'indignation, devenue nouveau mode de revendication, montre que le système capitaliste veut faire fonctionner deux choses qui *a priori* s'excluent mutuellement : la recherche du profit et les exigences écologiques, l'aliénation et la liberté. Elle montre en un mot la logique d'oxymore qui anime le capitalisme. Les exigences de liberté et d'autonomie que le capitalisme semble intégrer dans son fonctionnement ne sont que de pures illusions. L'individu qui refuse toute identité close et figée, l'individu qui semble autonome et indépendant, est séparé des conditions objectives de son authentique réalisation. Il est certes libre, mais sa liberté est la condition même de sa non-liberté, de son aliénation.

Plus précisément, la tâche actuelle d'une critique de l'aliénation ne doit nullement consister à réclamer de manière aveugle une liberté et une autonomie humaines, car le capitalisme intègre sournoisement la liberté et l'autonomie dans sa logique de fonctionnement. Une telle critique doit plutôt viser à comprendre que l'humain est d'abord et avant tout, un être social, le reflet d'un ensemble de liens et d'exigences sociaux et vitaux sans lesquels aucune existence n'est possible. En comprenant cela, on décidera ainsi en fonction des besoins incontournables, ce qu'il y a lieu de produire ou de ne pas produire. En un mot, le monde moderne est frappé d'un cinglant paradoxe : il y a une surproduction d'un côté et une pauvreté accrue d'un autre. Cela dénote d'une irrationalité de la production, d'une absence de définition des priorités. On ne produit plus pour la satisfaction du vital, du besoin réel et effectif mais pour le superflu, le non-indispensable. Le besoin de l'homme actuel est déterminé à l'avance par le système capitaliste, ce qui est une aberration, car les besoins incontournables ne sont pas exclusivement pris en compte, ils ne sont nullement satisfaits. Ce qui n'est d'ailleurs pas l'objectif du capitalisme, car s'il satisfaisait les besoins humains et indispensables, sa capacité d'étendre sa domination et de conquérir des horizons souvent insoupçonnés serait anéantie.

Le capital a toujours besoin de changer régulièrement l'ordre normal des choses et d'imposer l'inutile comme utile et indispensable et vice versa. Ainsi, les humains font drastiquement l'expérience de leur totale dépossession, la capacité de désirer est dictée à l'avance par le système capitaliste. Un besoin n'est utile et vital que quand le capital l'affirme comme tel. Le besoin humain ne devient utile et important que quand il peut favoriser les intérêts du capital, le seul besoin vital de l'humain est celui que fabrique le capital. Il en découle tout naturellement que l'homme moderne ne sait plus ce qu'il convient de produire, ce qui serait utile de mettre en place. Dit en d'autres termes, l'homme qu'il soit ouvrier ou simple travailleur, ne travaille plus en vue de satisfaire un besoin humain et immédiat, l'objectif du travail n'est plus de satisfaire un besoin vital. L'homme ne travaille qu'en vue de surproduire et de satisfaire les caprices du capital moribond. Il devient ainsi totalement dépossédé non seulement de la satisfaction de ses besoins nécessaires et vitaux, mais aussi des conditions objectives qui peuvent lui permettre de s'affirmer et de s'accomplir en tant que sujet libre et autonome, c'est-à-dire en tant que sujet objectif. L'homme moderne semble être dépossédé des moyens objectifs qui garantissent la réalisation d'une existence authentique, d'une liberté effective ; il semble également être privé totalement de la possibilité de satisfaire ses besoins vitaux : il y a une double privation ou aliénation. Les besoins humains demeurent totalement insatisfaits malgré l'abondance produite par le système capitaliste, car le rapport intime et immédiat entre la production et les besoins humains n'existe pas. Ainsi, malgré la foultitude des produits créés, les besoins humains demeurent dans l'insatisfaction totale, car le paraître semble de nos jours l'emporter sur l'être.

En guise de conclusion définitive, on peut affirmer que Marx en utilisant le concept d'aliénation (l'*Entfremdung* de l'allemand des philosophes), essaie tant bien que mal d'analyser deux formes de la dépossession de l'homme : la mécanisation d'un pouvoir systémique, d'une part, et, d'autre part, les expériences négatives subies par l'ouvrier/travailleur. Cependant, Marx n'a nullement réussi à ancrer sa réflexion suffisamment afin de dégager toute la richesse du concept d'aliénation. En effet, Il avait tendance, dans son analyse, à trop s'appuyer sur un subjectivisme philosophique pour expliquer certains phénomènes dépossessifs.

Le subjectivisme philosophique lui permettait d'expliquer la constitution d'un système mécanique qui dépossède les humains de tout pouvoir d'agir. Ceci expliquerait sans doute le fait que dans certaines œuvres de la maturité, Marx s'éloigne du modèle d'analyse de 1844 pour s'engager dans une analyse assez complexe qui fait croire que le concept d'exploitation peut à lui seul permettre de caractériser l'époque moderne. Ainsi, le concept de réification de Lukács peut être considéré dans ce sens comme une réelle tentative de réactualiser à nouveaux frais la critique globale, inaugurée par Marx avec sa thématique de l'*Entfremdung,* du capitalisme et des phénomènes dépossessifs.

La réification, tout comme l'*Entfremdung*, essaie d'expliquer certains maux sociaux, (la déchéance de la qualité de la vie humaine) difficilement saisissables. Elle explique la vie quand tout est réduit à une existence instrumentale. Dans la thématique de la réification, l'instrumentalisation de la vie est fondamentale pour comprendre tous les autres phénomènes de l'existence. Tout est expliqué à partir de cette instrumentalisation. Lukács met en place une pensée de l'inintelligibilité des rapports sociaux et non une philosophie de la subjectivité (Marx). Cependant, force est de constater que Lukács ne met en lumière qu'un seul aspect de l'aliénation. La réification exprime le fait que des objectivations exercent un certain effet sur la vie des humains et sur leurs rapports sociaux. Elle désigne le fait que dans les sociétés modernes les objectivations réalisées échappent aux humains qui se sentent dominés et diminués par elles. Même si elle décrit la faiblesse humaine en face des pouvoirs systémiques, la *Verdinglichung* semble plus faible et limitée que l'*Entfremdung*. En effet, Lukács veut dans son analyse que la réification devienne le concept opératoire pour désigner tous les aspects réels, concrets et objectifs de la dépossession humaine. Ce qui fait que la souffrance humaine tant décriée par Marx, la dimension subjective de l'aliénation est oubliée alors que Marx en avait fait un point fort de sa thématique. La réification voulant rendre compte de la perte de capacité d'agir de l'humain ne permet plus de jeter un regard froid et objectif sur les expériences négatives de l'homme.

Dans l'analyse lukacsienne, l'individu n'est analysé que parce qu'il est soumis à une existence instrumentale. En un mot, le fait de se plier aux lois et exigences d'une vie instrumentale, résume toute la dépossession humaine. Les différentes pathologies humaines et sociales sont reléguées au second plan. Lukács limite son analyse à la constitution d'un pouvoir systémique qui paralyse les humains et, de fait, les expériences négatives, les souffrances individuelles et collectives qui occupent une place de choix aussi bien dans les *Manuscrits de 1844* que dans *Le Capital,* deviennent quasiment absentes chez lui. Ainsi, la verte critique de la raison purement instrumentale s'avère moins riche que les analyses marxiennes accentuées sur la souffrance corporelle, sur les pathologies sociales. Le jeune Marx n'ignorait nullement ce que Lukács décrit même si sa théorie du système capitaliste manquait à l'époque des *Manuscrits parisiens* de réels fondements scientifiques. Quant à Lukács, sa piètre analyse de la souffrance ou de la réalité concrète est biaisée par la critique de la raison instrumentale[197].

On peut définitivement affirmer que la réification ne saurait à elle seule être considérée comme le véritable legs de la philosophie de l'aliénation, car n'analysant qu'un seul aspect d'une telle philosophie. La thématique de la réification, en n'analysant qu'une seule partie de l'aliénation, mise en évidence par Marx dans les *Manuscrits de 1844*, nous laisse l'entière responsabilité de pouvoir élaborer un concept d'aliénation qui prendrait en charge le monde vécu, la subjectivité.

Ainsi Lukács, au lieu de dépasser la conception classique de l'aliénation objective, la conception d'un sujet qui se perd dans l'objet, élabore une conception assez limitée et finalement insuffisante. Faisant parfois coexister l'aliénation objective et le subjectivisme philosophique, Lukács s'inscrit dans une tradition inaugurée depuis les *Manuscrits de 1844* : celle qui fait coexister l'aliénation objective et celle subjective. Plus précisément, l'image d'un sujet qui se perd et qui se retrouve au fil du temps, même si elle n'occupe pas la place centrale de l'analyse lukacsienne, est réactualisée. Loin de remettre totalement en cause le modèle classique de l'aliénation, Lukács le réélabore d'une subtile manière.

Nous affirmons que pour pouvoir analyser réellement le monde vécu et les dépossessions qui y existent, il faut dégager les limites de la conception de l'aliénation qui essaie d'expliquer l'aliénation objective à partir des schémas de la philosophie de la subjectivité. Il ne faut nullement exagérer l'utilité des thèmes d'une telle conception. Autrement dit, pour mieux comprendre les aliénations concrètes qui

---

[197] Il est vrai que le modèle de la réification n'ignore pas totalement le monde vécu, l'expérience de l'individu, l'expérience de la subjectivité : il veut identifier une altération de la vie sociale. Cependant, la différence entre le modèle de la réification et celui de l'aliénation demeure dans le fait que le premier nommé ne saisit pas de manière objective les expériences de la vie sociale, les expériences négatives subies par les humains. Alors que le modèle de l'aliénation saisit de manière plus effective l'expérience de la vie, les phénomènes négatifs de la vie sociale, il s'enracine davantage dans le monde vécu. Il intègre à son analyse les différentes expériences de la souffrance, de la douleur, du mécontentement des humains. Loin d'expliquer seulement la réalité de la domination d'un pouvoir mécanique, il s'intéresse aux humains eux-mêmes, à ceux qui subissent les effets pervers du capitalisme. Plus précisément, il explique ce que vivent réellement les hommes ; ce qui constitue une différence fondamentale par rapport au modèle de la réification.

existent de façon objective (dans le monde concret de façon générale), il faut les considérer comme des réalités qui peuvent être soumises à la contrainte des pouvoirs systémiques, et non comme des réalités sans importance qui subissent drastiquement l'influence des pouvoirs mécaniques. Une telle analyse ou réélaboration peut non seulement limiter l'influence de la conception susnommée, mais aussi permettre la prise en compte de la dimension subjective de l'aliénation esquissée par Marx sans être rendue par un concept adéquat.

BIBLIOGRAPHIE

Ouvrages et articles de Marx et d'Engels

MARX K. et ENGELS F., *L'Idéologie allemande*, Paris, Editions Sociales, 1968.

-, *La sainte famille*, Paris, Editions Sociales, 1972.

-, *Manifeste du parti communiste*, Paris, Flammarion, 1998.

-, *Lettres sur le Capital*, Paris, Editions Sociales, 1964.

-, *Critique du programme de Gotha et d'Erfurt*, Paris, Editions Sociales, 1972.

-, *Etudes philosophiques*, Paris, Editions Sociales, 1961.

-, *Sur la religion*, Paris, Editions Sociales, 1972.

ENGELS F., *Anti-Dühring*, Paris, Editions Sociales, 1973.

-, *Ludwig Feuerbach et la fin de la philosophie classique allemande*, Paris, Editions Sociales, 1966.

-, *La guerre des paysans en Allemagne*, Paris, Editions Sociales, 1974.

-, *L'origine de la famille de la propriété privée et de l'Etat*, Paris, Editions Sociales, 1975.

-, *La situation de la classe laborieuse en Angleterre*, Paris, Editions Sociales, 1973.

-, *La question du logement*, Paris, Editions Sociales, 1969.

-, *Socialisme utopique et socialisme scientifique*, Paris, Editions Aden, 2005.

-, « Le rôle du travail dans la transformation du singe en homme », in MARX Karl et ENGELS Friedrich, *Œuvres complètes*, Moscou, Edition du Progrès, 1978.

-, « Bruno Bauer et le christianisme primitif », in MARX Karl et ENGELS Friedrich, *Sur la religion*, Paris, Editions Sociales, 1972.

-, « Thèses sur Feuerbach », in MARX Karl et ENGELS Friedrich, *Etudes philosophiques*, Paris, Editions Sociales, 1961.

-, « *Ludwig Feuerbach et la fin de la philosophique classique allemande* », in MARX Karl et ENGELS Friedrich, *Etudes philosophiques*, Paris, Editions Sociales, 1961.

-, « La contribution à la critique de l'économie politique de Karl Marx », in MARX Karl et ENGELS Friedrich, *Etudes philosophiques*, Paris, Editions Sociales, 1961.

-, « *La guerre des paysans en Allemagne* », in MARX Karl et ENGELS Friedrich, *Sur la religion*, Paris, Editions Sociales, 1972.

-, « Introduction à la *Dialectique de la nature* », in MARX Karl et ENGELS Friedrich, *Sur la religion*, Paris, Editions Sociales, 1972.

-, « Engels à Conrad Schmidt 5aout 1890 », in MARX Karl et ENGELS Friedrich, *Etudes philosophiques*, Paris, Editions Sociales, 1961.

-, « Engels à Joseph Bloch, Londres 21 Septembre 1890 », in MARX Karl et ENGELS Friedrich, *Etudes philosophiques*, Paris, Editions Sociales, 1961.

-, « Engels à Conrad Schmidt 27 Octobre1890 », in MARX Karl et ENGELS Friedrich, *Etudes philosophiques*, Paris, Editions Sociales, 1961.

-, « Engels à Heinz Starkenburg Londres, 25 Janvier 1894 », in MARX Karl et ENGELS Friedrich, *Etudes philosophiques*, Paris, Editions Sociales, 1961.

-, « Engels à Franz Mehring 14 Juillet 1893 », in MARX Karl et ENGELS Friedrich, *Etudes philosophiques*, Paris, Editions Sociales, 1961.

MARX K., *Le Capital I*, Paris, Editions Flammarion, 1969.

-, *Le Capital II*, Paris, Editions Sociales, 1977.

-, *Le Capital III*, Paris, Editions Sociales, 1976.

-, *Les crises du capitalisme*, Paris, Editions Demopolis, 2009.

-, *Contribution à la critique de l'économie politique*, Paris, Editions Sociales, 1957.

-, « Extraits de la Postface de la seconde édition allemande », in MARX Karl, *Le Capital I*, Paris, Flammarion, 1969.

-, *Critique du droit politique hégélien*, Paris, Editions Sociales, 1975.

-, « Contribution à la critique de la philosophie du droit de Hegel. Introduction », in MARX Karl, *Critique du droit politique hégélien*, Paris, Editions Sociales, 1975.

-, « Critique de la philosophie du droit de Hegel. Introduction », in MARX Karl et ENGELS Friedrich, *Sur la religion*, Paris, Editions Sociales, 1972.

-, *Différence de la philosophie de la nature chez Démocrite et Epicure*, Bordeaux, Editions Ducros, 1970.

-, *La guerre civile en France 1871*, Paris, Editions Sociales, 1968.

-, *Grundrisse : Chapitre de l'argent*, Paris, Anthropos, 1968.

-, *Grundrisse : Chapitre du capital,* Paris, Anthropos, 1968.

-, *Grundrisse : Chapitre du capital*, Paris, Anthropos, 1968.

-, *Grundrisse : Plus value et profit*, Paris, Anthropos, 1968.

-, *Grundrisse : Travaux annexes*, Paris, Anthropos, 1968.

-, *Le 18 Brumaire de Louis Bonaparte*, Paris, Editions La Table Ronde, 2001.

-, *Les luttes de classes en France (1848-1850)*, Paris, Editions La Table Ronde, 2001.

-, « L'éditorial du numéro 179 de la "Gazette de Cologne" », in MARX Karl et ENGELS Friedrich, *Sur la religion*, Paris, Editions Sociales, 1972.

-, *Manuscrits économico-philosophiques*, Paris, Vrin, 2007.

-, *Manuscrits de 1844*, Paris, Editions Sociales, 1969.

-, *Misère de la philosophie*, Paris, Editions Sociales, 1972.

-, *Œuvres III, Philosophie*, Paris, Editions Gallimard, 1982.

-, « Préface à la critique de l'économie politique », in MARX Karl, *Contribution à la critique de l'économie politique*, Paris, Editions Sociales, 1957.

-, « Préface à la thèse de doctorat : *Différence entre la philosophie de la nature de Démocrite et d'Epicure* », in MARX Karl et ENGELS Friedrich, *Sur la religion*, Paris, Editions Sociales, 1972.

-, *La Question juive*, Paris, UGE, 1968.

-, *Travail salarié et capital, salaire, prix et profit*, URSS, Editions du Progrès, 1978.

-, « Thèses sur Feuerbach », in MARX Karl et ENGELS Friedrich, *L'Idéologie allemande*, Paris, Editions Sociales, 1968.

-, « Marx à Paul Annenkov Bruxelles 28 Décembre 1846 », in MARX Karl et ENGELS Friedrich, *Etudes philosophiques*, Paris, Editions Sociales, 1961.

-, « Marx à Joseph Weydemeyer 5 Mars 1852 », in MARX Karl et ENGELS Friedrich, *Etudes philosophiques*, Paris, Editions Sociales, 1961.

« Marx à Arnold Ruge, Cologne le 13 Marx 1843 », in MARX Karl et ENGELS Friedrich, *Correspondances, Tome I, Novembre, Novembre 1835- Décembre 1848*, Paris Editions Sociales, 1968.

-, *Théories sur la plus-value Tome I*, Paris, Editions Sociales, 1974.

-, *Théories sur la plus-value Tome II*, Paris, Editions Sociales, 1975.

Autres auteurs et ouvrages consultés

ABENSOUR Miguel, *La démocratie contre l'Etat, Marx et le moment machiavélien*, Paris, Félin, 2004.

ADORNO W. Théodor, *Le caractère fétiche dans la musique et la régression de l'écoute*, Paris, Allia, 2001, 2010.

-, *Minima Moralia. Réflexions sur la vie mutilée*, Paris, Payot et Rivages, 2001.

-, avec HORKHEIMER Max, *La dialectique de la raison*, Editions Gallimard, 1974.

ALTHUSSER Louis, *Eléments d'autocritique*, Paris, Hachette, 1974.

-, *Lénine et la philosophie suivi de Marx et Lénine devant Hegel*, Paris, François Maspero, 1975.

-, *Pour Marx*, [Maspero 1965], Paris, Editions La Découverte, 1986, 1996, 2005.

-, *Réponse à John Lewis*, Paris, François Maspero, 1973.

-, *Sur la philosophie*, Editions Gallimard, 1994.

-, *Solitude de Machiavel et autres textes*, Paris, PUF, 1998.

- *Sur la reproduction*, Paris, PUF, 1995.

-, avec BALIBAR Étienne et *alii*, *Lire Le Capital*, Paris, PUF, 1996.

-, « Avertissement aux lecteurs du livre I du *Capital* », in MARX Karl, *Le Capital I*, Paris, Editions Garnier Flammarion, 1969.

ALVATER Elmar et *alii*, *En partant du « Capital »*, Paris, Anthropos, 1968.

ANDRÉ Akoun, *L'illusion sociale*, Paris, PUF, 1989.

ANGAUT Jean Christophe, « Un Marx feuerbachien ? », in RENAULT Emmanuel (dir.), *Lire les Manuscrits de 1844*, Paris, PUF, 2008.

ANSART Pierre, *Idéologies, conflits et pouvoir*, Paris, PUF, 1977.

ARTOUS Antoine, *Marx, l'Etat et la politique*, Paris, Syllepses, 1999.

-, *Le fétichisme chez Marx*, Paris, Syllepse, 2006.

-, *Travail et émancipation sociale. Marx et le travail*, Paris, Syllepse, 2003.

ARVON Henri, *Ludwig Feuerbach ou la transformation du sacré*, Paris, PUF, 1957.

ASSOUN Paul Laurent, *Marx et la répétition historique*, Paris, PUF, 1978.

AUTIN Gautier, « Religion et économie », in RENAULT Emmanuel (dir.), *Lire les Manuscrits de 1844*, Paris, PUF, 2008.

AVENAS Denis et *alii*, *Contre Althusser. Pour Marx*, Paris, Editions de la Passion, 1999.

AXELOS Kostas, *Marx penseur de la technique (De l'aliénation à la conquête du monde)*, Paris, Edition de Minuit, 1961.

AZIZA Hamaid Ben, *Le statut du politique chez Marx*, Tunis/ Alif, Editions de la Méditerranée, 1997.

BADIOU Alain et BALMÉS François, *De l'idéologie*, Paris, François Maspero, 1976.

BAECHELER Jean, *Qu'est ce que l'idéologie ?*, Editions Gallimard, 1976.

BALIBAR Étienne, *Cinq études sur le matérialisme historique*, Paris, François Maspero, 1974.

-, *La philosophie de Marx*, Paris, Editions La Découverte, 1993.

-, *Sur la dictature du prolétariat*, Paris, François Maspero, 1976.

-, avec LUPORINI Cesare et TOSEL André, *Marx et sa critique de la politique*, Paris, François Maspero, 1979.

BARAQUIN Albert, « Introduction à la critique du droit politique hégélien », in MARX Karl, *Critique du droit politique hégélien*, Paris, Editions Sociales, 1975.

BARTOLI Henri, *La doctrine économique et sociale de Karl Marx*, Paris, Editions du Seuil, 1950.

BAUDRILLARD Jean, *La société de consommation*, Editions Denoël, 1970.

BAUER Bruno, *La trompette du jugement contre Hegel, l'Athée et l'antéchrist. Un ultimatum*, Paris, Aubier Montaigne, 1972.

BENSUSSAN Gérard, *Marx le sortant*, Paris, Hermann, 2007.

-, *Moses Hess. La philosophie, le socialisme (1836-1845)*, Georg olms Verlag. Hildesheim, Zürich, New York, 2004.

BERTOCCHI Jean Louis, *Marx et le sens du travail*, Paris, Editions Sociales, 1996.

BERTRAND Michèle, *Le statut de la religion chez Marx et Engels*, Paris, Editions Sociales, 1979.

BIDET Jacques, *Que faire du « Capital » ? Matériaux pour une refondation*, Paris, Klincksieck, 1985.

-, *Explication et reconstruction du « Capital »*, Paris, PUF, 2004.

-, *Théorie générale : théorie du droit, de l'économie et de la politique*, PUF, 1999.

-, avec DUMENIL Gérard, *Altermarxisme. Un autre marxisme pour un autre monde*, Paris, PUF, 2007.

-, « Engels et la religion » in *Philosophie et religion* (Centre d'études et de recherches marxistes) Paris, Editions Sociales, 1974.

-, « Les philosophes n'ont fait jusqu'à présent qu'interpréter diversement *Le Capital*. Pourquoi il faut aussi le transformer. Et comment ? », in FISCHBACK Franck (dir.), *Marx Relire Le Capital*, Paris, PUF, 2009.

BIGO Pierre, *Marxisme et humanisme, Introduction à l'œuvre de Karl Marx*, Paris, PUF, 1961.

BOTTIGELLI Emile, « Présentation des *Manuscrits de 1844* », in MARX Karl, *Manuscrits de 1844*, Paris, Editions Sociales, 1969.

BOURDIEU Pierre, *Ce que parler veut dire. L'économie des échanges linguistiques*, Fayard, 1982.

BOURGEOIS Bernard, *La pensée politique de Hegel*, Paris, PUF, 1969.

-, *Etudes hégéliennes*, Raison et déraison, Paris, PUF, 1992.

BRETON Stanislas, *Marxisme et critique*, Paris, Desclée, 1978.

BUÉE Jean Michel, « Les critiques de Hegel entre 1843 et 1845 », in RENAULT Emmanuel (dir.), *Lire les Manuscrits de 1844*, Paris, PUF, 2008.

CABRAL Amilcar, *L'arme de la théorie*, Paris, Maspero, 1975.

CALVEZ Jean Yves, *La pensée de Karl Marx*, Paris, Editions du Seuil, [1965], 1970.

CARSIN Emmanuel, *Marx, l'action et l'histoire*, Paris Cedex 15, Ellipses, Editions Marketing S A, 2007.

COLLIN Dénis, *Comprendre Marx*, Armand Colin, 2009.

DEBORD Guy, *La société du spectacle*, Paris, Gallimard, 1967.

DECLERCK Patrick, *Les naufragés*, Paris, Pocket, 2003.

DE FONTENAY Elisabeth, *Les figures juives de Marx*, Editions Galilée, 1973.

D'HONDT Jacques, *L'idéologie de la rupture*, PUF 1978.

DEJOURS Christophe, *Travail vivant, 2 : Travail et émancipation*, Paris, Payot, 2009.

-, *Souffrance en France*, Paris, Seuil, 1999.

-, avec BEGUE Florence, *Suicide et travail : que faire ?* Paris, PUF, 2009.

DERRIDA Jacques, *Spectres de Marx*, Paris, Galilée, 1993.

-, *Marx et sons*, Paris, PUF, 2002.

DESROCHE Henri, *Marxisme et religions*, Paris, PUF, 1962.

-, *De Hegel à Marx*, Paris, PUF, 1972.

DUMÉNIL Gérard avec BIDET Jacques, *Altermarxisme. Un autre marxisme pour un autre monde*, Paris, PUF, 2007.

-, avec LÖWY Michaël et RENAULT Emmanuel, *Lire Marx*, Paris, PUF, 2009.

-, avec LÉVY Dominique, *Le triangle infernal. Crise, mondialisation, financiarisation*, Paris, PUF, 1999.

-, « Vieilles théories et nouveau capitalisme : actualité d'une économie marxiste » in BIDET Jacques et KOUVÉLAKIS Eustache, *Dictionnaire. Marx contemporain*, Paris, PUF, 2001.

FEUERBACH Ludwig, *L'essence du christianisme*, Paris, Maspero, 1973.

-, *La religion (Mort – Immortalité – Religion)*, Paris, Vrin, 1987.

-, *Manifestes philosophiques*, Paris, PUF, 1973.

« Contribution à la critique de la philosophie de Hegel », in FEUERBACH Ludwig, *Manifestes philosophiques*, Paris, PUF, 1973.

-, « Thèses provisoires pour la réforme de la philosophie », in FEUERBACH Ludwig, *Manifestes philosophiques*, Paris, PUF, 1973.

-, « Principes de la philosophie de l'Avenir », in FEUERBACH Ludwig, *Manifestes philosophiques*, Paris, PUF, 1973.

-, « Nécessité d'une réforme de la philosophie », in FEUERBACH Ludwig, *Manifestes philosophiques*, Paris, PUF, 1973.

FISCHBACH Franck, *La production des hommes. Marx avec Spinoza*, Paris, PUF, 2005.

-, *Sans objet. Capitalisme, subjectivité, aliénation*, Paris, Vrin, 2009.

-, « Comment le capital capture le temps ? », in FISCHBACH Franck (dir.), *Marx. Relire Le Capital*, Paris, PUF, 2009.

-, « "Possession" versus "expression" : Marx, Hess et Fichte », in RENAULT Emmanuel (dir.), *Lire les Manuscrits de 1844*, Paris, PUF 2008.

-, « Présentation des *Manuscrits économico-philosophiques* », in Karl MARX, *Manuscrits économico-philosophiques*, Paris, Vrin, 2007.

-, « De "la philosophie de l'action" à la théorie de l'activité vitale et sociale », in Gérard BENSUSSAN, *Moses Hess. La philosophie, le socialisme (1836-1845)*, Georg olms Verlag. Hildesheim, Zürich, New York, 2004.

-, *La privation de monde. Temps, espace et capital*, Paris, Vrin, 2011.

FREUD Sigmund, *L'avenir d'une illusion*, Paris, PUF, 1995.

-, *Totem et tabou*, Paris, Editions Point, 2010.

-, *Moïse et le monothéisme*, Paris, Gallimard, 1948.

-, *Malaise dans la civilisation*, Editions Point, 2010

-, « Psychologie des foules et analyse du moi », in Sigmund FREUD, *Essais de psychanalyse*, Paris, Editions Payot et Rivages, 2001.

FURET François, *Marx et la révolution française*, Flammarion, 1986.

GABEL Joseph, *La fausse conscience*, Paris, Editions de Minuit, 1962.

-, *La réification*, Paris, Editions, Allia, 2009.

-, *Sociologie de l'aliénation*, Paris, PUF, 1971.

GARAUDY Roger, *Karl Marx*, Paris, Editions Seghers, 1964.

GARO Isabelle, *L'idéologie ou la pensée embarquée*, Paris, La Fabrique, 2009.

-, *Marx, une critique de la philosophie*, Editions du Seuil, Février 2000.

-, « Hegel, Marx et la critique du libéralisme », in BALIBAR Etienne et RAULET Gérard (dir.), *Marx démocrate. Le Manuscrit de 1843.* Paris, PUF, 2001.

GOLDMANN Lucien, *Lukács et Heidegger*, Paris, Editions, Denoël, 1973.

HABER Stéphane, *L'aliénation. Vie sociale et expérience de la dépossession*, Paris, PUF, 2007.

-, *L'homme dépossédé, une tradition critique de Marx à Honneth*, Paris, Cnrs, 2009.

-, « "Le naturalisme accompli de l'homme " : travail aliéné et nature », in RENAULT Emmanuel (dir.), *Lire les Manuscrits de 1844*, Paris, PUF 2008.

HABERMARS Jürgen, *La technique et la science comme idéologie*, Paris, Gallimard, 1973.

-, *Après Marx*, Librairie Hachette, 1997.

HAI HAC Tran, *Relire Le Capital, Marx, une critique de l'économie politique et objet de la critique de l'économie politique*, Tome I, Cahiers libres, Editions Page deux, 2003.

HEGEL G. W. F, *Phénoménologie I*, Gallimard, 1993.

-, *Phénoménologie de l'esprit II*, Gallimard, 1993.

-, *La philosophie de l'histoire*, Paris, Librairie Générale Française, 2009.

-, *Principes de la philosophie du droit*, Paris, PUF, 1998.

-, *Leçons sur le droit naturel et la science de l'Etat*, Paris, Vrin, 2002.

-, *La raison dans l'histoire,* Librairie Plon, 1965.

-, *Leçons sur l'histoire de la philosophie*, Paris, Gallimard, 1954.

HENRY Michel, *Marx*, Gallimard, 1976.

HESS Moses, « De l'essence de l'argent », in DE FONTENAY Elisabeth, *Les figures juives de Marx*, Editions Galilée, 1973.
-, « Socialisme et communisme. Philosophie de l'action. Les derniers philosophes », in BENSUSSAN Gérard, *Moses Hess. La philosophie, le socialisme (1836-1845)*, Georg olms Verlag. Hildesheim, Zürich, New York, 2004.

HOLLOWAY John, *Changer le monde sans prendre le pouvoir*, Paris, Syllepse, 2007.

HONNETH Axel, *La réification. Petit traité de théorie critique*, Gallimard, 2007.

-, *La société du mépris. Vers une nouvelle Théorie critique*, Paris, La Découverte, 2006, 2008.

-, *La lutte pour la reconnaissance*, Paris, Cerf, 2000.

HYPPOLITE Jean, *Introduction à la philosophie de l'histoire de Hegel*, Editions du Seuil, Novembre 1983.

JAKUBOWSKI Franz, *Les superstructures idéologiques dans la conception matérialiste de l'histoire*, Paris, EDI, 1976.

JOSA Solange Mercier, *Retour sur le jeune Marx. Deux études sur le rapport de Marx à Hegel dans les Manuscrits de 1844 et dans le Manuscrit de Kreuznach*, Paris, Méridiens Klincksieck, 1986.

-, *Pour lire Hegel et Marx*, Paris, Editions Sociales, 1980.

-, *Entre Hegel et Marx. Points cruciaux de la philosophie hégélienne du droit*, Paris, l'Harmattan, 1999.

KERVÉGAN Jean François, « Présentation des *Principes de la philosophie du droit* », in HEGEL G.W. F, *Principes de la philosophie du droit*, Paris, PUF, 1998.

KOFMAN Sarah, *Camera obscura de l'idéologie*, Editions, Galilée, 1973.

KORSCH Karl, *Marxisme et philosophie*, Editions de Minuit, 1964.

KOSIK Karel, *La dialectique du concret*, Paris, Maspero, 1978

KOUVÉLAKIS Eustache, *Philosophie et révolution. De Kant à Marx*, Paris, PUF, 2003.

« Crises du marxisme, transformation du capitalisme », in BIDET Jacques et KOUVÉLAKIS Eustache, *Dictionnaire. Marx contemporain*, Paris, PUF, 2001.

LEFEBVRE Henri, *Hegel, Marx, Nietzsche ou le royaume des ombres*, Paris, Casterman, 1975.

-, *Sociologie de Marx*, PUF, 1974.

-, *Le matérialisme dialectique*, Paris, PUF 1957.

-, *Pour connaître la pensée de Karl Marx*, Bordas, 1966.

LENINE, *Que faire ?* , Paris, Editions Sociales, 1971.

-, « L'Etat et la révolution », in *Marx, Engels, Marxisme*, Moscou, Editions du Progrès, 1981.

-, « Les trois sources et les trois parties constitutives du marxisme », in *Marx, Engels, Marxisme*, Moscou, Editions du Progrès, 1981.

-, *Matérialisme et empiriocriticisme*, Paris, Editions Sociales, 1973.

-, *Cahiers philosophiques*, Paris, Editions Sociales, 1973.

LÖWY Michaël, *La théorie de la révolution chez le jeune Marx*, Paris, Maspero, 1970.

-, « Le marxisme de la théologie de la libération », in BIDET Jacques et KOUVÉLAKIS Eustache, *Dictionnaire. Marx contemporain*, Paris, PUF, 2001.

-, avec DUMÉNIL Gérard et RENAULT Emmanuel, *Lire Marx*, Paris, PUF 2009.

LUKÁCS Georg, *Histoire et conscience de classe*, Paris, Editions de Minuit, 1960.

-, *Le jeune Hegel II*, Paris, Gallimard, 1981.

-, *Le jeune Marx. Son évolution philosophique de 1840 à 1844*, Paris, Editions de la Passion, 2002.

-, *La théorie du roman*, Paris, Denoël Gonthier, 1979.

-, *Prolégomènes à l'ontologie de l'être social*, Delga, 2009.

-, *Ontologie de l'être social, l'idéologie, l'aliénation*, Delga, 2012.

LUPORINI Cesare, « Le Politique et l'étatique : une ou deux critiques », in BALIBAR Etienne, LUPORINI Cesare et TOSEL André, *Marx et sa critique de la politique*, Paris, Maspero, 1979.

LYOTARD Jean François, *Le différend*, Paris, Editions de minuit, 1983.

MANDEL Ernest, *La formation de la pensée économique de Karl Marx*, Paris, Maspero, 1967.

MARCUSE Herbert, *Eros et civilisation*, Paris, Editions de Minuit, 1963.

-, *L'homme unidimensionnel*, Parsi, Editions de Minuit, 1968.

-, *Philosophie et révolution*, Paris, Editions Denoël, 1969.

-, *Raison et révolution. Hegel et la naissance de la théorie sociale*, Paris, Editions de Minuit, 1968.

MATHERON François, « Louis Althusser ou l'impure pureté du concept », in BIDET Jacques et KOUVÉLAKIS Eustache, *Dictionnaire. Marx contemporain*, Paris, PUF, 2001.

MCLELLAN David, *Les jeunes hégéliens et Karl Marx*, Paris, Payot, 1972.

MEHEUST Bertrand, *La politique de l'oxymore*, Paris, Editions de la Découverte, 2009.

NAVILLE Pierre, *De l'aliénation à la jouissance*, Paris, Editions Anthropos, 1970.

NIETZSCHE Friedrich, *L'antéchrist. Anathème contre le christianisme*, Editions Benoît Jacob, 2002.

-, *La généalogie de la morale*, Gallimard, 1964.

-, *Ainsi parlait Zarathoustra*, Paris, Gallimard, 1950.

-, *Le crépuscule des idoles,* Paris, Flammarion, 1985

NKRUMAH Kwame, *Consciencisme, Paris,* Présence africaine, 1976.

OLLMAN Bertell, *La dialectique mise en œuvre, le processus d'abstraction dans la méthode de Marx,* Paris, Syllepse, 2005.

OSIER Jean Pierre, « Présentation de *L'essence du christianisme* », in FEUERBACH Ludwig, *L'essence du christianisme*, Paris, Maspero, 1973.

PAPAIOANNOU Kostas, *De la critique du ciel à la critique de la terre : itinéraire philosophique du jeune Marx*, Paris IV, Editions Allia, 1998.

-, *L'idéologie froide. Essai sur le dépérissement du marxisme*, Paris, Editions de l'Encyclopédie des nuisances, 2000.

PASUKANIS Evgeny, *La théorie générale du droit et le marxisme*, Paris, EDI, 1970.

POSTONE Moishe, « Théorie critique et réflexivité historique », in FISCHBACH Franck (dir.), *Marx Relire Le Capital*, Paris, PUF, 2009.

-, *Temps, travail et domination sociale. Une réinterprétation de la théorie critique de Marx*, Cambridge University Press, 1993, Editions Mille et une nuits, Janvier 2009.

RANCIÈRE Jacques, *La leçon d'Althusser*, Paris, Gallimard, 1974.

-, avec Althusser et *alii*, *Lire Le Capital*, Paris, PUF, 1996.

RENAULT Emmanuel, *Marx et l'idée de critique*, Paris, PUF, 1995.

-, *Le vocabulaire de Marx*, Ellipses, 2001.

-, *L'expérience de l'injustice*, Paris, La Découverte, 2004.

-, *Souffrances sociales. Philosophie, psychologie et politique*, Paris, La Découverte, 2008.

-, avec DUMÉNIL Gérard et LÖWY Michaël, *Lire Marx*, Paris, PUF, 2009.

-, « Le Droit dans la critique hégélienne du droit », in BALIBAR Etienne et RAULET Gérard (dir.), *Marx démocrate. Le Manuscrit de 1843*, Paris, PUF, 2001.

-, « Qu'y a-t-il au juste de dialectique dans *Le Capital* de Marx ? », in FISCHBACH Franck (dir.), *Marx Relire Le Capital*, Paris, PUF, 2009.

-, « Comment lire les *Manuscrits de 1844* ? », in RENAULT Emmanuel (dir.), *Lire les Manuscrits de 1844*, Paris, PUF, 2008.

RETHEL Alfred Sohn, *La pensée-marchandise*, Editions du Croquant, avril 2010.

RIAZANOV David, *Marx et Engels*, 2004.

ROSDOLSKY Roman, *La genèse du « Capital » chez Marx.1. Méthodologie. Théologie de l'argent. Procès de production*, Paris, Maspero, 1978.

ROUBINE Isaak, *Essais sur la théorie de la valeur de Marx*, Paris, Maspero, 1977.

RUBEL Maximilien, *Marx critique du marxisme*, Paris, Payot et Rivages, 2000.

-, *Karl Marx. Essai de bibliographie intellectuelle*, Paris, Marie Rivière et Cie, 1957.

SCHMIDT Alfred, *Le concept de nature chez Marx*, Paris, PUF, 1994.

SENGHOR Léopold Sédar, « Marxisme et humanisme », in SENGHOR Léopold Sédar, *Liberté 2. Nation et voie Africaine du socialisme*, Editions du Seuil, 1971.

SÈVE Lucien, *Marxisme et théorie de la personnalité*, Paris, Editions Sociales, 1969.

-, *Une introduction à la philosophie marxiste*, Paris, Editions Sociales, 1980.

-, « Analyses marxistes de l'aliénation : religion et économie politique », in *Philosophie et religion* (Centre d'Etudes et de Recherches Marxistes), Paris, Editions Sociales, 1974.

SIMMEL Georg, *La tragédie de la culture et autres essais*, Paris, Rivages, 1988.

-, *Sociologie. Etudes sur les formes de la socialisation*, Paris, PUF, 1999.

-, *Philosophie de l'argent*, Paris, PUF, 1987.

STOYANOVITCH Konstantin, *La pensée marxiste et le droit*, Paris, PUF, 1974.

TORT Patrick, *Marx et le problème de l'idéologie*, Paris, l'Harmattan, 2006.

TOSEL André, « Les critiques de la politique chez Marx », in BALIBAR Etienne, LUPORINI Cesare et TOSEL André, *Marx et sa critique de la politique*, Paris, Maspero, 1979.

-, « Le dernier Lukács et l'école de Budapest », in BIDET Jacques et KOUVÉLAKIS Eustache, *Dictionnaire. Marx contemporain*, Paris, PUF, 2001.

TSE-TOUNG Mao, *De la contradiction*, in Mao TSE-TOUNG, *Œuvres Complètes Tome I*, 1937.

-, *De la pratique,* in Mao TSE-TOUNG, *Œuvres Complètes Tome I*, 1937.

VADÉE Michel, *Marx penseur du possible*, Paris, Méridiens Klincksieck, 1992.

VIOULAC Jean, *L'époque de la technique. Marx, Heidegger et l'accomplissement de la métaphysique*, Paris, PUF, 2009.

WACKENHEIM Charles, *La faillite de la religion d'après Karl Marx*, PUF, 1963.

WEBER Max, *L'Ethique protestante et l'esprit du capitalisme*, Paris, Gallimard, 2003.

-, *Sociologie des religions*, Paris, Gallimard, 1996.

WEIL Eric, *Hegel et l'Etat*, Paris, Vrin, 1974.

WITTMANN David, « Les sources du concept d'aliénation », in RENAULT Emmanuel (dir.), *Lire les Manuscrits de 1844*, Paris, PUF, 2008.

ZIZEK Slavoj, *La subjectivité à venir. Essais critiques*, Flammarion, 2006.

-, *Vivre la fin du temps*, Paris, Flammarion, 2011.

Index des noms

A

Adorno, 176-177, 180-181, 200.

Althusser, 11-12, 24-30, 81-82, 97, 100, 116, 118, 125, 142, 195.

Angaut, 57.

Artous, 20, 94.

Avenas, 27.

Axelos, 96, 124.

B

Balibar, 142.

Bauer, 40, 53-54.

Baudrillard, 13, 30, 196.

Bensussan, 17, 56, 59, 75-76, 82.

Bidet, 32, 67, 84, 107, 109, 114, 121-122, 135-137, 139-140, 144-145.

Bigo, 96.

Bottigelli, 36-37.

Brohm, 27, 121.

C

Calvez, 26, 97.

D

Debord, 13, 30, 197.

De Fontenay, 127.

Duménil, 32, 37, 40, 139.

E

Engels, *passim*.

F

Feuerbach, 17, 20, 24, 26, 29, 34, 37-39, 45, 54-57, 62, 102-103, 107, 198.

Fischbach, 36, 89, 110, 116.

G

Gabel, 168, 176.

Garaudy, 26.

Garo, 120, 142.

H

Haber, 14, 33, 39, 49, 60-61, 83, 85, 90, 103, 107, 123-124.

Habermas, 30, 201.

Hai Hac, 67, 84, 100-101, 106, 135, 143.

Hegel, 26, 29, 33-34, 37, 53, 97, 107, 150, 184, 192.

Hess, 56, 59, 127.

Hessel, 30.

Horkheimer, 201.

Huxley, 31.

J

Jobs, 30, 35.

Josa, 17, 28.

K

Kosik, 119, 125.

L

Lefebvre, 13, 119.

Löwy, 37, 40.

Lukács, 15, 26, 42, 62, 70, 97, 118-119, 125, 145, 148-150, 152-153, 166-194, 197, 205-207.

Lyotard, 12, 95.

M

Mandel, 27, 66-67.

Marcuse, 29, 201.

Marx, *passim*.

Morin, 30.

N

Naville, 26.

O

Orwell, 30.

P

Pasukanis, 143.

R

Rancière, 28-29, 97-98, 117-118.

Renault, 37, 39-40, 49, 57, 107-108, 142.

Rimbaud, 31.

Roubine, 113, 143, 174.

Rubel, 96.

S

Schmidt, 38, 60.

Sève, 19, 27.

Simmel, 13, 18, 150-161, 163, 166, 168-170.

W

Weber, 13-14, 18, 93, 150-152, 161-166, 169, 181.

Z

Zizek, 112.

Index des thèmes

A

Aliénation, *passim*.

Aliénation objective, 47-48, 60, 62, 64-66, 98-99, 119, 128, 145-147, 149, 151, 156, 161, 169-170, 179, 181-182, 184, 190, 197, 209.

Aliénation subjective, 60-62, 145-147, 161, 197.

Äusserung, 37.

D

Dépossession, 16-17, 21-22, 25, 29-31, 33, 37, 41, 45, 60-61, 65-66, 81, 83-85, 90-96, 99, 106-107, 112, 117, 119-125, 128, 132, 137, 149-151, 154, 156-157, 160-161, 164-167, 169, 176-178, 186, 190, 197-198, 201-202, 206-209.

Désobjectivation, 40, 77-78, 81-82, 93, 109, 111, 115-116.

E

Entäusserung, 37, 40-41, 99.

Entfremdung, 16, 21-22, 33-34, 37, 40, 94, 122-123, 169-170, 183, 206-207.

Expérience, 13, 22, 33-35, 39, 57, 60-61, 83, 107, 122-124, 146-147, 163-164, 199, 206-208.

Exploitation, 13-14, 22-23, 26-27, 66, 84-95, 101, 115-116, 118, 121, 125-126, 138, 146-148, 151-152, 154, 156, 160, 170-171, 177, 179-180, 207.

F

Fétichisme, 18, 22-23, 26, 30, 67-71, 84, 95-103, 105-114, 116-123, 137, 140-145, 148-149, 152, 159-160, 167-168, 170-175, 177, 190.

I

Idéologie, 106, 142, 198, 202-203.

M

Misère, 34-36, 60-61, 63, 97, 121, 197-198.

N

Naturalisme, 33, 36-40, 45, 47, 49-50, 52-53, 55-56, 58, 60, 63-64, 82, 96.

O

Objectivation, 30, 40-43, 47, 54, 57, 59, 61, 67, 75, 77, 81, 82, 84, 99, 105, 108, 115-116, 160-161, 171, 178, 181-182, 190- 191, 194, 199, 207.

Objectivité, 19-20, 50, 54, 74, 81, 95, 98, 116, 118, 154-155, 174-175, 179, 181, 183, 190-193, 195.

P

Pathologie, 22, 33-34, 61, 121-122, 124, 126, 128, 152, 155-156, 173, 176-177, 195-196, 199, 201, 206.

Perte de l'expression, 37, 40-43, 99.

Philosophie de l'activité, 56.

Philosophie du corps, 20, 38-39.

Philosophie du travail, 20, 58, 39, 106.

R

Réification, 14, 18, 22, 30, 67, 69-71, 78, 102, 110, 113, 118, 147, 149-150, 152, 165-187, 190-191, 194, 205-207.

S

Selbstentfremdung, 61, 63.

Souffrance, 17, 37-40, 43-45, 48, 61, 90, 95, 107, 111, 122-124, 147, 151-154, 156-157, 160-161, 163, 179, 184, 195, 198, 206-207.

Subjectivité, 19, 62, 81, 108, 111-112, 116, 154, 173, 183, 197, 206-208.

T

Travail aliéné, 23-24, 26, 32, 37, 39-40, 46, 48-49, 66, 119.

Travail abstrait, 43, 118, 141-142, 168, 172.

Travail mort, 72, 87-89, 94, 171.

Travail vivant, 72-76, 88-89, 94, 171.

V

Verdinglichung, 169, 183, 206.

TABLE DES MATIERES

Préface, *par Stéphane Haber* 11
Introduction 15

Chapitre I. Des *Manuscrits* au *Capital* : permanence d'une thématique et indigence conceptuelle 19

1) Aliénation et naturalisme dans les *Manuscrits* 32

   a) Aliénation et naturalisme dans le « premier manuscrit » 38

   b) Le « troisième manuscrit » ou l'effectivité du naturalisme 45

      b.1) L'équivalence du communisme et du naturalisme 46

      b.2) Le naturalisme réfute-t-il l'activité économique ? 48

      b.3) Le naturalisme anti-idéaliste 51

2) *L'Idéologie allemande* et les *Grundrisse* : continuité ou rupture/continuité ? 62

3) *Le Capital* : sens et évolution de la problématique de l'aliénation dans le livre I 76

   a) *Le Capital* constitue-t-il la fin de l'aliénation ? 77

   b) En quoi consiste le « fétichisme de la marchandise » dans le livre I du *Capital* ? 91

   c) Rapports entre la critique de l'argent et la thématique de l'aliénation dans les *Manuscrits de 1844* 121

   d) *Les Grundrisse* : une critique économique de l'argent ? 123

e) La critique de l'argent dans le livre I du *Capital*..................125

f) Correction d'une anomalie : l'irruption de la dimension subjective de l'aliénation...139

Chapitre II. Lukács ou le triomphe controversé de l'aliénation objective 143

1) Simmel : la mutation de la critique de l'aliénation en une critique de la « Culture » 146

2) Weber : aliénation comme effet pervers de la rationalisation du monde 154

3) *Histoire et conscience de classe* : une originalité dans la thématique marxienne de la dépossession aliénante 159

Conclusion.. 187
Bibliographie.. 201
Index des noms... 219
Index des thèmes.. 223

Philosophie aux éditions L'Harmattan
Dernières parutions

ÉDITION (L') DE LA PHILOSOPHIE EN FRANCE DEPUIS LES ANNÉES 1970
Miroir du statut de la philosophie en France
Ferté Louise
Depuis une trentaine d'années, l'édition des sciences humaines, et plus particulièrement de la philosophie, est considérée comme un secteur « en crise », sans avenir économique. Les ventes et les parts de marché seraient en baisse, au profit notamment de nouveaux médias tels qu'Internet ou les supports électroniques. Quelles ont été les principales stratégies d'adaptation de l'édition philosophique et des maisons d'édition ?
(Coll. Inter-National, 19.00 euros, 190 p.)
ISBN : 978-2-296-99678-6, ISBN EBOOK : 978-2-296-50261-1

PAUL RICOEUR – Le monde et autrui
Dau van Hong Paul
Par le biais du langage nous trouvons le moyen de répondre à la question toujours en suspens : qu'est-ce que l'être ? Mais interroger le langage n'est jamais l'examiner seul, sans prendre en compte son inscription dans une parole ou dans un livre, qui est toujours adresse d'un homme à un autre homme. L'herméneutique du soi de Paul Ricoeur se trouve ainsi vouée à l'examen de cette double altérité, du monde et d'autrui. Le plus court chemin de soi à soi passe par ce long détour que dessinent le monde et l'autre.
(Coll. Ouverture Philosophique, 28.00 euros, 278 p.)
ISBN : 978-2-296-99207-8, ISBN EBOOK : 978-2-296-50146-1

HEGEL DÉMOCRATE – Autour de la *Philosophie du Droit*
Farinati Alicia Noemi - Préface de Jacques D'Hondt
Cet ouvrage situe précisément Hegel dans les controverses de son temps et du nôtre, et l'engage organiquement dans le développement mondial de la pensée. La philosophie de Hegel est d'une telle exubérance que même ses erreurs sont instructives. Bien des aspects de cet immense héritage sont inventoriés ici : l'État, l'individu, la famille, la société civile, l'histoire, la vie politique ancienne et actuelle, le passage à Marx...
(Coll. La philosophie en commun, 24.00 euros, 242 p.)
ISBN : 978-2-296-99164-4, ISBN EBOOK : 978-2-296-50221-5

HUMANISME ET DIALECTIQUE – Quelle philosophie de l'histoire, de Kant à Fukuyama ?
Ondoua Pius
L'objectif de cet ouvrage est de redonner vie autant que consistance à une lecture dialectique et historique du réel et de l'histoire. Les cinq textes s'attellent à réexaminer, à partir de la tranche historique de la modernité (les Lumières) jusqu'à l'actuelle contemporanéité (la mondialisation), la logique, le moteur et aussi l'acteur de l'histoire, chez des auteurs comme Kant, Hegel, Marx, Habermas et Fukuyama, entre autres.
(Coll. Ouverture Philosophique, 22.50 euros, 215 p.)
ISBN : 978-2-296-99342-6, ISBN EBOOK : 978-2-296-50379-3

TEXTES MYSTIQUES, DISCOURS IDENTITAIRES
Ropert François
Jean-Jacques Rousseau attribuait à l'amour de soi toutes les vertus et à l'amour-propre tous les vices. Il sut analyser très finement ces deux chemins et leur origine : la voie libératrice vient de la nature et de Dieu, la voie qui conduit à l'oppression de la société. La démocratie et la justice sociale ont-elles donc plus à voir avec la mystique que nous le pensons ?
(Coll. Discours identitaires dans la mondialisation, 16.50 euros, 158 p.)
ISBN : 978-2-296-99463-8, ISBN EBOOK : 978-2-296-50180-5

VERTU DE LA JUSTICE
Heidsieck François
La justice n'est pas tout entière dans la loi, car la loi veut être vivifiée par une intention de justice. Et cette intention est une vertu. Elle tient à la dignité de la personne et au respect de cette dignité mais l'auteur, pour éviter le vocabulaire du formalisme kantien, préfère parler ici du sentiment de l'honneur. Cette étude s'achève sur une casuistique qui fait de la justice, à travers les conflits de devoir, une vertu à hauteur d'homme.
(Coll. Ouverture Philosophique, 12.00 euros, 102 p.)
ISBN : 978-2-296-99147-7, ISBN EBOOK : 978-2-296-50077-8

POSSIBILITÉ (LA) D'UNE MUSIQUE MODERNE
Logique de la modernité et composition musicale
Martí-Jufresa Felip - Préface de Peter Szendy
L'une des thèses centrales défendues dans cet ouvrage est que la pratique musicale aura été jusqu'à présent majoritairement «réactionnaire», c'est-à-dire non seulement gouvernée et portée par la logique du monde ancien (fonctionnalité intégrale, ordre et cohérence hyperboliques), mais encore le site d'une représentation glorificatrice de cette essence du sens prémoderne. Cet essai se veut un acte révolutionnaire, une participation modeste à l'aboutissement de la Révolution de la réalité engagée par la société humaine depuis au moins le XVIIe siècle.
(Coll. Nous, les sans-philosophie, 32.00 euros, 354 p.)
ISBN : 978-2-296-99672-4, ISBN EBOOK : 978-2-296-50147-8

PARADOXE DE DIEU ET DE LA FINITUDE (VOLUME 1) – Docte ignorance, perspectives monades
Morim De Carvalho Edmundo
Ce livre commence avec la Docte Ignorance, autour de la Vision de Dieu ou de ce tableau «grand format» qu'est la Création ou l'univers. Il s'arrête ensuite à l'enjeu des perspectives picturales où la vision humaine se fait plurielle et sert de lien aux alliances entre l'optique, la science et la théologie. Il finit par le jeu des «monades» entre Dieu et la matière, ou le corps, dans la solitude d'un enfermement qui se combine cependant à une ouverture au monde problématique.
(Coll. Epistémologie et philosophie des sciences, 49.50 euros, 534 p.)
ISBN : 978-2-296-99625-0, ISBN EBOOK : 978-2-296-50283-3

PARADOXE DE DIEU ET DE LA FINITUDE (VOLUME 2) – Dans les *Cahiers* de Paul Valéry
Morim De Carvalho Edmundo
Dieu est un paradoxe majeur de la pensée humaine et il n'est pas prêt de disparaître, car il peut renaître sous d'autres formes - le paradoxe est issu d'une nasse de contradictions dont il est la «solution» idéale. Pour Paul Valéry, Dieu est plus contradictoire que paradoxal. Cet ouvrage revient sur la vision de Dieu, au recensement de certains de ses paradoxes et contradictions et à l'énonciation du vrai Dieu par Valéry.
(Coll. Epistémologie et philosophie des sciences, 36.00 euros, 354 p.)
ISBN : 978-2-296-99626-7, ISBN EBOOK : 978-2-296-50284-0

DIDEROT – Raison, Philosophie et Dialectique
Suivi du Neveu de Rameau
D'hondt Jacques - Texte établi et présenté par E.Puisais et P.Quintili
2013 sera l'année du grand tricentenaire de la naissance de Denis Diderot. Ce livre est l'œuvre d'un philosophe éminent qui se confronte à des problèmes actuels. Le Diderot de d'Hondt est un penseur dialectique. Et pour savoir ce qu'est la dialectique, chez Diderot et en général, c'est à travers la loupe de Hegel et de Marx qu'il tentera de nous le présenter, dans une image originale de l'auteur de l'*Encyclopédie*.
(33.00 euros, 326 p.)
ISBN : 978-2-296-96402-0

MÉTHODE ET PHILOSOPHIE – La descendance éducative de l'*Émile*
Études coordonnées par Michel Soëtard
Plusieurs spécialistes présentent ici une analyse de l'*Émile* de Rousseau par les regards croisés de Condorcet, Kant, Pestalozzi, Fichte, Herbart, Dilthey, Dewey et Freinet, penseurs et acteurs

pédagogiques inscrits dans la postérité éducative de cette œuvre. Il se pourrait toutefois que l'*Emile*, avec le nœud de questions qu'il tisse, soit encore devant nous.
(Coll. Education et philosophie, 20.00 euros, 202 p.)   *ISBN : 978-2-296-99332-7*

CONVERSION ET SOUVERAIN BIEN CHEZ BLAISE PASCAL
Bischoff Jean-Louis
Montrer que le rapport de la conversion au Souverain Bien chez Pascal nous invite à ausculter philosophiquement la notion d'émotion : c'est ce que Jean-Louis Bischoff entend montrer dans la présente étude. L'enjeu de son enquête est clair : il entend affoler et subvertir l'approche commune du mot « émotion ». Pour mener à bien son projet, l'auteur mobilise les lumières de philosophes comme Marion, Levinas, Ricoeur, Greisch ou Romano.
(Coll. Ouverture Philosophique, 20.00 euros, 204 p.)   *ISBN : 978-2-296-99327-3*

DE LA NON-PHILOSOPHIE AUX NON-POLITIQUES – Nietzsche, Freud, Laruelle
Chien-Chang Lee
L'histoire de la philosophie occidentale est une tentation toujours renouvelée de «penser la politique depuis la non-politique». On peut indiquer qu'au moins, dans la modernité, les théoriciens du contrat social inventent déjà une idée révolutionnaire de l'»état de nature» qui est une notion non politique par excellence. Si nous admettons qu'il y a quelque chose de non politique, il y a au moins trois possibilités de penser la non-politique : «la philosophie de l'avenir» de Nietzsche, la «psychanalyse» de Freud et la «non-philosophie» de Laruelle.
(Coll. Nous, les sans-philosophie, 25.50 euros, 260 p.)   *ISBN : 978-2-296-99194-1*

EMMANUEL LEVINAS, LA PHILOSOPHIE DE L'ALTÉRITÉ
Nanga-Essomba Jean-Thierry - Préface de Lucien Ayissi
À partir de l'analyse de la problématique levinassienne de la responsabilité de soi à l'égard d'Autrui, l'auteur s'attache, dans le cadre de cette réflexion, à examiner la pertinence théorique et la fécondité conceptuelle de la pensée d'Emmanuel Levinas dont le souci majeur est de conjurer la barbarie de la guerre et de prévenir toute dynamique pouvant faire courir à l'altérité le risque humanicide d'être anéantie.
(Coll. Ouverture Philosophique, 18.00 euros, 182 p.)   *ISBN : 978-2-296-99143-9*

CONVERSION (LA) ÉTHIQUE – Introduction à la philosophie d'Emmanuel Levinas
Bastiani Flora
Le lecteur d'Emmanuel Levinas peut remarquer que deux descriptions du sujet se dégagent : le moi paraît irrémédiablement tourné vers lui-même et seulement préoccupé par son propre bien-être ; tandis que d'autres textes présentent un moi complètement tendu vers autrui et prêt à se sacrifier pour lui. Levinas retrace l'entrée du sujet dans l'éthique comme le passage de l'un à l'autre de ces états. Flora Bastiani propose de lire Levinas à partir de l'étrangeté de ce saut qualitatif du moi en direction de l'autre.
(Coll. La philosophie en commun, 27.50 euros, 280 p.)   *ISBN : 978-2-296-99262-7*

QUESTION (LA) DE LA TECHNIQUE
À partir d'un échange épistolaire entre Ernst Jünger et Martin Heidegger
Nerhot Patrick
La lettre de Heidegger à Jünger est d'une importance capitale pour comprendre les écrits de Heidegger après la Seconde Guerre mondiale. En effet, cette lettre se situe au coeur même de toutes ses réflexions, qu'il s'agisse de la Technique, de la Raison, du Langage ou de la Métaphysique. Elle éclaire d'une lumière particulière non seulement les écrits d'après-guerre mais aussi la question, si controversée, si polémique, de l'importance du nazisme dans sa pensée.
(Coll. L'Ethique en mouvement, 32.50 euros, 316 p.)   *ISBN : 978-2-296-96422-8*

JEAN-MICHEL PALMIER – Arts et société
Berthet Dominique, Lachaud Jean-Marc
Jean-Michel Palmier (1944-1998) a consacré de nombreux ouvrages et articles aux courants artistiques, philosophiques et politiques des années 1920-1930 en Allemagne et en Union soviétique. Ses travaux notamment sur l'expressionnisme et la vie culturelle sous la République

de Weimar permettent aux lecteurs de mieux comprendre les multiples controverses qui opposèrent au XXe siècle des théoriciens et des praticiens se réclamant de différents et antagonistes courants marxistes.
(Coll. Ouverture Philosophique, série Arts vivants, 34.00 euros, 328 p.)
ISBN : 978-2-296-96076-3, ISBN EBOOK : 978-2-296-49810-5

DE LA VICTIMISATION – Lectures expérimentales
Kakogianni Maria - Préface d'Alain Badiou
A supposer que la femme ne soit pas la victime de l'Histoire. Voici pour l'hypothèse mobile. À partir de là, le texte se présente comme une série de lectures ; Xénophon, Aristote et Platon se mettent à dialoguer avec Foucault, Badiou et Lacan. Il ne s'agit pas de lectures qui cherchent à rendre lisible, dans les textes classiques, la domination du genre, la métaphysique des sexes... Ce qui fait symptôme, ce qu'il s'agit d'apprendre à lire, c'est la place de la victime comme seule autorisée dans le Marché.
(Coll. La philosophie en commun, 29.00 euros, 286 p.)   *ISBN : 978-2-296-99189-7*

TEMPS HISTORIQUE ET IMMANENCE
Les concepts de nécessité et de possibilité dans une histoire ouverte
Chataignier Gadelha Gustavo
Cet ouvrage vise à explorer l'historicité en tant qu'horizon privilégié de la philosophie. L'auteur procède à un parcours analytique : il commence par caractériser les spécificités du temps historique puis se penche sur l'analyse de diverses philosophies de l'histoire et termine par confronter la notion contemporaine d'événement à ses limites pratiques. Cette réflexion s'achève sur le rapport marxien entre nature et histoire.
(Coll. La philosophie en commun, 57.00 euros, 684 p.)   *ISBN : 978-2-296-97037-3*

TERRITOIRES (LES) DU SENTIMENT OCÉANIQUE
Sous la direction de Dallet Sylvie, Noël Emile
Le sentiment océanique est une forme particulière des états modifiés de conscience, domaine qui est attesté du plus lointain des témoignages humains. La spécificité de cette sensation, assimilée depuis Romain Rolland aux capacités de la religiosité indienne, reste un mystère de la connaissance. Celle-ci qui allie une joie à une forme de dissolution ou de rencontre de la matière est pour la première fois analysée sur des observatoires différents : spiritualités, biologie, littérature, poésie, philosophie, sport...
(Coll. Ethiques de la création, 17.50 euros, 164 p.)   *ISBN : 978-2-296-99152-1*

DIALECTIQUE OU ANTINOMIE ?
Comment penser ?
Chateau Dominique
Ce livre concerne deux manières de penser : la dialectique et l'antinomie. Il étudie la dialectique de Hegel, en son unicité et sa radicalité, expose sa critique et considère sa régression à l'antinomie ou encore son fantasme qui ne cesse de hanter la philosophie. Ce débat mobilise, outre Aristote et Platon, Kierkegaard, Nietzsche, Benjamin, Lyotard, Marx, Peirce et quelques autres.
(Coll. Ouverture Philosophique, 14.50 euros, 144 p.)   *ISBN : 978-2-296-99177-4*

IDÉOLOGIE DE LA RUPTURE
Suivie de plaidoyers pour l'aliénation
D'hondt Jacques - Postface de Paolo Quintili
Jacques D'hondt (1920-2012) a conquis par ses travaux sur Hegel et Marx une renommée internationale. C'est un critique de ses contemporains dans *L'idéologie de la rupture* (première édition en 1978) et, dans nombre de ses publications aujourd'hui encore dispersées. La présente édition réunit, à la suite des chapitres originaux, plusieurs de ses contributions.
(Coll. Bibliothèque historique du Marxisme, 18.50 euros, 174 p.) ISBN : 978-2-296-96380-1

L'Harmattan, Italia
Via Degli Artisti 15; 10124 Torino

L'Harmattan Hongrie
Könyvesbolt ; Kossuth L. u. 14-16
1053 Budapest

Espace L'Harmattan Kinshasa
Faculté des Sciences sociales,
politiques et administratives
BP243, KIN XI
Université de Kinshasa

L'Harmattan Congo
67, av. E. P. Lumumba
Bât. – Congo Pharmacie (Bib. Nat.)
BP2874 Brazzaville
harmattan.congo@yahoo.fr

L'Harmattan Guinée
Almamya Rue KA 028, en face du restaurant Le Cèdre
OKB agency BP 3470 Conakry
(00224) 60 20 85 08
harmattanguinee@yahoo.fr

L'Harmattan Cameroun
BP 11486
Face à la SNI, immeuble Don Bosco
Yaoundé
(00237) 99 76 61 66
harmattancam@yahoo.fr

L'Harmattan Côte d'Ivoire
Résidence Karl / cité des arts
Abidjan-Cocody 03 BP 1588 Abidjan 03
(00225) 05 77 87 31
etien_nda@yahoo.fr

L'Harmattan Mauritanie
Espace El Kettab du livre francophone
N° 472 avenue du Palais des Congrès
BP 316 Nouakchott
(00222) 63 25 980

L'Harmattan Sénégal
« Villa Rose », rue de Diourbel X G, Point E
BP 45034 Dakar FANN
(00221) 33 825 98 58 / 77 242 25 08
senharmattan@gmail.com

L'Harmattan Togo
1771, Bd du 13 janvier
BP 414 Lomé
Tél : 00 228 2201792
gerry@taama.net

610454 - Juin 2015
Achevé d'imprimer par